Von „Bibi Blocksberg“ bis „TKKG“

Oliver Emde
Lukas Möller
Andreas Wicke (Hrsg.)

Von „Bibi Blocksberg“ bis „TKKG“

Kinderhörspiele aus gesellschafts- und kulturwissenschaftlicher Perspektive

Verlag Barbara Budrich
Opladen • Berlin • Toronto 2016

Bibliografische Information der Deutschen Nationalbibliothek
Die Deutsche Nationalbibliothek verzeichnet diese Publikation in der Deutschen Nationalbibliografie; detaillierte bibliografische Daten sind im Internet über http://dnb.d-nb.de abrufbar.

Gedruckt auf säurefreiem und alterungsbeständigem Papier

www.budrich-verlag.de

ISBN 978-3-8474-0692-1 (Paperback)
eISBN 978-3-8474-0836-9 (eBook)

Umschlaggestaltung: Bettina Lehfeldt, Kleinmachnow – www.lehfeldtgraphic.de
Titelbildnachweis/ Foto: JD Hancock, Face The Music, www.piqs.de
Lektorat: Andrea Lassalle, Berlin
Satz: Ulrike Weingärtner, Gründau
Druck: paper & tinta, Warschau
Printed in Europe

Inhalt

III. Hörspieladaptionen nach Kinderbuchklassikern von Lindgren, Ende & Maar

Vorwort

Ob als Schallplatte, Kassette, CD oder mp3 – Hörspiele sind aus unseren Kinderzimmern nicht wegzudenken: Serien oder Originalhörspiele, Adaptionen kinderliterarischer Werke oder Märchen, jede und jeder hat als Kind bestimmte Hörspiele gehört und geliebt. Viele sind mit ihren Hörspielen alt – oder zumindest älter – geworden, wie die Live-Tourneen der „Drei ???"-Sprecher belegen, die nur zu einem geringen Teil von einem kindlichen Publikum besucht werden.

An der Universität Kassel fanden in den Sommersemestern 2014 und 2015 interdisziplinäre Ringvorlesungen statt, die das Ziel hatten, Kinderhörspiele aus gesellschafts- und kulturwissenschaftlicher Perspektive zu beleuchten bzw. Kindheitserinnerungen aus einem wissenschaftlichen Blickwinkel zu überprüfen. Zunächst war die Idee eine nostalgische: Wissenschaftlerinnen und Wissenschaftler sollten ihre einstigen Lieblingshörspiele durch die methodische Brille ihres heutigen Forschungsfeldes betrachten. Viele der Beiträgerinnen und Beiträger gehören im weitesten Sinne zu jener Generation, die Annette Bastian als „Kassettenkinder" bezeichnet:

> Ein Kassettenkind zu sein, hieß in der Regel auch, ein Jugendkrimiserien-Kind zu sein, denn zwischen 1978 und 1981 erschienen beim Hörspiellabel *Europa* drei Serien, die an Bekanntheitsgrad kaum zu übertreffen sind: Die *Fünf Freunde*, die *Drei ???* und *TKKG*. Diese Serien sind fast allen Kassettenkindern bekannt. Es gibt wohl kaum ein Kinderzimmer, in das sich nicht wenigstens ein paar Kassetten dieser drei Reihen verirrt hatten. (Bastian 2003: 7)

Diesem verklärten Blick in die eigene Vergangenheit stehen allerdings die Proteste von Eltern und Pädagogen entgegen. Der Autor und Redakteur Reinhardt Jung äußert sich 1993 mit deutlicher Ablehnung über jene Serienprodukte, die oft unter der diffamierenden Genrebezeichnung ‚Funnies' firmieren:

Die Qualität der auf solche Weise marketinggerecht produzierten Kinderhörspiele läßt sich knapp wie folgt beschreiben:

- Klischees dominieren; das dramatische Strickmuster folgt trivialen Vorgaben und kehrt immer wieder;
- risikolose Unterhaltung anstelle der Reflexion;
- Effekt und akustische Überfülle anstelle leiser, phantasieanregender Differenzierung;
- phantasietötende Eindeutigkeit, Beschwörung optischer Bilder, keine Charakteränderungen der Protagonisten;

- übertriebene Dynamik, Vereinfachung, Kindertümelei durch sprachliche und thematische Anbiederung;
- kommentierte Akustik anstelle gespielter Dramaturgie. (Jung 1993: 12)

Jung sieht in den kritisierten Hörspielen reine „Suchtmittel", die eine „folgenlose Sensationierung der Gehirne" vorantreibe, und klagt, das Kind werde „zu früh zum Kunden, zum Konsumenten erzogen". Der Höhepunkt seiner konsumkritischen Tirade ist die Anklage auf „[a]kustische Unzucht mit Abhängigen" (Jung 1993: 13f.).

Einen anderen Zugang zu den vermeintlich banalen Hörspielinhalten ermöglicht die „politische Perspektive" (Marchart 2008: 16) der Cultural Studies, die sich der Dichotomie von Hoch- und Alltagskultur verweigert und der es „zu verdanken [ist], dass die Analyse der Populärkultur ein wichtiges und ernsthaftes Thema geworden ist" (Winter 2001: 7). Die Cultural Studies stellen ihre Forschungen ausdrücklich in einen gesellschaftskritischen Kontext; Kultur wird dabei verstanden als ein Feld von Machtbeziehungen, „auf dem soziale Identitäten wie Klasse, ‚Rasse', Geschlecht oder sexuelle Orientierung konfliktorisch artikuliert und zu breiteren hegemonialen Mustern verknüpft werden" (Marchart 2008: 16). Im Verständnis der Cultural Studies wird Kultur also hegemonial ausgehandelt, ist das Ergebnis gesellschaftlicher Machtdispositionen und muss daher vor dem Hintergrund der herrschaftlichen und kulturellen Verhältnisse gedeutet werden.

Für die Analyse von Kultur als Ergebnis von hegemonialen Aushandlungsprozessen sind (Populär-)Medien besonders zentral, „weil Kultur in der heutigen Zeit eine umfassend mediatisierte Kultur ist. Sie ist von Medien durchdrungen, über Medien artikuliert und von diesen geprägt" (Hepp et al. 2015: 11). Kinder- und Jugendhörspiele, verortet im Bereich der populären Alltagskultur, liegen somit in einem zentralen Beschäftigungsfeld der Cultural Studies. Dabei ist allerdings zu berücksichtigen, dass „letztendlich nicht ein kultureller Text Objekt der Analyse [ist], sondern die soziale Zirkulation von Bedeutungen, die in kulturellen Praktiken entfaltet wird" (Winter 2001: 11).

Die Vermittlung von politischen und sozialen Wert- und Normvorstellungen findet nicht nur bewusst und zielgerichtet – beispielsweise durch politische Bildungsangebote – statt, sondern auch informell, unbewusst und subtil. In Hörspielen werden bestimmte Gesellschaftsnormen, Rollenbilder, Handlungsentwürfe und unterschiedliche Vorstellungen des Politischen keineswegs wertfrei vermittelt, die Rezeption von Kinderhörspielen kann für junge Zuhörerinnen und Zuhörer vielmehr identifikatorisch verlaufen und die Hörspielheldinnen und -helden zu Vorbildern werden lassen.

Diese Aneignungsprozesse finden nicht monodirektional nach einem „Stimulus-Response"-Modell statt, deren Sender eben jene „[a]kustische Unzucht mit Abhängigen" (Jung 1993: 13f.) betreiben; Reinhardt Jung kann mit den Cultural Studies widersprochen werden: Das Interesse des Produzenten zu identifizieren und kritisch zu hinterfragen – bei Jung die Verbreitung eines

„Suchtmittels" durch ein profitorientiertes Interesse –, ist zwar auch den Vertreterinnen und Vertretern der Cultural Studies ein Anliegen, anders als in der Polemik Jungs wird, beispielsweise in den Schriften von John Fiske, das rezipierende Subjekt in der Deutung polysemer medialer Inhalte aber als weitgehend autonomer Interpret verstanden. Freilich sind die Interpretations- und Aneignungsprozesse durch sozialstrukturelle Merkmale – hier die Klassen- oder Gruppenzugehörigkeiten, Alter, Geschlecht, sexuelle Orientierung und ethnische Herkunft – beeinflusst. Durch mündige Rezipientinnen und Rezipienten, die sich gängigen Rezeptionsmustern auch widersetzen können, sind unterschiedliche Codierungsvarianten einer „semiotische[n] Ressource" (Fiske 1993: 12, zit. nach Kramp 2015: 211) jedoch möglich.

Auch im vorliegenden Band geht es um die Vielfalt der unterschiedlichen Lesarten. Kinderhörspiele werden aus Sicht der Gesellschafts- und Kulturwissenschaften, speziell der Erziehungs- sowie der Literaturwissenschaft, der Gender- und Postcolonial-Studies, der Politikwissenschaft, Geschichte und Soziologie betrachtet. Dabei kommt es zu unerwarteten Fragestellungen: Welche Formen politischer Partizipation finden sich bei „Benjamin Blümchen"? Kann man die „Sams"-Hörspiele im Kontext der RAF deuten? Welches Geschlechterbild wird in „Bibi Blocksberg" gelebt? Erfüllt Pippi Langstrumpf das Versprechen einer „Erziehung nach Auschwitz"? Stimmt es, dass die vier Jugendlichen der TKKG-Bande offen rassistische und sexistische Weltvorstellungen an den Tag legen? Was hat Charles Darwin mit Jim Knopf zu tun? Verbreiten die fünf Freunde in der gleichnamigen Serie antiziganistisches Gedankengut? Verkörpert Momo eine Kritik an Beschleunigung und Entfremdung im Kapitalismus? Welches Männlichkeitsideal findet sich in „Masters of the Universe"? Und werden in „Benjamin Blümchen"-Hörspielen koloniale und eurozentristische Stereotype von Fremdheit tradiert?

Wenn die Fragen derart überspitzt und explizit gestellt werden, können natürlich auch die Antworten entsprechend drastisch ausfallen. Oft waren die Vortragenden von ihren eigenen Ergebnissen überrascht, immer wieder war seitens der Studierenden in anschließenden Diskussionen zu hören, dass sie selbst die eklatantesten Auffälligkeiten als Kinder nicht bemerkt haben.

„Die ideologiekritische Auseinandersetzung mit Kindertonträgern kann gerechtfertigt sein, sollte aber nicht übergewichtet werden", schreibt Horst Heidtmann bereits 1992, „da die Massenserien vorwiegend das reproduzieren, was sich als ‚gesellschaftlich vorherrschendes Bewusstsein' bezeichnen läßt" (Heidtmann 1992: 73). Diese Einschränkung hat bis heute nicht an Relevanz verloren, denn es steht durchaus nicht immer das einzelne Hörspiel in der Kritik, sondern die gesellschaftliche Haltung, die es simplifizierend – und damit scheinbar kindgerecht – oder unreflektiert reproduziert.

Ein prominentes Beispiel dafür ist die besonders zu Beginn des Jahres 2013 in den Feuilletons aller großen Zeitungen geführte Debatte um die Verwendung bzw. Streichung des Wortes „Neger" und anderer diskriminierender Begrifflichkeiten in Kinderbüchern und den dazugehörigen (Hör-)Medien (vgl. z.B. Greiner 2013). Während die einen schnell von Zensur sprechen und eine politisch motivierte Manipulation von Kulturgütern zu erkennen glauben, verweisen andere darauf, dass mit den Streichungen und Änderungen der Wörter schlicht einem erwachten Bewusstsein für die Wirkung diskriminierender Sprache Genüge getan werde. Solcherlei Begriffe werden schon immer als gewaltvoll und herabsetzend von jenen Gruppen empfunden, die pauschalisierend damit gemeint sind, so lautet ein Argument im Diskurs. Dass solche Maßnahmen hochpolitisch und gesellschaftlich überaus relevant sind – und nicht allein im Elfenbeinturm bildungsbürgerlicher Kulturredaktionen diskutiert werden –, zeigt sich an der Heftigkeit einzelner Reaktionen. Die alltägliche Brisanz des Themas lässt sich überdies am Ausgangspunkt der Debatte verdeutlichen, einem Interview über Erziehung und die familieninterne Vorlesekultur mit der damalige Familienministerin Kristina Schröder. Auf die Frage, wie sie damit umgehe, dass ihr beim Vorlesen von Kinderbüchern problematische Begriffe wie der „Negerkönig" aus „Pippi Langstrumpf" begegnen, antwortet die Politikerin: „Ich werde synchron übersetzen, um mein Kind davor zu bewahren, solche Ausdrücke zu übernehmen. Auch ohne böse Absicht können Worte ja Schaden anrichten" (Schröder 2012). Ulrich Greiner, Redakteur der ZEIT, erinnert solches Verhalten – auch wenn er auf die Äußerungen Schröders in einem anderen Zusammenhang eingeht – an die dystopischen Fantasien aus „1984": Es sei „nicht Orwells Großer Bruder, der interveniert, sondern der Kleine Bruder politische Korrektheit", dessen „Tugendwächter [...] mit ideologisch geschärftem Nachtsichtgerät dunkle Abweichungen vom Pfad der Gerechten unverzüglich aufdecken" und so eine Zensur von Kulturgütern betrieben. „Glaubt im Ernst jemand", so pointiert Greiner, „man erziehe Astrid-Lindgren-Leser zu Rassisten, wenn man den Text nicht reinige? Sollte man die pädagogische Energie nicht besser auf das Heer jener Illiteraten richten, die von *Pippi Langstrumpf* noch nie etwas gehört haben und trotzdem genau wissen, wer der Neger ist?" (Greiner 2013).

Auch wenn in den einzelnen Beiträgen des vorliegenden Bandes zum Teil dezidierte theoretische Standpunkte eingenommen werden, wollen die Herausgeber sowie die Autorinnen und Autoren ausdrücklich nicht Zensur üben, Wertvolles von Wertlosem scheiden oder Empfehlungen aussprechen. Anders als bei der Diskussion um Rassismus im Kinderbuch steht im vorliegenden Band die wissenschaftliche Analyse im Vordergrund. Es geht um die Frage, zu welchem Ergebnis man gelangt, wenn eine theoretische Perspektive konsequent auf ein Kinderhörspiel angewendet wird. Insofern sollen die Beiträge dazu anregen, die Hörspiele der eigenen Kindheit unter einem nunmehr erwachsenen Fokus neu zu hören und dabei zu interessanten, überraschenden, bisweilen sicher auch erschütternden Ergebnissen zu gelangen.

Der Band hat experimentellen Charakter, weil die Autorinnen und Autoren nicht vom Hörspiel als Genre und dessen medienspezifischer Faktur ausgehen, sondern die untersuchten Produkte aus ihrer je unterschiedlichen Forschungssicht betrachten. Dabei ist der Begriff des ‚Hörspiels' sehr weit gefasst: Serienprodukte stehen neben Adaptionen literarischer Kanontexte, kommerzielle Funnies neben kinderliterarischem Anspruch. Während es eine Voraussetzung für die Ringvorlesungen war, dass der besprochene Text als Hörspiel vorliegen muss, steht die mediale Form für die publizierten Beiträge – insbesondere wenn es um Klassiker der Kinder- und Jugendliteratur geht – im Hintergrund. Hier wird gleichermaßen aus Buch und Hörspiel zitiert.

Das Kinderhörspiel ist einerseits nach wie vor ein Forschungsdesiderat, weil es neben der populärwissenschaftlichen Annäherung von Annette Bastian (2003) und den Forschungsarbeiten von Wibke Weber (1997), die „Strukturtypen des Hörspiels" am Beispiel von Kinderhörspielen nach 1970 entwickelt, sowie Angelika Böckelmann (2002), die sich mit den Hörspielen Otfried Preußlers beschäftigt, kaum monographische Annäherungen an das Genre gibt. Viele Publikationen, die sich den Hörmedien zuwenden, haben eine didaktische Intention (vgl. etwa Müller 2012). Eine Geschichte des deutschsprachigen Kinderhörspiels von den Anfängen – etwa den Beiträgen Walter Benjamins und Bertolt Brechts – bis in den Medienverbund der Gegenwart steht noch aus. Andererseits will und kann auch der vorliegende Band diese Lücke nicht schließen, weil er eben nicht systematisch vorgeht, sondern Schlaglichter auf bekannte und beliebte Hörspiele wirft:

Im ersten Teil geht es um Elfie Donellys Erfolgshörspielserien „Benjamin Blümchen" und „Bibi Blocksberg". Oliver Emde, Franziska Müller und Daniel Bendix untersuchen die Geschichten des Neustädter Elefanten mit politikwissenschaftlichen Fragestellungen: **Oliver Emde** nähert sich den in den Hörspielen vermittelten Demokratievorstellungen an, indem er die Formen politischer Partizipation und insbesondere des Zivilen Ungehorsams analysiert. Er hört aus den Geschichten ein liberal-konstitutionalistisches Demokratieverständnis heraus, verbunden mit einem Appell an die Zivilgesellschaft, konstituierte Macht und Regierungspraktiken kritisch zu hinterfragen, soziale Ungleichheits- und Herrschaftsverhältnisse abzubauen und selbst politisch aktiv zu werden. **Franziska Müller** und **Daniel Bendix** dekonstruieren das Image des vermeintlich politisch progressiv auftretenden Dickhäuters hinsichtlich der vermittelten Äußerungen rund um Nord-Süd-Fragen. Aus postkolonialer Perspektive wird in jenen Folgen, in denen Benjamin Blümchen sein angestammtes Terrain verlässt und ins Ausland reist, nach Rassialisierungen und Exotisierungen gesucht. Des Weiteren werden geschichtliche (De-)Kontextualisierungen und das Rollenrepertoire des Protagonisten in anderen Kulturen analysiert. **Kerstin Wolff** kritisiert, dass in den Hörspielen um und mit Bibi Blocksberg keineswegs innovative Mädchen- und Frauenbilder entworfen werden, wie man sie von einer Serie der 1980er Jahre erwarten würde, in der nur die weiblichen Familienmitglieder hexen können. Vielmehr werden in „Bibi Blocksberg" höchst traditionelle Rollenkonzepte reproduziert, die die Historikerin zeitgeschichtlich in die geistig-moralische Wende der beginnenden Ära Helmut Kohls einordnet.

Im zweiten Teil werden die vom Hörspiellabel Europa produzierten Serien „Fünf Freunde", „TKKG" und „Masters of the Universe" untersucht. **Sebastian Lotto-Kusche** findet in den Kinderhörspielen nach Enid Blytons Romanreihe „Fünf Freunde" ein gänzlich unreflektiertes „Zigeuner"-Bild vor, das zwischen Romantisierung und Kriminalisierung changiert und die Sinti und Roma als resozialisierungsbedürftig präsentiert. **Frank Münschke** beleuchtet frühe Hörspiele der „TKKG"-Reihe aus der Perspektive soziologischer Zuschreibungstheorien und kommt zu dem Schluss, dass das Weltbild der Kinderdetektive von bürgerlichen Ressentiments durchsetzt ist. Während das Verhalten von Tarzan, Karl, Klößchen und Gaby zum Idealbild stilisiert wird, folgt deren Verbrecherjagd nicht rationalen oder kriminologischen, sondern weitgehend von Vorurteilen sowie einem konservativen Wertekanon geprägten Maximen. **Miriam Trzeciak** diskutiert das Konzept hegemonialer Männlichkeit am Beispiel von He-Man aus „Masters of the Universe". Handlung und Figuren symbolisieren heteronormative, vergeschlechtlichende und rassistische Stereotype, die in den Hörspielen ebenso wie in der Fernsehserie sowie dem von Mattel vermarkteten Action-Spielzeug gewaltvoll inszeniert werden.

Der abschließende Teil widmet sich Klassikern des Kinderbuchs, die für das Medium Hörspiel adaptiert wurden, es handelt sich um Romane Astrid Lindgrens, Michael Endes und Paul Maars. **Lukas Möller** zeigt, dass Astrid Lindgrens „Pippi Langstrumpf" nicht nur in der reformpädagogischen Tradition einer antiautoritären Erziehung steht, die von den Anfängen des 20. Jahrhunderts bis in die deutschen Unruhen der Jahre um 1968 reicht. Zugleich macht der Autor deutlich, dass „Pippi Langstrumpf", trotz der Vorwürfe des Rassismus, mit denen Lindgrens Kinderbuch nach wie vor konfrontiert ist, als Versprechen einer „Erziehung nach Auschwitz" gelesen werden kann. **Sophie Schmitt** hört Michael Endes „Momo" als Kritik am fordistisch geprägten Kapitalismus. Während die Grauen Herren eine rationalistische Lebensführung zum totalen Prinzip erheben, verkörpert Momo im Sinne Hartmut Rosas das gute Leben und propagiert eine Apotheose des Moments. **Julia Voss** interpretiert „Jim Knopf und Lukas der Lokomotivführer" neu, indem sie in Michael Endes Roman Hinweise auf Charles Darwins Evolutionsbiologie und deren Rezeption durch die Nationalsozialisten entdeckt. Der Text wird – ebenso wie die Hörspiel-Adaption – als Gegenerzählung zur NS-Ideologie gedeutet; entgegen der Heroisierung von Reinrassigkeit steigen bei Ende die „Mischwesen" zu Helden auf. **Andreas Wicke** hört und liest Paul Maars „Eine Woche voller Samstage" einerseits aus sozialgeschichtlicher Sicht und ordnet Roman und Hörspiel in den Kontext anarchischer und antiautoritärer Tendenzen der 1968er-Bewegung ein. Andererseits finden sich, wie fast durchgehend in Maars Texten, auch hier intertextuelle Bezüge zu Werken der Romantik, sodass insgesamt eine Poetologie abgeleitet werden kann, die von einer Erziehung des Kindes zum mündigen Träumer zeugt.

Die Herausgeber

Literatur

Bastian, Annette (2003): Das Erbe der Kassettenkinder ...ein spezialgelagerter Sonderfall. Brühl: eccomedia.
Böckelmann, Angelika (2002): Hörspiele für Kinder. Kinderliteratur als Vorlage für Hörspiele – Otfried Preußler als Autor – Bewertungskriterien. Oberhausen: Athena.
Greiner, Ulrich (2013): Die kleine Hexenjagd. In: DIE ZEIT, 4, S. 13–14.
Heidtmann, Horst (1992): Kindermedien. Stuttgart: Metzler.
Hepp, Andreas et al. (2015): Einleitung: Cultural Studies und Medienanalyse. In: Dies. (Hrsg.): Handbuch Cultural Studies und Medienanalyse. Wiesbaden: Springer VS, S. 9–14.
Jung, Reinhardt (1993): Hörspiel und Hörernst. Gedanken zum Kinderhörspiel. In: 1000 und 1 Buch, 6, S. 11–15.
Kramp, Leif (2015): Populärkultur. In: Hepp, A. et al. (Hrsg.): Handbuch Cultural Studies und Medienanalyse. Wiesbaden: Springer VS, S. 207–218.
Marchart, Oliver (2008): Cultural Studies. Konstanz: UTB.
Müller, Karla (2012): Hörtexte im Deutschunterricht. Poetische Texte hören und sprechen. Seelze: Klett/Kallmeyer.
Schröder, Kristina (2012): „In dem Fall würde ich lügen". Darf man ein Kind mehr lieben als das andere? Oder Geld für gute Noten geben? Familienministerin Kristina Schröder über Erziehung. In: DIE ZEIT, 52, S. 5.
Weber, Wibke (1997): Strukturtypen des Hörspiels – erläutert am Kinderhörspiel des öffentlich-rechtlichen Rundfunks seit 1970. Frankfurt/Main: Peter Lang.
Winter, Rainer (2001): Kritik und Engagement. John Fiske und die Tradition der Cultural Studies. In: Ders./Mikos, L. (Hrsg.): Die Fabrikation des Populären. Der John Fiske-Reader. Bielefeld: transcript, S. 7–16.

I. „Bibi Blocksberg" & „Benjamin Blümchen"

Ziviler Ungehorsam im entpolitisierten Neustadt? Politische Partizipation bei „Benjamin Blümchen"

Oliver Emde

> Acht Tage vor der Volksabstimmung über den Ausstieg des Landes Baden-Württemberg aus der Finanzierung für „Stuttgart 21" haben Aktive von ROBIN WOOD mit dem Bau eines Baumhauses im Stuttgarter Schlossgarten begonnen. Die Aktion steht unter dem Motto „Do it yourself – Demokratie geht anders". Mit der Baumbesetzung wollen sie die alten Bäume des Schlossgartens vor ihrer Abholzung für den Bau des Tiefbahnhofs schützen. (Pressemitteilung Robin Wood, 19.11.2011)

Möglicherweise haben sich die Parkschützer*innen von den Hörspiel-Erfahrungen ihrer Kindheit inspirieren lassen: Benjamin Blümchen sitzt bereit 30 Jahre zuvor in einer frühen Folge „auf dem Baum" (Donnelly 1980), um den Bau einer Straße zu verhindern. Formen Zivilen Ungehorsams erscheinen dem Elefanten, insbesondere in den 1980er Jahren, ein wirkungsvolles Mittel seiner politischen Interessensartikulation und -durchsetzung.

Die Kritik der Protestierenden in Stuttgart richtet sich aber nicht nur gegen den konkreten Bau des „S-21"-Großprojekts, sie beinhaltet auch eine demokratietheoretische Dimension: Die Verfahrenswege der Entscheidungsfindung und das Prinzip der Repräsentation werden zum Teil radikaldemokratisch hinterfragt, daran anknüpfend entwickelt man eine allgemeine Kritik an den herrschenden Verhältnissen (vgl. Butzlaff/Hoeft/Kopp 2013). Auch andere urbane Protestbewegungen wie die „Recht auf Stadt"-Bündnisse münden, ausgehend von städtebaulichen Veränderungen, in die Forderung nach einer „anderen Demokratie". In diesem Artikel soll untersucht werden, ob die Autorin Elfie Donnelly mit ihren „Benjamin Blümchen"-Geschichten und dem dort implizit vermittelten Bild von Politik und Demokratie eine ähnliche Dimension der Kritik formuliert.

Die Elefantengeschichten entstehen Mitte der 1970er Jahre; Elfie Donnelly schreibt die Folge „Der erste Wetterelefant der Welt" ursprünglich für den Sender Freies Berlin (SFB), der diese ablehnt, laut Donnelly, „[w]eil sie zu trivial war. Es ging eben nicht um ein Arbeiterkind. [...] Und dann kam da plötzlich eine Geschichte, die reine Fantasie war. Sehr unpassend" (zit. n. Freund

2012). Statt vom SFB werden die Hörgeschichten von Benjamin Blümchen schließlich sehr erfolgreich von einer privaten Berliner Produktionsfirma vertrieben – im Rahmen der Goldenen Schallplatte hat das Hörspiel mittlerweile 114-mal Gold und 44-mal Platin als Auszeichnung erhalten.

Die Hörspiele entstehen im Anschluss an eine Zeit, in der die Auswirkungen der Schüler*innen- und Studierendenproteste in Forderungen nach „[n]icht weniger, sondern mehr Demokratie" (Gustav Heinemann) münden und „Mitbestimmung, Mitverantwortung in den verschiedenen Bereichen [als] eine bewegende Kraft der kommenden Jahre" (Willy Brandt) auch im politischen Mainstream angesehen wird. Diese Reformbekundungen der gewählten Repräsentanten werden begleitet von einer

> große[n] Welle von Aktionen des zivilen Ungehorsams und der Diskussion darüber [...] bei den Protesten gegen die AKW oder in den 1980er Jahren im Zusammenhang mit den Blockaden von den Kasernen [...], in denen Pershing-II-Raketen im Zuge der Nachrüstung installiert werden sollten. (Demirovic 2014: 18)

Insbesondere die Umweltbewegung als eine der Neuen Sozialen Bewegungen und auch die neugegründeten Grünen geben der Diskussion über Demokratie enorme Impulse: direkte Demokratie, Basisdemokratie, zeitlich befristete und rotierende Mandate, Trennung von Amt und Mandat, offene Wahllisten sowie eine stärkere Beteiligung der Mitglieder (vgl. Demirovic 2013: 200ff.).

Dass (nicht nur) in den frühen Hörspielepisoden, wie nachfolgend gezeigt wird, eine aktionsorientierte politische Praxis eine entscheidende Rolle spielt und politische Autoritäten in den Fokus der Kritik geraten, muss immer auch unter Berücksichtigung dieses historischen Kontextes gesehen werden. Elfie Donnelly selbst gesteht in einem Interview, dass man den Elefanten vielleicht hätte „grün einfärben sollen. Benjamin war der erste Grüne. Das kann man so sagen. Und bestimmt war er ein enger Freund von Joschka Fischer" (zit. n. Freund 2012).

Verdrossenheit und Widerstand in Neustadt – Folgen entpolitisierter Politik

In der Regel stoßen Benjamin und Otto, wenn explizit politische Themen Gegenstand der Hörspiele sind, auf ein aktuelles gesellschaftliches Problem des städtischen Lebens, zumeist im Feld der Ökologie und der Umweltpolitik verortet. Mit Unterstützung von Karla Kolumna, die im Hörspiel die massenmediale Presse verkörpert, wird die Neustädter Zivilgesellschaft mobilisiert, um auf das Problem aufmerksam zu machen und bestimmte politische Lösungen zu protegieren. Die Einmischung in die Neustädter Kommunalpolitik findet in der Regel nicht über konventionelle Willensbildungsprozesse des repräsentativen Systems und dessen Vertreter*innen statt. Sinnvolle politische Lösungen werden erst dann möglich, wenn politische Repräsentant*innen durch unkonventionelle Partizipationsformen, zumeist durch Aktionen des Zivilen Ungehorsams, politisch unter Druck geraten. Die engagierte Zivilgesellschaft, angeführt von Benjamin, Otto und Karla Kolumna, agiert bei der öffentlichen Meinungsmache stets als Vertreterin des Guten, Gerechten und Richtigen, handelt am Gemeinwohl orientiert „im Interesse aller Bürger" (Donnelly 1980: 17,06).[1]

„Wenn hier einer bestimmt, dann bin das immer noch ich!" – Darstellung institutioneller Politik

Als Gegenspieler dieser positiv gezeichneten Zivilgesellschaft tritt der Bürgermeister in Erscheinung. Ihm werden stellvertretend für die gesamte politische Klasse Eigenschaften zugeschrieben, die denen von Benjamin & Co. diametral entgegenstehen: Er ist verantwortungslos, korrupt, rachsüchtig, machtgierig und nur an der Verwirklichung politischer Projekte interessiert, wenn sie seinen eigenen (Privat-)Interessen dienen (vgl. Strohmeier 2005: 11f.). Die Darstellung des Stadtoberhaupts wird durch ein Unbehagen in der städtischen Bürgerschaft geschärft: Er ist unbeliebt, wird von der Bevölkerung veralbert und nicht respektiert. Seine Auftritte zeichnen ihn sowohl im Umgang mit der Verwaltung als auch mit seinen Wähler*innen als selbstherrlichen und despotischen Herrscher. In der Kommunikation mit der Neustädter Bevölkerung wird immer wieder die monarchische Interpretation seines Amtes als Stadtoberhaupt deutlich. Sein Ausruf „Wenn hier einer bestimmt, dann bin das immer noch ich!" (Herzog 1993: 19,11) erinnert an das „L'etat, c'est moi!" des Sonnenkönigs Ludwig XIV., seine öffentlichen Auftritte bezeichnet er als „Audienzen", in denen er zu ‚seinem Volk' als „Euer König... *[Kinder: Buh, Buh!]* ... ähm, als Euer Bürgermeister" (Herzog 1993: 38,54) spricht.

Die Ausführungen verdeutlichen, dass Donnelly die institutionalisierte politische Ordnung als eine Herrschaftsordnung im Sinne von Beherrschung versteht und durch ihre Darstellungen die politische Ungleichheit zwischen Herrschenden und Beherrschten kritisiert. Die in den Hörspielen Regierenden verweigern politische Beteiligung, verneinen eine demokratische Streitkultur und ziehen eine deutliche Grenze zwischen Wähler*innen und Gewählten – Donnellys Interpretation zufolge sind Anteilslose durchaus politisch gewollt. Das strategische Handeln der Politik richtet sich in den Kindergeschichten primär daran aus, die eigene Machtposition zu sichern, den Status quo zu

1 Die Zeitangaben der Hörspiel-Zitate verweisen auf die als Kassette erschienenen Erstauflagen der jeweiligen Folge. Auf eine Differenzierung der A- und B-Seiten wurde zugunsten der Lesbarkeit verzichtet.

erhalten und die politische Ungleichheit zwischen Herrschenden und Beherrschten zu zementieren. Die von Donnelly vermittelte Skepsis gegenüber staatlich institutionalisierter Macht kann Hörspielhörer*innen also durchaus für eine herrschaftskritische Perspektive sensibilisieren.

Entpolitisierung als Regierungstechnik

Der Politologe Christian Volk arbeitet in Anlehnung an radikale Demokratietheorien (hier v. a. Badiou, Mouffe und Ranciere) sogenannte „Entpolitisierungsstrategien" heraus, die als zentrale Herrschaftstechniken in modernen politischen Ordnungen den politischen Status quo legitimieren und Exklusions- und Herrschaftsverhältnisse stabilisieren (vgl. Volk 2013; Volk 2014; Volk/Junk 2013). Neben der „Negation politischer Freiheitserfahrungen" und dem „Funktionalismus- und Notwendigkeits-Talk" weist Volk auf die „Zementierung politischer Ungleichheit" hin (Volk 2013: 77). Spuren letztgenannter Strategie können in der Darstellung des Neustädter Stadtoberhaupts gefunden werden: Durch seine exponierte Stellung als einzig politisch legitimierte Person verweigert der Bürgermeister anderen Akteur*innen die gleichberechtigte Mitsprache. Ausgehend von einem konflikttheoretischen Demokratieverständnis, in dem Dissens und politischer Streit zentrale Funktionen einnehmen (vgl. Mouffe 2007: 45f.), wirken Regierungstechniken, die andere Sprecher*innen delegitimieren und die diskursive Struktur politischer Konflikte demontieren, entpolitisierend. Wenn als legitime Sprecher*innen der politischen Auseinandersetzung nur einzelne Vertreter*innen gelten, entsteht eine Gruppe der Anteillosen, deren Ausschluss durch die Diskreditierung zivilgesellschaftlicher Anliegen als „irrationale[r] Lärm" verstetigt wird (vgl. Rancière 2014: 63ff.). Im Hörspiel wird das beispielsweise in Dialogen zwischen Vertreter*innen der Zivilgesellschaft und der Politik deutlich. Wenn Otto in der Diskussion um die zukünftige Gestaltung der Innenstadt der Stadträtin vorschlägt, dass man „die Straße ja gleich ganz sperren" könne, antwortet diese: „Also Kind, du hast vielleicht Ideen. Also, komm, komm, komm, geh zu deiner Mami, spielen" (Donnelly 1980: 28,57). Zwar wehren sich Benjamin und Otto gegen diese harsche Entgegnung, an dieser zeigt sich aber, wie politisch Herrschende Vorschläge aus der Zivilgesellschaft entpolitisieren, indem sie „ihre Anliegen als unfunktional, utopisch, überzogen oder radikal ab[kanzeln]" (Volk 2013: 86).

Ursachen für die Distanz zwischen konstituierter und konstituierender Macht finden sich im Hörspiel auch in den stets verwerflichen politischen Positionen und falschen Entscheidungen des Bürgermeisters: Beispielsweise plant er eine Straße durch den Neustädter Forst, weil er über diese seine Tante Rosamunde in Altenstädt schneller erreichen kann (vgl. Herzog 1993: 19,43). Generell trifft er verantwortungslose und egoistische Entscheidungen, die nicht an den Interessen der Bürger*innen orientiert sind. Mit den politischen Entschlüssen, eine gut befahrene Eisenbahnstrecke stillzulegen (vgl. Donnelly 1984), das Rathaus unnötigerweise zu renovieren oder ein sinnloses Kongresszentrum bauen zu lassen (vgl. Donnelly 1979: 29,27), kritisiert Donnelly offensichtlich die Realisierung von Prestigeprojekten der politisch Herrschenden.

Der Bürgermeister bezeichnet seine Politik immer wieder, häufig unter Berufung auf die wenigen Ressourcen des städtischen Haushalts, als ‚alternativlos'. Wenn Benjamin vorschlägt, eine Umgehungsstraße um Neustadt herum zu bauen, unterbricht ihn der Bürgermeister:

> Bürgermeister: Nein, nein, ausgeschlossen! Also, was das kostet! Ähh, Stutzke, was kostet das?
>
> Stutzke: Zu viel, Herr Bürgermeister. So viel Geld können wir nicht ausgeben.
>
> Bürgermeister: Ja, da haben sie es ja gehört, Herr Blümchen. Kein Geld in der Kasse, ja. (Donnelly 1979: 29,22)

Möglicherweise versteckt sich hinter dieser Rechtfertigung, die auch in bundesdeutschen Rettungsschirm-Kommunen oft zu hören ist, aber die Strategie, durch einen „Funktionalismus- und Notwendigkeits-Talk" (Volk 2013: 88) bestimmte politische Ziele als vermeintlich einzige Möglichkeit durchzusetzen. Christian Volk sieht hierin eine weitere Entpolitisierungsstrategie, bei der „die Zahl politischer Alternativen drastisch reduziert und eine Vielzahl an politischen Programmen als unbrauchbar und nicht-funktional" ausgeschlossen werden (ebd.).

„Man kann ja doch nichts machen" – Verdrossenheit und politische Apathie

In der Folge „Kampf dem Lärm" (1979) machen die lauten Verkehrsgeräusche der viel befahrenen Straße den Bewohner*innen Neustadts psychisch und physisch zu schaffen. Dass es sich dabei um ein Problem handelt, das einer politischen Lösung bedarf, wird gleich zu Beginn der Geschichte erläutert:

> Otto: Naja, stärker geworden ist er ja, der Lärm. Das habe ich neulich sogar in der Zeitung gelesen. Dass jeden Tag mehr als 300 Lastautos durch die Zoostraße donnern. Und dass der Bürgermeister sich Sorgen um den teuren Straßenbelag macht.
>
> Benjamin Blümchen (BB): Der Bürgermeister sollte sich lieber Sorgen um deine Ohren machen.
>
> Otto: Kein Bürgermeister interessiert sich für Kinderohren.
>
> BB: Und für Elefantenohren auch nicht. Meine fangen auch schon an, mir weh zu tun. (Donnelly 1979: 4,48)

Die verallgemeinernde Schelte gegen ‚die Politiker*innen' passt in das bereits skizzierte Image institutionalisierter Politik: Der unbeliebte Bürgermeister wird von der enttäuschten Bevölkerung bei öffentlichen Veranstaltungen nicht gern gesehen und bei seinen Auftritten sogar beschimpft: „Buh! Pfuii! Bei den nächsten Wahlen sind Sie dran, Herr Bürgermeister, Igitt!" (Donnelly 1985b: 38,14). Das Vertrauen in die Handlungsfähigkeit der Politik ist, zumindest in weiten Teilen der Neustädter Bürgerschaft, zerstört. Die Distanz zwischen institutionalisierter Politik und enttäuschten Bürger*innen wird in der Fortführung der Szene dadurch begründet, dass Erfahrungen politischer Freiheit im repräsentativen System zur Seltenheit und die Möglichkeiten einer eigenen politischen Einflussnahme gering eingeschätzt werden: „Was willst du denn machen? Glaubst du, wir zwei, ein kleiner Schüler und ein unbedeutender Elefant, können etwas ausrichten? Gegen den Bürgermeister?", fragt Otto (Donnelly 1979: 6,49).

Als eine weitere Entpolitisierungsstrategie bezeichnet Christian Volk die „Negation politischer Freiheitserfahrungen" (2013: 81), deren Konsequenzen in der zitierten Szene deutlich werden. Durch den Mangel an positiven Partizipationserfahrungen schätzen die anderen Bewohner*innen Neustadts ihre politischen Einflussmöglichkeiten ähnlich pessimistisch ein – sie wirken partizipationsverdrossen, resigniert und ohnmächtig gegenüber ‚der Politik'. Politische Partizipation und kollektives politisches Handeln verlieren an Bedeutung, weil „die politische Entscheidungsfindung in den etablierten Kanälen, Institutionen und Verfahren ab[läuft], zu denen der Normalbürger keinen Zugang hat" (Volk 2014: 62). Innerhalb der bestehenden Herrschaftskonstellation hat sich eine politische Kultur ausgebildet, die die expressiven und kreativen Elemente politischer Freiheitserfahrungen negiert und die Sehnsucht vieler Menschen danach ignoriert (vgl. ebd.).

Der Metaphorik des ‚kleinen Mannes', der gegen ‚die Politik' nichts machen kann, findet sich auch in anderen Hörspielen der Reihe, beispielsweise in der Folge „Benjamin auf dem Baum", in der ein städtischer Angestellter aufgrund der politischen Entscheidung des Stadtrats Bäume für den Bau einer vierspurigen Autostraße fällen soll. Auf Nachfrage Benjamins, warum der „Gartenbauamtsarbeiter" (Donnelly 1980: 14,02) „dem Baum etwas zu leide" (ebd.: 11,21) tue und wozu man die Straße brauche, antwortet dieser: „Das dürfen Sie mich nicht fragen, ich bin nur ein kleiner Arbeiter und muss meine Pflicht tun" (ebd.: 11,50).

Die politische Entscheidungsfindung hat sich in der von Donnelly entworfenen politischen Landschaft soweit vom Zugriff der Bürger*innen entfernt, „dass selbst die Legitimationsketten-Logik an Plausibilität verloren hat" (Volk 2013: 86).

„Wir müssen etwas unternehmen. Am besten gleich. Und sofort." – Empörung und Widerstand

Der politischen Lethargie und Verdrossenheit der Neustädter Bürger*innen setzt Donnelly ein kraftvolles Plädoyer für politische Eigeninitiative entgegen. In der Folge „Kampf dem Lärm" überlegen Benjamin und Otto als direkt Betroffene, wie man selbst dem Problem begegnen könne, denn für Benjamin ist klar: „Wir müssen etwas unternehmen. Am besten gleich. Und sofort!" (Donnelly 1979: 6,43). Ottos resignierter Haltung wendet er sich entschieden entgegen:

> BB: Solche Töne will ich gar nicht von dir hören. Also, die heutige Jugend! Vor der ersten Schwierigkeit in die Knie gehen, was? Herausgefordert musst du dich fühlen, mein Sohn, herausgefordert! Wir können bestimmt etwas tun!
>
> Otto: Wenn du meinst...
>
> BB: Ja, ich meine. Und zwar fangen wir sofort damit an.
>
> Otto: Och, ich bin doch so müde.
>
> BB: Unsinn! Wenn der Lärm weiter so ansteigt, wirst du überhaupt nie wieder schlafen können. Also komm! (Ebd.: 7,03)

Die den Helden des Hörspiels zugewiesene Rolle ist es, die Zivilgesellschaft wachzurütteln. Diese wird zwar als politisch interessiert und über die ‚Machenschaften' der Politik empört beschrieben, trotzdem vegetieren die ihr angehörigen Bürger*innen zugleich enttäuscht und politikverdrossen dahin. Die Autorin vermittelt durch die Haltung der Protagonist*innen, dass politische Apathie ein nicht hinnehmbarer Zustand ist:

> Erzähler: Benjamin war entsetzt. So schlimm hatte er sich das nicht vorgestellt. Das war ja eine Katastrophe. Aber noch schlimmer [als die Auswirkungen des Lärms] fand Benjamin es, dass die Leute sich nicht trauten, etwas gegen den Lärm zu unternehmen. „Es nützt ja doch nichts", sagten sie fast alle. (Donnelly 1980: 9,59)

„Nur nicht so pessimistisch!" (ebd.: 8,49), lautet die Parole Benjamin Blümchens. Auch die anderen Protagonist*innen plädieren für eine kämpferische Haltung, mit der sie den politisch Herrschenden selbstbewusst entgegentreten: „Na na, Kopf hoch, junger Mann. Ich bin hier, um denen da drinnen auf die Füße zu treten" (Herzog 1993: 17,54), sagt Karla Kolumna. An der Spitze des Aufstands der Anteillosen stehend, fordern die Protagonist*innen von den Neustädter Bürger*innen politische Eigeninitiative, rufen zu Widerstand auf und greifen selbst ein, zum Beispiel gegen vermeintliche Umweltsünder. „Sie! Verlassen Sie sofort den Zoo! Wir dulden hier keine Dreckschleuder! Los, los! Ich kann sehr ungemütlich werden!", hören wir Benjamin Blümchen in der Folge „Benjamin als Förster" verlautbaren (ebd.: 3,49).

Dass sich „breite[], meist junge[] und gebildete[] Schichten vom politischen System“ (Volk 2013: 82) politikverdrossen abwenden, sei nur die eine Seite der Folgen entpolitisierter Politik, so Christian Volk. Auch wenn sich die Neustädter Bürger*innen als „outcome of institutional practices“ (Offe 2006: 23, zit. n. ebd.) von der Politik abwenden, sich „in den bestehenden Formen von Alltagspolitik und politischer Konfliktbearbeitung weder repräsentiert noch in ihrer eigenen politischen Haltung symbolisiert sehen – und damit in diesen Formen nicht mehr zu ihrem Ausdruck“ kommen (ebd.: 84), spricht Volk von einer „Dialektik von Verdrossenheit und Widerstand“ (ebd.: 82). Diese wird im Hörspiel deutlich, denn hier animieren die „Verdrossenheit, der Zynismus und das Misstrauen [auch] zur Suche nach alternativen Formen politischer Beteiligung“ (ebd.: 83). Donnelly entwirft mit ihren Protagonist*innen politisch interessierte, engagierte und aktive Bürger*innen, die politische Gleichheit und Freiheitserfahrungen einfordern – und durch kollektives Handeln realisieren.

„Das müssen wir uns nicht gefallen lassen!“ – Formen (un)konventioneller politischer Partizipation

Das Ausmaß von Bürger*innen-Beteiligung, auch die Formen und Funktionen politischer Partizipation, werden in unterschiedlichen Demokratietheorien verschieden ausgelegt (vgl. Hoecker 2006). Die politischen Praktiken der Neustädter Bürger*innen geben Einblicke in Demokratievorstellungen und Gesellschaftskritik, die Donnelly durch ihre Hörspiele implizit vermittelt.

In der Neustädter Gesellschaft sind etablierte Formen politischer Beteiligung und Entscheidungsfindung in eine Autoritätskrise geraten, wie auch der folgende Ausschnitt aus „Kampf dem Lärm“ veranschaulicht: Benjamin Blümchen schafft es, seinen Freund Otto von der Wichtigkeit eigenen politischen Intervenierens zu überzeugen, und denkt mit ihm gemeinsam über mögliche Aktionsformen nach:

> Otto: Wir müssen eine Unterschriftensammlung machen!
>
> BB: Ja, das ist eine großartige Idee!
>
> Otto: Ach, so großartig war sie nun auch wieder nicht. Wir brauchen ein paar Tage, bis wir genug Unterschriften zusammen haben. Dann liefern wir die Liste im Rathaus ab – und dort verschwindet sie vielleicht im Papierkorb. Oder der Bürgermeister hat keine Zeit, sie anzuschauen. Oder der Brief mit den Unterschriften geht verloren. Oder ...
>
> BB: Ich glaube du hast recht, das kann Jahre dauern. Bis dahin sind wir alle stocktaub. Es muss vorher etwas geschehen, ganz schnell! (Donnelly 1979: 10,20)

Erneut zeigt sich eine tiefsitzende Skepsis gegenüber der institutionalisierten Politik. Donnelly positioniert sich durch ihre beiden Helden kritisch gegenüber dem System der Repräsentation. Demokratietheoretisch wendet sie sich damit gegen elitetheoretische und entscheidungszentrierte Vorstellungen von Demokratie, in der die Beteiligung der Staatsbürger*innen auf regelmäßig stattfindende Wahlen reduziert wird. Hier wird Demokratie „im Wesentlichen als Methode zur Erzielung politischer Entscheidungen" verstanden (Lösch 2005: 122). Es besteht zwar auch zwischen den Wahlen „die Möglichkeit zur Ausübung von Kritik, eine wirkliche aktive Einmischung in den politischen Prozeß ist aber nicht erwünscht" (ebd.). Donnelly wendet sich in ihren Hörspielen deutlich gegen eine solche Interpretation von Demokratie und Partizipation. Dementsprechend partizipieren die Figuren der „Benjamin Blümchen"-Hörspiele politisch nicht primär über die Wege konventioneller Beteiligung[2], zumindest nicht über Wahlen.

Beate Hoecker systematisiert mit einer „Taxonomie der Partizipation" unterschiedliche Formen der Beteiligung und zeigt ein Repertoire konventioneller und unkonventioneller Praktiken auf, die sich in ihrer institutionellen Verfasstheit, ihrem Rechtsstatus und ihrem gesellschaftlichen Grad der Akzeptanz unterscheiden (vgl. Hoecker 2006: 9f.; de Nève/Olteanu 2013: 17). In Anlehnung an Max Kaase werden als ‚konventionell' alle Formen der Beteiligung gefasst, „die mit hoher Legitimitätsgeltung auf institutionalisierte Elemente des politischen Prozesses, insbesondere die Wahl bezogen sind [...]" (Kaase 1992: 162, zit. n. Hoecker 2006: 10).

In weiten Teilen werden in den Hörgeschichten Beispiele einer sogenannten problemorientierten Partizipation geschildert, in denen sich die Akteur*innen für die Lösung eines akuten Missstands einsetzen oder gegen eine bestimmte politische Entscheidung mobilisieren. Konventionelle Formen der Beteiligung zeigen sich in den Hörspielen beispielsweise in den spontanen Versammlungen der Bürger*innen. Diese politischen Debatten in der Öffentlichkeit nutzen die Teilnehmenden, um ihre Meinung zu äußern, sich auszutauschen und ein politisches Urteil zu begründen (vgl. bspw. Donnelly 1979: 22,21; Donnelly 1980: 17,33). Es konstituiert sich eine debattierende und beratende Öffentlichkeit – und damit ein Publikum, „das durch die öffentliche Meinung eine Kontrollinstanz gegenüber der öffentlichen Gewalt bildet" (Habermas 1974: 105). In der Interessensartikulation über selbstgeschaffene Alternativmedien wird eine weitere Form der Beteiligung an politischen Debatten gesehen. Publizierend kann die Öffentlichkeit informiert und mobilisiert werden. Otto macht dies in einem Telefonat mit Kiki von der Schülerzeitung deutlich:

2 Auf weitere Kriterien der Unterscheidung von Partizipationsformen wird hier zugunsten einer demokratietheoretischen Fokussierung verzichtet, diese können aber ein- und weiterführend bei Hoecker 2006 oder de Nève/Olteanu 2013, auch hinsichtlich ihrer Bedeutung für normative Demokratietheorien, nachgelesen werden.

> Otto: Ich sage dir doch, das ist eine riesige Gemeinheit! Das müssen wir uns nicht gefallen lassen! Und wenn die Erwachsenen sich nicht wehren, dann werden wir Kinder was für den Umweltschutz und die Natur tun. Wir schreiben: Kinder brauchen die Straße nicht. (Herzog 1993: 13,02)

Um politische Entscheidungen zu beeinflussen, werden bei „Benjamin Blümchen" auch Beispiele geschickter Lobbyarbeit aufgezeigt. Zu einem großen Kindergartenfest ist auch die Jugendsenatorin eingeladen, der, unter dem Druck der anwesenden Eltern, die Finanzierung einer zweite Erzieher*innen-Stelle abgerungen wird.

> Jugendsenatorin: Aber, aber das ist doch gar nicht vorgesehen im Haushaltsplan dieses Jahr. Also, ich meine, da muss ich erst mal den Bürgermeister, ... Oder, naja, gut, gut. Ich nehme es auf meine Kappe, weil die Buletten so gut waren [lacht]. Und weil alle so nett waren, und weil wir ja wirklich viel mehr Kindergartenplätze brauchen. Es sei, es sei – die Stelle ist bewilligt. (Donnelly 1983: 37,22)

Neben diesen Beispielen konventioneller Partizipation, deren Ziel es stets ist, die öffentliche Meinung zu beeinflussen und dadurch Politik mitzugestalten, werden auch unkonventionelle Beteiligungsformen als ein legitimes und meist erfolgreiches Mittel der Interessensdurchsetzung aufgezeigt.

Benjamin Blümchen scheut sich nicht, seine Interessen und Positionen aktionistisch durchzusetzen. So wird er beispielsweise zum Besetzer eines 130 Jahre alten Baums, der für eine vierspurige Schnellstraße gefällt werden soll. Erst als der Bürgermeister entscheidet, dass die Verkehrsplanung erneut im Stadtrat diskutiert wird, verlässt er unter dem Jubel der Neustädter Bürgerschaft den besetzten Baum (vgl. Donnelly 1980).

Um den Bau einer Straße durch den Neustädter Wald zu verhindern, werden gleich mehrere Maßnahmen getroffen: Zuerst empfiehlt Benjamin, nach dem schon bewährten Prinzip der Besetzung vorzugehen, denn dann könne „der Bürgermeister [...] gar nichts machen. Wenn der mit seinen Baumaschinen kommt, lege ich mich einfach davor. Die kriegen mich nicht weg, ich bin ein starker Elefant. Töröö!" (Herzog 1993: 13,39). Schließlich entscheidet man sich aber dafür, kollektiv zu handeln: Otto organisiert die Waldtiere und bildet eine „Kinderbande" (ebd.: 35,27), gemeinsam werden eine Kundgebung und eine Demonstration durchgeführt.

Eine umfassende politische Beteiligung der Bürger*innen wird sowohl über Formen konventioneller Partizipation als auch über unkonventionelle Aktionen in den Hörspielen positiv konnotiert und als erstrebenswert dargestellt. Das Ziel der Beteiligung ist oftmals die Beeinflussung der öffentlichen Meinung – mit der Folge, Macht auf politische Entscheidungen auszuüben. Donnelly vermittelt in den Kinderhörspielen durch die vielfältigen Beispiele für politische Partizipation ein Demokratieverständnis, das sich in Teilen an

Ideen deliberativer Demokratietheorien orientiert, durch die „der politische Meinungs- und Willensbildungsprozess der breiten gesellschaftlichen Öffentlichkeit stärker gewichtet und seine Bedeutung für eine lebendige Demokratie hervorgehoben werden“ (Lösch 2008: 379).

Damit distanziert sich Donnelly gleichzeitig von einer entscheidungszentrierten, minimalistischen oder rein funktionalen Vorstellung von Demokratie. So genannten ‚realistischen‘ Demokratieansätzen entzieht die Autorin die Legitimation, da diese auf das Prinzip der Repräsentation und die demokratische Legitimation von Eliteherrschaft setzen. Dabei steht der Output politischer Systeme im Mittelpunkt, Bürger*innen nehmen lediglich die Rolle von Kosument*innen ein und werden Zuschauende der Politik. Mit dem negativen Image, das Donnelly von gewählten ‚Eliten‘ vermittelt – durch den mangelhaften Output politischer Entscheidungsprozesse, durch die aktive Bürger*innen-Rolle und die zentrale Funktion des öffentlichen Diskurses – formuliert sie eine normative Vorstellung von Demokratie und entwickelt gleichzeitig eine Kritik am Zustand liberaler Demokratien.

„Nur wenn ich mit dem Bürgermeister sprechen kann, stehe ich wieder auf“ – Begründungen, Formen und Forderungen Zivilen Ungehorsams

In den bisherigen Ausführungen wurde deutlich gemacht, dass Protest und Widerstand als Folgen von Entpolitisierungsstrategien konzipiert werden können. Ziviler Ungehorsam kann im Anschluss an die radikaldemokratischen Überlegungen als Ausdruck einer demokratischen Praxis kollektiver Selbstbestimmung und Repolitisierung des politischen Streits gedeutet werden: Erfahrungen politischer Freiheit werden ermöglicht, Positionen legitimer Sprecher*innen (zurück)erkämpft und politische Alternativen durch gegenhegemoniale Perspektiven aufgezeigt (vgl. Volk 2013). Durch Protest kann die politische Auseinandersetzung wieder aufgenommen, der Raum politischer (Handlungs-)Möglichkeiten erweitert und ein dynamisierendes Gegengewicht zu den Erstarrungstendenzen staatlicher Institutionen geschaffen werden (vgl. Celikates 2014: 223). Die fortwährende Demokratisierung und die Transformation des politischen Systems wären Forderungen, die aus dieser Perspektive mit Praktiken Zivilen Ungehorsams einhergehen (vgl. Celikates 2010).

Donnellys Protestszenen könnten aber auch an eine liberale Interpretation Zivilen Ungehorsams anknüpfen. Aus dieser Perspektive würde Zivilem Ungehorsam eine marginale Rolle zukommen und Jürgen Habermas zufolge lediglich ein „Element einer reifen politischen Kultur“ (1985: 81) darstellen. In einer selbstsicheren rechtsstaatlichen Demokratie könne demnach unter besonderen Bedingungen und in einem festgelegten Rahmen Ziviler Ungehorsam legitim sein und innerhalb der bestehenden Ordnung eine wichtige Funktion für den Schutz individueller Rechte einnehmen. Zivilen Ungehorsam definiert Habermas als

> moralisch begründete[n] Protest, dem nicht nur private Glaubensüberzeugungen oder Eigeninteressen zugrunde liegen dürfen; er ist ein öffentlicher Akt, der in der Regel angekündigt ist und von der Polizei in seinem Ablauf kalkuliert werden kann; er schließt die vorsätzliche Verletzung einzelner Rechtsnormen ein, ohne den Gehorsam gegenüber der Rechtsordnung im Ganzen zu affizieren; er verlangt die Bereitschaft, für die rechtlichen Folgen der Normverletzung einzustehen; die Regelverletzung, in der sich ziviler Ungehorsam äußert, hat ausschließlich symbolischen Charakter – daraus ergibt sich schon die Begrenzung auf gewaltfreie Mittel des Protestes. (Habermas 1985: 83f.)

Als Beispiel Zivilen Ungehorsams kann erneut die Folge „Benjamin Blümchen – Kampf dem Lärm" herangezogen werden. In dieser Folge entschließt sich der Elefant für einen Sitzstreik auf der vielbefahrenen Straße, um gegen die Lärmbelästigung zu protestieren. Er löst damit „ein Hupkonzert von nie gekanntem Ausmaß" (Donnelly 1979: 18,56) und einen handgreiflichen Tumult unter den Autofahrer*innen aus (vgl. ebd.: 18,12). Schließlich kommt es zu einer direkten Konfrontation mit der Polizei, die vergeblich versucht, den Elefanten von der Straße zu entfernen (vgl. ebd.: 20,47). Die Aktionsform wird von den Anwesenden unterschiedlich bewertet: Während ein anwesender Bürger die Forderung Benjamins lautstark mit „Der Elefant hat Recht: Weg mit dem Lärm!" unterstützt, wird dieser Parole sofort entgegnet: „Der Elefant hat nicht Recht: Weg mit Blümchen!" (Ebd.: 24,34). Die Aktion hat die Diskussion um das Lärmproblem neu entfacht und zur (Wieder-)Aufnahme des politischen Streits geführt.

Schließlich wird Benjamins Blockadestrategie durch weitere zivilgesellschaftliche Akteur*innen, die Kinder des Kindergartens und die Senior*innen des Altenheims, unterstützt und die Forderung durchgesetzt, den Bürgermeister vor Ort sehen zu wollen. Durch diese widerständige Praxis und den öffentlichen Druck der Straße sieht sich das Stadtoberhaupt nach einer öffentlichen Debatte dazu gezwungen, den städtischen Haushalt zu überarbeiten: Es wird auf einen Neuanstrich der Villa von Stadträtin Strutzke verzichtet und eine Reise der Stadträte nach Afrika gestrichen. Noch auf der besetzten Kreuzung verkündet der Bürgermeister opportunistisch: „Liebe Leute, soeben haben wir beschlossen, eine Umgehungsstraße zu bauen. Weg mit dem Lärm, her mit der Ruhe! Herr Blümchen hat Recht!" (Ebd.: 31,08).

Für den Entschluss Benjamins, seiner Empörung durch eine gesetzwidrige Protestform Ausdruck zu verleihen, werden in der Hörspielerzählung ausführliche Begründungen dargelegt. Zum einen werden die Folgen des gesundheitsgefährdenden Lärms detailliert und drastisch formuliert: Benjamins

Freunde seien „in letzter Zeit so komisch. Irgendwas stimmt nicht mit ihnen“ (ebd.: 1,17). Sie sind gereizt, nervös, werden verwirrt und leiden unter Ohrenschmerzen. Mit dem Tod des Eichhörnchens Hansi, das von einem Lastauto überfahren wurde, wird deutlich gemacht, dass es sich um ein Problem in lebensbedrohlichem Ausmaß handelt. Weiterhin wird die Tatenlosigkeit der Politik als Begründung für den Protest genannt – der Bürgermeister hat keine Zeit für das Problem, interessiert sich nicht für Kinderohren (vgl. ebd.: 5,04) und erkennt die bedrohliche Situation nicht (vgl. ebd.: 10,23).

Auslöser für den Protest ist ein konkretes Problem, das von der Politik (noch) nicht als solches erkannt bzw. dessen Lösung nicht angestrebt wird. Ziviler Ungehorsam wird durch eine besondere Erkenntnis der Protestierenden legitimiert, über die andere Gesellschaftsmitglieder (noch) nicht verfügen. Der Lärm wird den Neustädter Bürger*innen und der Politik erst durch die Protestaktionen bekannt. Benjamin und Otto sorgen dafür, „dass sich die Gesellschaftsmitglieder der Notwendigkeit und Möglichkeit einer solchen Transformation [hier: der Bau einer Umgehungsstraße] bewusst werden“ (Celikates 2010: 284). Diese Begründungen seien „insbesondere in der Umweltbewegung der 80er Jahre populär gewesen [...], [hier] stellt ziviler Ungehorsam so etwas wie eine Notbremse dar, mit der man eine katastrophale gesellschaftliche Entwicklung stoppt“ (ebd.).

Die Protagonist*innen verfügen allerdings vermeintlich alleine über eine objektiv richtige Lösung – und laufen damit Gefahr, ihre Begründung Zivilen Ungehorsams zu entpolitisieren. Die Rechtfertigung ihres Widerstands liegt außerhalb der politischen Diskussion – damit wird „die Frage des zivilen Ungehorsams zu einer Frage der richtigen Erkenntnis“ (ebd.: 289). Durch die eindimensional gezeichneten Helden des Hörspiels, „[s]ie sind die ‚Guten‘, die Vorbilder, die Identifikationsfiguren für Kinder“ (Strohmeier 2005: 11), kann jede Erkenntnis von Benjamin Blümchen zu legitimem Widerstand führen – es ist das „objektiv zu Tuende“ (Celikates 2010: 289) und bedarf keiner Legitimation durch politischen Streit.

Gewissensbestimmten und moralischen Begründungen Zivilen Ungehorsams setzt der Politikwissenschaftler Robin Celikates aus radikaldemokratischer Perspektive eine ‚politische‘ Begründung entgegen. Diese grenzt er dezidiert vom Habermas'schen Verständnis ab, das sich individualistischen, moralisch-legalistischen oder epistemischen – statt politischen – Argumenten bediene (vgl. Celikates 2010: 282ff.). Celikates versteht Zivilen Ungehorsam als „Ausdruck der demokratischen Praxis kollektiver Selbstbestimmung“ (ebd.: 290), dessen Begründungen an strukturellen Demokratiedefiziten innerhalb der Willens- und Entscheidungsprozesse ansetzten. Demnach geht es dabei gerade nicht

> um die Verhinderung der Durchsetzung einer bestimmten politischen Option, die mit den substantiellen Normen und Werten des Liberalismus unvereinbar

> oder von ihnen gefordert ist und die damit im Vorfeld ihrer politischen Umsetzung moralphilosophisch begründet wird. Vielmehr geht es um die Initiierung bzw. Wiederaufnahme der politischen Auseinandersetzung. Der Raum der politischen Möglichkeiten soll also nicht beschränkt, sondern erweitert werden. (Ebd.: 291)

Bezieht man beide Interpretationen Zivilen Ungehorsams auf die „Benjamin Blümchen"-Hörspiele Elfie Donnellys, kann festgestellt werden, dass sie letztgenannte Perspektive vernachlässigen. Gründe für Protest beziehen sich auf das individuelle Gewissen, auf moralische Prinzipien oder auf privilegierte Einsichten. Donnelly bedient sich damit jener Argumentationen, aus denen die Grundskepsis des Liberalismus herausgelesen werden kann: Substantielle moralische Prinzipien des Einzelnen können den Grundsatz der Volkssouveränität einschränken. Ziviler Ungehorsam wird somit zum Einspruch des Einzelnen, der seine individuellen Rechte durch die Begrenzung demokratischer Selbstbestimmung einfordert (vgl. ebd.: 287). Zwar werden durch die zweifelhafte Rolle der institutionalisierten Politik postdemokratische Tendenzen und eine entpolitisierte Politik kritisiert, es sind jedoch nicht primär die politischen Strukturen, Akteur*innen oder prozeduralistischen Einwände, die in Neustadt Proteste auslösen. Die in den Hörspielen zu vernehmende allgemeine Herrschafts- und Systemkritik dient nicht als Begründung Zivilen Ungehorsams. Vielmehr geht es um die Verhinderung oder Durchsetzung einer bestimmten politischen Option, die moralisch verwerflich oder erstrebenswert ist.

„Aha, dann muss ich Sie also mit Gewalt entfernen lassen!", lässt der Polizist den sitzstreikenden Elefanten wissen. „Bitte, Versuchen Sie es!" – Benjamin Blümchen kündigt an, erst wieder aufstehen zu wollen, wenn er „mit dem Bürgermeister sprechen kann" (Donnelly 1979: 22,07). Dieser Auszug steht beispielhaft sowohl für die Formen als auch für die Forderungen Zivilen Ungehorsam in den Kinderhörspielen. Hinsichtlich der Formen Zivilen Ungehorsams bedienen sich die Protagonisten eines Repertoires direkter Aktion: Betroffene greifen unmittelbar in politische Prozesse ein, um ihre Interessen durchzusetzen, und gestalten dabei gesellschaftliche Wirklichkeit direkt mit (vgl. Graeber 2013: 17f.): Benjamin blockiert, besetzt, entführt – und handelt nicht mehr nur „allein in der Absicht [...], an die Einsichtsfähigkeit und den Gerechtigkeitssinn der jeweiligen Mehrheit zu appellieren" (Habermas 1985: 82). Anstatt die öffentliche Meinung durch symbolische Aktionen zu beeinflussen und die Regierenden durch den drohenden Entzug ihrer moralischen Legitimität unter Druck zu setzen, wie es Habermas vom Zivilen Ungehorsam erwartet, greifen die Hörspielhelden lieber direkt ein und erarbeiten zum Teil selbstorganisierte Lösungen.

„Kinder, Kinder, Kinder. Das gibt es nicht, was ich da sehe! Das heißt, das gibt es doch. Eine Demonstration der Waldtiere" (Herzog 1993: 36,07)

– durch den unangekündigten Protest ist selbst Erwin Erzähler überrascht. Genauso ergeht es Politik und Polizei, die von den Aktionen überrumpelt unbeholfen und überfordert reagieren (vgl. Donnelly 1979: 20,47; Herzog 1993: 35,21). Regelmäßig kommt es zu direkten Konfrontationen zwischen Protestierenden und staatlicher Exekutive, der ihre Legitimität abgesprochen wird (vgl. bspw. Donnelly 1979: 21,13; Donnelly 1980: 12,57). Neben diesem Widerstand gegen die Staatsgewalt werden auch die Forderungen der Protestierenden drastisch artikuliert, sogar mit der Androhung von Gewalt: „Wer Straßen baut, wird vollgehaut!" (Herzog 1993: 36,30), skandiert beispielsweise eine „Kinderbande", die sich gegen die Waldrodung engagiert. Für Donnelly scheinen diese Formen – die die engen Grenzen der Habermas'schen Definition legitimen Zivilen Ungehorsams in mehreren Aspekten überscheiten – nicht problematisch zu sein.

Tatsächlich sind einige der Aspekte von Habermas streitbar: Ein Blick auf realexistierende Praktiken des Widerstands zeigt zum Beispiel, dass Protest gerade deshalb erfolgreich durchgeführt wird, weil der Ablauf nicht im Vorhinein von der Polizei kalkuliert werden kann. Dass die Definition des Zivilen Ungehorsams von der öffentlichen Ankündigung abhängt, wie es Habermas in oben genannter Definition vorschlägt, erscheint fragwürdig (vgl. auch Celikates 2014: 213). Auch hinsichtlich des rein symbolischen Charakters Zivilen Ungehorsams und einer „Begrenzung auf gewaltfreie Mittel des Protests" (Habermas 1985: 84) gibt Celikates zu bedenken, dass Akte Zivilen Ungehorsams ohne Momente realer Konfrontation ihre „symbolische Kraft verlieren und tatsächlich zum bloßen Appell an das Gewissen der Machthaber und der sie jeweils unterstützenden Mehrheit werden" (Celikates 2014: 221). Mehr als andere Beteiligungsformen ist Ziviler Ungehorsam als politische Praxis auf Inszenierung und Darstellungsformen angewiesen, um Öffentlichkeit über eine Dramatisierung des Spannungsverhältnisses (vgl. Rödel/Frankenberg/Dubiel 1989: 42) zu erreichen. Donnelly betont dies durch die Auftritte von Karla Kolumna, die als rasende Reporterin die Protestaktionen entsprechend in Szene setzt.

Die Forderungen der protestierenden Hörspielfiguren werden zum Ende des Hörspiels in der Regel erfüllt. Die Anliegen der Protestierenden können wegen des Drucks der Öffentlichkeit, verstärkt durch die Massenmedien, nicht mehr als „irrationaler Lärm" (Rancière 2014: 63) diskreditiert werden. Der Bürgermeister lässt sich auf Gespräche mit den Protestierenden ein und akzeptiert sie (vorübergehend) als legitime Gesprächspartner*innen. Im Hörspiel nimmt die Politik die Vorschläge der Protestierenden auf, der opportunistische Bürgermeister gibt sie sogar als seine eigenen aus (vgl. bspw. Herzog 1993: 38,54). Wie Karla Kolumna nach erfolgreichem Protest richtig bemerkt, hat der Bürgermeister „seine Meinung mal kurz geändert, weil er gemerkt hat, dass wir stärker sind" (ebd.: 39,42).

In den Hörspielen wird deutlich, dass die klare Trennung zwischen konstituierter Politik und konstituierender Macht durch das Protestverhalten infrage gestellt und politische Gleichheit eingefordert wird. Benjamin Blümchen, oftmals Anführer des kollektiven Protests, fordert seine Sprecher-Rolle ein, hier beispielsweise bei der medialen Inszenierung einer Demonstration:

> Bürgermeister: Hey, hey, hey, hier, hier müssen Sie fotografieren, Sie halten Ihren Apparat ja in die falsche Richtung, was soll das? Ich bin hier! Huhu! Kuckuck!
>
> BB: Und ich bin hier, Herr Bürgermeister. Töröö! (Herzog 1993: 35,05)

Versteht man Protest als Folge von Entpolitisierungsstrategien, wird hier „der Versuch unternommen, neu zu bestimmen, wer, wann, wo und wie sprechen darf" (Volk 2014:139). Die Bevölkerung kämpft sich aus ihrer Rolle der Anteillosen heraus, indem sie eine legitimierte Sprecher*innen-Rolle und damit ihren Anteil am politischen Gemeinwesen zurückfordert (vgl. Rancière 2014: 24ff.). Sie realisiert damit den „einzigen Grundsatz von Politik": die Gleichheit (ebd.: 43).

Politische Gleichheit wird durch kollektives Handeln für einen Moment zurückerobert, unterdrückte politische Alternativen werden zurück in die Arena des politischen Streits geworfen – dieser konflikthafte Prozess scheint das zu sein, was einer radikaldemokratischen, prozessualen Vorstellung konfliktueller Demokratie und dem „Prinzip der Politik" nahe kommt: „Es gibt Politik, wenn dies als natürlich vorausgesetzte Logik der Herrschaft von dem Effekt dieser Gleichheit durchkreuzt wird. Das bedeutet, dass es nicht immer Politik gibt. Es gibt sie sogar wenig und selten" (ebd.: 29).

Ausgehend von der Annahme der Radikaldemokrat*innen, dass jede politische Ordnung auf der Unterdrückung einer politischen Alternative basiert, wird Ziviler Ungehorsam zur Möglichkeit, die Kontingenzerscheinung liberaler Demokratien infrage zu stellen, und „mündet nicht in einer Forderung, der innerhalb der politisch-rechtlichen Grundordnung einfach nachgekommen werden kann. Die Forderung lebt und entfaltet ihre symbolische Bedeutung erst im Widerspruch zur bürgerlich-liberalen Grundordnung" (Volk 2014: 139). Zivilem Ungehorsam wird durch Radikaldemokrat*innen eine demokratietheoretische Funktion zugewiesen, nämlich „den Antagonismus wieder in Gang" zu setzen (Celikates 2010: 292).

Durch ein „Gegen-Andere-Handeln" werden unterdrückte Möglichkeiten freigelegt, aufgezeigt und reaktiviert. Momente politischer Freiheit werden durch Protest und Widerstand ermöglicht, da hier etablierte Kanäle liberaler Demokratien unterbrochen und Alternativen aufgezeigt werden können: „Protesthandeln ist ein Ausdruck von Gegen-Andere-Handeln und kann somit als ein Akt der Befreiung gelten" (Volk 2013: 80).

Die Grenzen einer solchen radikaldemokratischen Interpretation werden deutlich, wenn man die Forderungen der Protestierenden betrachtet: „Nur wenn ich mit dem Bürgermeister sprechen kann, stehe ich wieder auf" (Donnelly 1979: 22,07). Indem Benjamin seine Bedingung formuliert, erkennt er den Bürgermeister als legitimen Sprecher und Verhandlungspartner an und steht damit ganz und gar nicht „im Widerspruch zur bürgerlich-liberalen Grundordnung" (Volk 2014: 139). Adressiert werden schließlich auch die konkreten Änderungsforderungen an die staatliche Obrigkeit, beispielsweise durch Otto: „Ruhe, Ruhe, Leute, ich will was sagen. Herr Bürgermeister, wir Kinder von Neustadt fordern Sie auf, die Straße durch den Wald nicht zu bauen" (Herzog 1993: 37,12). Ziviler Ungehorsam wird hier als eine Ausnahme von der Regel verstanden und impliziert ein generell loyales Verhalten der Bürger*innen gegenüber staatlicher Herrschaft. Ziviler Ungehorsam kann aus dieser Perspektive nur im Rechtsstaat legitim sein, denn er ist die Voraussetzung für die Infragestellung der Legitimität von Gesetzen oder Regierungshandeln (vgl. Pabst 2012: 26).

Resümee

In einem 2005 erschienen Aufsatz untersucht der Politikwissenschaftler Gerd Strohmeier, wie die Kinderhörspiele um Benjamin Blümchen und Bibi Blocksberg durch ihre expliziten politischen Inhalte die Sozialisation junger Menschen beeinflussen könnten und „welchen Beitrag sie dabei zur Erreichung des normativen Ziels politischer Sozialisation in pluralistischen Demokratien leisten, d.h., inwiefern sie die Entwicklung des politisch mündigen Bürgers fördern" (Strohmeier 2005: 11). Strohmeier äußert nach seiner Analyse die Befürchtung, dass den Hörer*innen durch die einseitigen Darstellungen ein „kontinuierlich negative[s] Image der Politik" vermittelt werden könnte, da ‚die Politik' in den Hörspielen „grundsätzlich verantwortungslos (unter anderem verschwenderisch, ausbeuterisch und umweltschädlich), bürokratisch sowie korrumpierbar und keineswegs wohltätig, effektiv oder am Gemeinwohl orientiert ist" (ebd.: 15). Weiterhin kritisiert er, dass sich die „‚richtigen' politischen Positionen grundsätzlich ‚links' der politischen Mitte befinden" (ebd.). In einem an die Veröffentlichung anschließenden Interview verdeutlicht Strohmeier nochmals, dass „die Hörspiele politisch auf keinen Fall das Prädikat ‚wertvoll' verdienen" und er hinterfragt sogar, ob die Ausstrahlung von „Benjamin Blümchen" und „Bibi Blocksberg" im ZDF und KIKA „mit dem öffentlich-rechtlichen Programmauftrag vereinbar ist" (zit. n. Waschinski 2005). Auch die Politikdidaktikerin Sabine Manzel gibt zu bedenken, dass

> [d]iese Vereinfachung und Einseitigkeit [...] bei den Kindern ein negatives Politikbild suggestiv verstärken und die Unbeliebtheit von „bösen" Politikerin-

> nen und Politikern gegenüber „guten" Repräsentanten des Volkes (Benjamin und seine Freunde) rechtfertigen [kann]. (Manzel 2012: 19)

Diese Analysen verkennen jedoch die Potentiale des Hörspiels für die politische Sozialisation junger Menschen: Donnelly vermittelt mit ihren Kinderhörspielgeschichten ein lebendiges Bild liberaler Demokratie, in dessen Zentrum die Teilhabe der Bürger*innen an politischen Auseinandersetzungen in vielfältigen Formen steht. Dies scheint hinsichtlich der Sozialisation von Demokrat*innen erstrebenswert, denn wenn „der Kern der Demokratie die öffentliche Repräsentation politischer Konflikte ist, dann gilt es die Sichtbarmachung dieses Streites auch ein Stück weit anzuerkennen" (Volk 2014:139).

Weiterhin gibt die Autorin durch ihre kritische Perspektive auf die politische Klasse und das Prinzip der Repräsentation Anregungen, die herrschenden Verhältnisse an normativen Ideen der Demokratie zu messen. Folglich sind nicht die Darstellungen der Hörspiele zu kritisieren, vielmehr können diese zur Reflexion real existierender Herrschaftsverhältnisse anregen. In den vorherigen Ausführungen wurde gezeigt, dass sich der an entpolitisierter Politik entzündete Protest in den Hörspielen in den Grenzen einer liberal-konstitutionalistischen Demokratie bewegt. Die zum Teil radikalen Protestformen begründen sich in der Logik des liberalen Rechtsstaats und münden schließlich in reformerischen Forderungen. Vor diesem Hintergrund sind die Befürchtungen einer vermeintlichen Indoktrination von Kindern mit staatszerrüttenden Konsequenzen nicht nachzuvollziehen.

Die Hörspiele sind ein Appell an die Zivilgesellschaft und die mündigen Bürger*innen: es wird dazu aufgefordert, konstituierte Macht und Regierungspraktiken kritisch zu hinterfragen, soziale Ungleichheits- und Herrschaftsverhältnisse abzubauen und selbst politisch aktiv zu werden.

Hörspiele

Donnelly, Elfie (1979): Kampf dem Lärm. Kiosk
Donnelly, Elfie (1980): Benjamin Blümchen auf dem Baum. Kiosk.
Donnelly, Elfie (1982): Benjamin Blümchen als Schornsteinfeger. Kiosk.
Donnelly, Elfie (1983): Benjamin Blümchen rettet den Kindergarten. Kiosk.
Donnelly, Elfie (1984): Benjamin Blümchen als Lokomotivführer. Kiosk.
Donnelly, Elfie (1985): Benjamin zieht aus. Kiosk.
Donnelly, Elfie (1985b): Benjamin Blümchen hilft den Tieren. Kiosk.
Herzog, Ulli (1993): Benjamin als Förster. Kiosk.

Literatur

Badiou, Alain/Rancière, Jaques (2014) (Hrsg.): Politik der Wahrheit. Herausgegeben und aus dem französischen übersetzt von Rado Riha. Wien/Berlin: Verlag Turia + Kant.

Butzlaff, Felix/Hoeft, Christoph/Kopp, Julia (2013): „Wir lassen nicht mehr alles mit uns machen!" Bürgerproteste an und um den öffentlichen Raum, Infrastruktur und Stadtentwicklung. In: Marg, S. u.a. (Hrsg.): Die neue Macht der Bürger. Was motiviert die Protestewegungen? BP-Gesellschaftsstudie. Reinbek bei Hamburg: Rowohl Verlag, S. 48–93.

Celikates, Robin (2010): Ziviler Ungehorsam und radikale Demokratie. Konstituierende vs. konstituierte Macht? In: Bedorf, T./Röttgers, K. (Hrsg.): Das Politische und die Politik. Frankfurt/Main: Suhrkamp, S. 274–300.

Celikates, Robin (2014): Ziviler Ungehorsam – zwischen Gewaltfreiheit und Gewalt. In: Martinsen, F./Flügel-Martinsen, O. (Hrsg.): Gewaltbefragungen: Beiträge zur Theorie von Politik und Gewalt. Bielefeld: transcript Verlag, S. 211–225.

de Nève, Dortheé/Olteanu, Tina (2013): Politische Partizipation jenseits der Konventionen. In: Dies. (Hrsg.): Politische Partizipation jenseits der Konventionen. Opladen/ Berlin/ Toronto: Verlag Barbara Budrich, S. 11–26.

Demirovic, Alex (2014): Eine Frage der Reife. Überlegungen zum Verhältnis von Ungehorsam und Demokratie. In: Burschel, F./Kahrs, A./Steinert, L. (Hrsg.): Ungehorsam! Disobedience! Theorie & Praxis kollektiver Regelverstöße. Münster: edition assemblage, S. 13–30.

Demirovic, Alex (2013): Multiple Krise, autoritäre Demokratie und radikaldemokratische Erneuerung. In: PROKLA,43, 2,H. 171, S. 193–215.

Freund, Wieland (2012): Warum Benjamin Blümchen der erste Grüne war. In: Die Welt Online vom 19.11.2012. http://www.welt.de/111260075, [Zugriff: 1.8.2015].

Graeber, David (2013): Direkte Aktion. Ein Handbuch. Aus dem Englischen übersetzt von Sophia Deeg. Hamburg: Edition Nautilus Verlag Lutz Schulenburg.

Habermas, Jürgen (1974): Strukturwandel der Öffentlichkeit. Untersuchungen zu einer Kategorie der bürgerlichen Gesellschaft. 6. Aufl. Neuwied/ Berlin: Luchterhand.

Habermas, Jürgen (1985): Ziviler Ungehorsam – Testfall für den demokratischen Rechtsstaat. In: Ders. (Hrsg.): Die Neue Unübersichtlichkeit. Kleine Politische Schriften V. Frankfurt/Main: Suhrkamp, S. 79–99.

Hoecker, Beate (2006): Politische Partizipation: systematische Einführung. In: Dies. (Hrsg.): Politische Partizipation zwischen Konvention und Protest. Opladen: Verlag Barbara Budrich, S. 3–20.

Lösch, Bettina/Rodrian-Pfennig, Margit (2014): Kritische Demokratiebildung unter Bedingungen globaler Transformationsprozesse. In: Eis, A./Salomon, D. (Hrsg.): Gesellschaftliche Umbrüche gestalten. Transformationen in der politischen Bildung. Schwalbach/Ts.: Wochenschau Verlag, S. 28–57.

Lösch, Bettina (2005): Deliberative Politik. Moderne Konzeptionen von Öffentlichkeit, Demokratie und politischer Partizipation. Münster: Verlag Westfälisches Dampfboot.

Lösch, Bettina (2008): Deliberation und politische Bildung. In: Außerschulische Bildung. Zeitschrift des Arbeitskreises deutscher Bildungsstätten (AdB) 4, S. 378–383. http://www.adb.de/download/publikationen/ab2008-4.pdf, [Zugriff: 1.8.2015].

Manzel, Sabine (2012): Das Bürgermeisterbild bei Benjamin Blümchen. Mit politischen Fachkonzepten Klischees aufdecken. In: weltwissen | Sachunterricht, 4, S. 18–25.

Mouffe, Chantal (2007): Pluralismus, Dissens und demokratische Bürgerschaft. In: Nonhoff, M. (Hrsg.): Diskurs – radikale Demokratie – Hegemonie. Bielefeld: transcript Verlag, S. 41–53.

Pabst, Andrea (2012): Ziviler Ungehorsam: Annäherung an einen umkämpften Begriff. In: APuZ 25–26, S. 23–29.

Rancière, Jacques (2014): Das Unvernehmen. Politik und Philosophie. 5. Aufl. Frankfurt/Main: Suhrkamp.

Robin Wood (2011): ROBIN WOOD-Aktive bauen Baumhaus im Stuttgarter Schlossgarten. Pressemitteilung von Robin Wood vom 19.11.2011. http://www.bei-abriss-aufstand.de/2011/11/19/robin-wood-aktive-bauen-baumhaus-im-stuttgarter-schlossgarten/, [Zugriff: 1.8.2015].

Rödel, Ulrich/Frankenberg, Günter/Dubiel, Helmut (1989): Die demokratische Frage. Frankfurt/Main: Suhrkamp.

Strohmeier, Gerd (2005): Politik bei Benjamin Blümchen und Bibi Blocksberg. In: APuZ 41, S. 7–15.

Volk, Christian (2013): Zwischen Entpolitisierung und Radikalisierung – Zur Theorie von Demokratie und Politik in Zeiten des Widerstands. In: PVS 1, S. 75–110.

Volk, Christian (2014): Ziviler Ungehorsam in modernen Demokratien. Eine Nachlese in demokratietheoretischer Absicht. In: sub|urban 2, S. 137–142. http://zeitschrift-suburban.de/sys/index.php/suburban/article/view/144/233 [Zugriff: 1.8.2015].

Volk, Christian/Junk, Julian (2013): Herrschaft in der internationalen Politik – Widerstand zwischen Entpolitisierung und Radikalisierung. In: Dies. (Hrsg.): Macht und Widerstand in der globalen Politik. Baden-Baden: Nomos Verlagsgesellschaft, S. 49–71.

Waschinski, Gregor (2005): Wie Bibi Blocksberg Kinder politisch verhext. Interview mit Gerd Strohmeier. Spiegel Online vom 19.10.2005, http://www.spiegel.de/unispiegel/studium/interview-wie-bibi-blocksberg-kinder-politisch-verhext-a-380238.html, [Zugriff: 1.8.2015].

Kolonisator, Helfer und Kosmopolit: „Ja, das bin ja ich, Benjamin Blümchen, töröööööö!"

Franziska Müller und Daniel Bendix

Politische Sozialisation speist sich aus vielerlei Quellen. Auch Hörspiele tragen zur politischen Sozialisation bei, indem sie explizit oder implizit im Prozess der Medienrezeption politische Inhalte transportieren. Die Protagonist_innen der Hörgeschichten ermöglichen eine Identifikation mit ihren Rollen und können Lernprozesse initiieren, in deren Verlauf seitens der Rezipient_innen Verhaltensweisen, Einstellungen und Werteorientierungen ausprobiert, variiert oder adaptiert werden. In diesem Beitrag fragen wir am Beispiel von „Benjamin Blümchen", inwieweit Rassifizierungen bzw. Exotisierungen (vgl. Arndt & Ofuatey-Alazard 2011) das Hörspielsetting und die Darstellung ‚fremder' Orte durchziehen und wie dies mit der historischen Kontextualisierung, d.h. der Er- oder Ent-innerung (vgl. Raghuram u.a. 2009) kolonialer Vergangenheit und deren Nachwirkungen, verknüpft ist. Darüber hinaus geht es um Rollen und Rollenunsicherheiten, speziell im Falle der Hauptpersonen, des anthropomorphen Elefanten und seines Freundes Otto.

Medienrezeption verstehen wir hierbei im Sinne der Cultural Studies und spezifisch bezogen auf John Fiskes (1987) medientheoretische Forschung (und in Abgrenzung etwa zum Stimulus-Response-Modell) als einen reflexiven Prozess, bei dem Mediennutzer_innen nicht in erster Linie suggestible Konsument_innen sind, sondern Medieninhalte interpretieren und sich aneignen können. Medien bilden dabei keine in sich geschlossenen Formate, sondern eine tendenziell offene „semiotische Ressource" (Fiske 1993: 12). In Abhängigkeit einerseits von den Medienpraxen und -kompetenzen der Rezipient_innen und von den Medieninhalten (etwa: Palette der Identifikationsangebote, Pluralität hinsichtlich der Normen oder Handlungsoptionen) stehen dafür unterschiedliche Möglichkeiten selbstbestimmter Medienrezeption zur Verfügung. Innerhalb eines solchen eher handlungsorientiert-liberalen Verständnisses von Medienrezeption fungieren jegliche Medien als Träger bestimmter favorisierter Lesarten, wie Stuart Hall (1980) in seinem Konzept des Encoding/Decoding betont. Hall zufolge kann eine Lesart ‚dominant', ‚ausgehandelt-vermittelt' oder ‚oppositionell-abwehrend' sein: Die ‚dominante'

Variante verweist darauf, dass die Nutzer_innen der dominierenden Botschaft eines Mediums folgen und es in derselben Weise lesen/entschlüsseln (decodieren), wie es angelegt (codiert) wurde. Eine ‚ausgehandelt-vermittelte' Rezeption gestattet Aushandlungen zwischen der sozialen Position des_der Nutzer_in und dem Medium. Eine ‚oppositionell-abwehrende' Rezeption ist Ausdruck auseinanderklaffender Kodierungs-/Dekodierungspraxis; der_die Rezipient_in eignet sich die Medieninhalte hier in einer völlig anderen Weise an, als es im Code vorgesehen ist.

Halls Konzept der Lesarten und Fiskes Fokus auf die Deutungspraxen der Rezipient_innen korrespondieren miteinander, allerdings betont Fiske (1987) dabei die grundsätzliche Offenheit eines jeden Textes sowie das Nebeneinander unterschiedlicher Codierungsvarianten. Mediensozialisation bleibt damit ein pluraler und widersprüchlicher Vermittlungsprozess, für den zwei Grundannahmen wesentlich sind: zum einen die Annahme, dass Medien offen für ganz unterschiedliche Deutungs- und Interpretationsmuster seien, zum anderen die Annahme, dass beim Decodieren Auseinandersetzungen um die dominante Lesart stattfinden, die von der Sozialisation und sozialen Positioniertheit der Rezipient_innen geprägt sind.

Auch für die Hörspielsozialisation gelten diese Vorannahmen. Hörspiele können zur frühen politischen Sozialisation von Kindern beitragen, indem sie bestimmte Deutungsangebote und Lesarten formulieren. Benjamin Blümchen kennen 98 % aller Kinder in Deutschland (vgl. icon kids & youth 2010). Insofern hat die Hörspielserie hohe Relevanz für die politische Sozialisation. *Wie* Benjamin und seine Gefährten politische Sozialisation beeinflussen, lässt sich freilich unterschiedlich bewerten:

> Die ‚richtigen' politischen Positionen bzw. Verhaltensweisen sind ökologisch, postmaterialistisch, basisdemokratisch, kritisch, zivilcouragiert, pazifistisch, sozial, antikapitalistisch, egalitär, tendenziell anarchisch bzw. antistaatlich, antihierarchisch, antiautoritär und antikonservativ; mit anderen Worten: ‚links' der politischen Mitte.

Zu dieser Einschätzung kommt Gerd Strohmeier (2005: 14) in seiner Untersuchung, welche politischen Einstellungen die Hörspielserie „Benjamin Blümchen" vermittelt. Ihm zufolge artikuliere sich im beschaulichen Städtchen Neustadt Protest gegen Autoritäten, bei dem seitens der ‚Guten' (hier: Benjamin Blümchen und sein Freund_innen- und Bekanntenkreis) herrschende Ordnungen in Frage gestellt und kreative Gegenmodelle entwickelt würden. Hierbei werde eine Amtsperson wie der Bürgermeister als unfähige, undiplomatische und korrupte Gestalt dargestellt; auch Polizei und Unternehmertum trügen ein ähnliches Negativimage (vgl. Strohmeier 2005: 12f.). Er schlussfolgert – freilich auf Basis eines Stimulus-Response-Modells –, dass es „[ä]ußerst bedenklich ist [...], dass [...] sich die ‚richtigen' politischen Positionen grundsätzlich ‚links' der politischen Mitte befinden" (ebd.: 15). In seiner

Untersuchung hat Strohmeier allerdings vornehmlich Folgen analysiert, die sich auf innenpolitische Fragen zum Verhältnis der drei Staatsgewalten, die Legitimität unterschiedlicher politischer Partizipationsformen oder das Verhältnis der Politikfelder ‚Umwelt' und ‚Wirtschaft' konzentrieren. In diesem Beitrag soll es um die Frage gehen, ob Benjamin Blümchen politisch ebenso progressiv (vulgo: ‚links') erscheint, wenn es um Nord-Süd-Fragen geht, also um ‚internationale Beziehungen'.

Unsere Analyse der Hörspiele ist von einem weißen, deutschen und bürgerlichen Background vorgeprägt: kaum eigene Diskriminierungserfahrungen, ‚kommunikative Stärken', Vertrauen auf gesellschaftliche Strukturen und eigene Handlungsfähigkeit. Dies kann den Blick auf reale Diskriminierungen, Erfahrungen von Ohnmacht und fehlendes Handlungsvermögen bzw. Ausgrenzung in Form von ‚othering' verstellen. Umso mehr achten wir bei unserer Analyse darauf, Perspektiven wahrzunehmen, die den ‚bürgerlichen Normalzustand' in Frage stellen und – im Sinne Stuart Halls – bei der Medienrezeption subversive Lesarten entwickeln.

Der Zoo und die weite Welt: die Hörspielperspektive

Benjamin Blümchen gehört zu den erfolgreichsten deutschen Hörspielen. Ab 1977 schrieb die Kinderbuchautorin Elfie Donnelly 65 Folgen selbst, danach übernahmen Ulli Herzog und Vincent Andreas die Autorenschaft. Die Abenteuer der Hörspielserie nehmen im fiktiven Neustadt ihren Ausgangspunkt, dort lebt Benjamin in einem Zoo, der von Theo Tierlieb geleitet wird. Otto besucht seinen Freund Benjamin fast täglich im Elefantenhaus, des Weiteren ist die Reporterin Karla Kolumna häufig zur Stelle, wenn es über abenteuerliche Ereignisse zu berichten gilt. Charakteristisch für die Hörspielfolgen sind dabei Benjamins und Ottos kreative Interventionen: die Freunde artikulieren Protest, sind hilfsbereit und entwickeln ungeahnte Win-Win-Lösungen. Benjamin Blümchen repräsentiert den friedliebenden Dickhäuter, der durch Hilfsbereitschaft, Mut, Eigenwilligkeit und Ideenreichtum zentrale Identifikationsfigur für die Hörer_innen ist. In den ersten Folgen bis Ende der 1980er Jahre sind die inhaltlichen Handlungsstränge geprägt durch wohlbekannte Alltagssituationen sowie das Ausprobieren unterschiedlicher Berufe. Im weiteren Verlauf nehmen Abenteuer eine größere Rolle ein. Ein wiederkehrendes Motiv sind Benjamins Reisen: nach Afrika (1979), in den Skiurlaub (1981), auf Kreuzfahrt (1983), nach Kamerun (1986), nach Indien (1992), als Cowboy (1999) oder zu den „Eskimos" (2001). Für unser Erkenntnisinteresse – die Konstruktion von (post)kolonialen Ein-/Ausblendungen, Rassifizierungen und Exotismen sowie für die Analyse von Rollendynamiken und -konflikten – erschienen solche Folgen besonders ‚sprechend', in denen Benjamin sein angestammtes Terrain verlässt. Hier kann besonders gut veranschaulicht werden, welche Rollenunsicherheiten sich dabei manifestieren, wie unbekannte Orte und ‚fremde' Situationen dargestellt werden und welche Handlungsoptionen hiermit verbunden sind. Unsere Analyse nimmt drei Folgen als Bezugspunkte: „Benjamin Blümchen in Afrika" (Donnelly 1979), „Benjamin Blümchen als Cowboy" (Herzog 1999) sowie „Benjamin bei den Eskimos" (Herzog 2001).

„Benjamin in Afrika", die älteste der ausgewählten Folgen aus dem Jahr 1979, verhandelt Fragen nach Identität und Zugehörigkeit. Benjamin reist dabei in die ehemals deutsche Kolonie Tansania[1] zurück. Der Alltag in einem afrikanischen Land wird als entbehrungsreich, anstrengend und in jeder Hinsicht ‚anders' dargestellt. Nach der spektakulären Rettung zweier Elefantenbabys vor deutschen Großwildjägern beschließt Benjamin, nach Deutschland zurückzukehren. Seine Suche nach Zugehörigkeit mündet in der Entwicklung einer hybriden Identität: „Aber eigentlich bin ich ein mitteleuropäischer Elefant" (Donelly 1979: 31,30).

In Folge 88, „Benjamin Blümchen als Cowboy", werden Benjamin und Otto von Mike Donald, Großgrundbesitzer und Rinderfarmer in Texas, auf seine Ranch eingeladen, um Rinderdiebstähle aufzuklären. Der Angestellte Gonzales steckt dahinter, bezichtigt aber „die Indianer"[2] vom „Stamm der Bunten Federn" und kidnappt das „Indianermädchen" Rote Feder. Kurz bevor es zu einer gewalttätigen Auseinandersetzung zwischen dem Großvater Schwarze Feder und Mike Donald kommt, können Benjamin und Otto den Fall aufklären und den Frieden wiederherstellen.

In Folge 92, „Benjamin bei den Eskimos", geht es zum Nordpol, um mit Karla Kolumna den verschollenen Professor Magneticus zu suchen. Die Gruppe wird getrennt: Karla trifft auf Eska Eskima, eine „Eskimofrau", die sie mit zu sich nach Hause bringt; die anderen finden mittels eines Sacks voll alten Eisens den am magnetischen Nordpol festklebenden Professor. Allerdings bedroht sie die „unheimliche Gestalt" Esko Eskimo, der die „Säule des großen Eskimo" schützen will (Herzog 2001: 27,50). Er lässt von ihnen ab, als Benjamin ihm einen alten Handbohrer schenkt. Die Geschichte endet mit folgenden Worten:

> Ich, Esko Eskimo, Eskimohäuptling vom Stamm der Tausend Eisschollen, möchte sagen, dass ich nie wieder Böses tue zu Fremdling. Wir alles sind Freund und wollen jetzt feiern großes Fest. (Ebd.: 38,09)

1 Tanganjika ist die während der britischen Kolonialzeit zwischen 1919 und 1961 gebräuchliche Bezeichnung für das Gebiet des heutigen Tansanias mit Ausnahme der Inseln Sansibar und Pemba. Zwischen 1885 und 1919 war dieses Gebiet Teil der deutschen Kolonie ‚Deutsch-Ostafrika', die außerdem die Gebiete Ruandas und Burundis und das mosambikanische Kionga-Dreieck umfasste.

2 In der Frage der Begrifflichkeiten orientieren wir uns an Hartmut Lutz und verwenden „Indianer", wenn es um das vorherrschende Bild geht, und „Native Americans" für reale Menschen und Gesellschaften (vgl. Lutz 2002: 168–169).

Rassialisierung, Exotisierung und Geschichtsklitterung

Die drei transkontinentalen Reisen Benjamins ermöglichen eine vergleichende Analyse, bei der unser Augenmerk sich zunächst auf übergreifende Muster richtet. Wir konzentrieren uns dabei auf die Darstellung der Figuren und auf den situativen und historischen Kontext der Hörspiele.

Benjamin und seine Freund_innen begeben sich in den Hörspielfolgen an eine Reihe ‚fremder' Orte, die so gar nicht dem heimischen Zoo gleichen. Dabei werden ‚fremd' und ‚eigen' zu dichotomen Kategorien, die die Raumwahrnehmung, die persönliche Befindlichkeit und die Handlungspraxen der Protagonist_innen vorstrukturieren. Die Konstruktion von Dichotomien bildet so ein Gerüst, das Orientierung ermöglicht, allerdings eine Orientierung, die sich aus der scheinbar klaren, widerspruchsfrei gehaltenen Unterscheidung zwischen ‚fremd' und ‚eigen' speist und häufig mit Praxen der Vereindeutigung (Disambiguierung), Auf- und Abwertung einhergeht. Dies geschieht in unterschiedlicher Form: exotisierend, defizitär und zumeist im Gestus des ‚othering'. Eine differenzierte Wahrnehmung unbekannter Orte, Offenheit und politische, ethische und moralische Lernprozesse werden damit erschwert, stattdessen führen Stereotypisierungen zu einer verzerrten, rassialisierenden oder eurozentristischen Wahrnehmung. Komplexere Konzepte wie Ambiguität, Ambivalenzen oder Hybridität finden dann keinen Raum mehr. Einige Beispiele aus den Hörspielfolgen illustrieren solche Prozesse:

Mike Donald aus der Folge „Benjamin Blümchen als Cowboy" stellt den Prototypen des US-Amerikaners dar, er spricht mit klischeehaftem US-amerikanischem Akzent (allerdings grammatikalisch einwandfrei) und die Anspielung auf McDonald's ist sicherlich nicht zufällig. Wir können nach Erkenntnissen der Rassismusforschung davon ausgehen, dass er weiß sein soll, denn er wird nicht extra als ‚anders' rassialisierend markiert (vgl. Eggers u.a. 2005). Der Vorarbeiter und Viehdieb Gonzales hat hingegen einen spanischen Namen. Auch wenn er nicht mit spanischem Akzent spricht, wird er über die Namensgebung hinaus durch ein „Adiós" hispanisiert (Herzog 1999: 32,20). Während Gonzales noch näher an den imaginierten Norm-US-Amerikaner Mike Donald heranreicht, stellen die „Indianer" das absolute Gegenstück dar. In der Folge am Nordpol sind auf der einen Seite die Neustädter_innen und auf der anderen Seite die „Eskimos". In Afrika ist die Situation hingegen uneindeutig, denn Benjamin Blümchen ist irgendwo zwischen Neustadt und Amanidogo verortet und entscheidet sich letztendlich für eine hybride Identität, die sich weniger durch ‚eigene Wurzeln' als durch ein intersubjektiv hergestelltes Heimatgefühl konstituiert.

Auf der Ebene von Begrifflichkeiten ist auffällig, dass durchgehend Fremdbezeichnungen für die ‚Anderen' verwendet werden. Menschen mit Fremdbezeichnungen zu benennen ist eine gewaltvolle koloniale Tradition und hatte den Effekt, die so Bezeichneten zu einer homogenen Masse zu verallgemeinern, sie innerhalb einer angenommenen ‚Rassenhierarchie' zu klassifizieren und so zu kontrollieren. So kritisieren Organisationen von ursprünglich aus dem nördlichen Polargebiet kommenden Menschen seit langem den Terminus „Eskimo", der oftmals mit „Rohfleischesser" übersetzt wird, als unzulässig verallgemeinernd und als rassistisch. Es

> gibt bspw. in Nord- und Nordostalaska und Teilen Kanadas die Selbstbenennung „Inuit" [...], in Südalaska „Aluqiit", in Westalaska „Inupiat", im Grenzgebiet zwischen Kanada und Alaska „Gwich'in" [...]. (Jana 2010: 121)

Diese Gesellschaften werden in Deutschland (und im untersuchten Hörspiel) immer mit Iglus in Verbindung gebracht, obwohl die „Art zu wohnen [...] in Teilen im Norden Kanadas, Grönlands, Alaskas und Russlands jedoch je nach Jahreszeit unterschiedlich" war und ist (Jana 2010: 119). Die koloniale Bezeichnung sowie Verallgemeinerung und Enthistorisierung – denn Inuit leben heute selbstverständlich in allen möglichen Kontexten, also auch im Reihenhaus mit Vorgarten in Washington – ist auch bei Benjamin Blümchens Ausflug in die USA festzustellen.

In ähnlicher Weise geschieht die Darstellung von Native Americans in Form von „Indianertümelei" (Lutz 2002: 167) immer in einer homogenisierenden Weise. Jenseits dieser Verallgemeinerung geht es nie um gegenwärtige Lebensbedingungen von Native Americans in den USA oder Kanada (vgl. Lutz 2002: 169). Es ist also nicht abwegig, davon zu sprechen, dass in einem solchen „Eskimo"- und „Indianerbild" die damit bezeichneten Menschen „ins Reich der Fabelwesen ein[ge]ordne[t]" werden (Sow 2011: 690).

Die „Indianer" werden durchgängig als romantisch-naturnah exotisiert (Trommelsprache, Wigwam, Reiten auf Pferden, Anschleichen) oder als irrational und brutal dämonisiert (Speerwurf in Richtung Benjamin und Otto sowie promptes Ausgraben des Kriegsbeils) (vgl. Nduka-Agwu 2010). Solch eine Primitivierung findet auch über verwendete Begriffe wie „Häuptling" (vgl. Arndt 2011) und „Stamm" (vgl. Arndt 2004) statt oder darüber, dass die „Indianer" beispielsweise das Flugzeug als „eisernen Vogel" (Herzog 1999: 7,42) bezeichnen:

> „Indianer" nimmt eine vollkommen uniforme und deshalb vollkommen willkürliche Zusammenfassung verschiedenster geografisch und kulturell diverser Gesellschaften in den Amerikas vor, um diese gewaltsam im künstlich geschaffenen Kontext eines rassistischen Großkonstrukts zu verorten. (Sow 2011: 690)

Primitiver als ihre vermeintlich modernen Gegenparts werden „Indianer" und „Eskimos" auch darüber dargestellt, dass sie gebrochenes und einfaches Deutsch sprechen. Die „Eskimos" werden als kindlich und hilfsbedürftig dargestellt, womit „Kolonisierende und Missionar_innen [...] ihr brutales und bevormundendes Handeln zu rechtfertigen" suchten (Jana 2010: 120). Diese infantilisierende Darstellung wird in der hier behandelten Folge darüber erreicht, dass die „Eskimos“ ganz aufgeregt sind und sich sehr über den Besuch von Karla Kolumna freuen. Die „Eskimos“ erscheinen als abhängig vom überlegenen Wissen der Westler_innen in Gestalt von Benjamin, Otto und Karla, weil Esko Eskimo erst auf einen alten verrosteten Handbohrer warten musste, um den Geist vom Großen Eskimo aus dem ewigen Eis befreien zu können. Benjamin hilft Esko also einerseits unbewusst mittels überlegener Technik in Form des Handbohrers, andererseits wird Esko mit Benjamin auf eine Stufe der Naivität gestellt, wenn er auch vom „magischen“ und nicht „magnetischen Nordpol“ spricht.

Im Gegensatz zu Mike Donalds Darstellung als großzügig – er lädt Benjamin und Otto einfach ein – erscheint Gonzales als geldgierig und verlogen. Darüber hinaus wird er noch als brutal gegenüber Tieren charakterisiert, als er Spaß dabei zeigt, Rinder mit Brandeisen zu markieren (vgl. Herzog 1999: 11,20). Latinos (hier bewusst in der männlichen Form) als kriminell und verschlagen darzustellen, ist ein weit verbreitetes rassistisches Bild. Es lässt sich im US-Kontext zurückverfolgen bis zum Mexikanisch-Amerikanischen Krieg von 1846–1848, an dessen Ende Mexiko große Teile des heutigen US-amerikanischen Südwestens (inklusive Texas) an die USA abtreten musste. Um die Vertreibung von mexikanischen Landbesitzern und die Ausbeutung von Mexikaner_innen als billige Arbeitskräfte zu rechtfertigen, wurden diese ähnlich wie Native Americans rassistisch entmenschlicht. In Disney-Filmen (beispielsweise „Oliver & Co“ oder „Susi und Strolch“), Hollywood-Filmen (und speziell Western), aber auch in nordeuropaspezifischen Diskursen angeblich fauler und verschlagener Südeuropäer_innen, werden entsprechende rassistische Bilder regelmäßig aufgerufen und sind damit auch hier zu kollektivem Wissen geworden.

Auch Afrika wird häufig zur Projektionsfläche für exotisierende Sichtweisen, Abenteuer und wilde Natur, wogegen Urbanität, Design oder Technik im westlichen Schreiben und Sprechen über Afrika selten Raum finden (vgl. Marmer & Sow 2015). „Benjamin in Afrika“ reproduziert in weiten Teilen solche Afrikabilder. So sind auf dem ersten und zweiten Cover der Hörspielfolgen (Don-

Abbildung 1: Hella Soyka 1979

nelly 1979 und 1988) lediglich Palmen, Benjamin, Otto und ein Gnu zu sehen – einheimische Bevölkerung gibt es nicht (vgl. Abbildung 1: Hella Soyka 1979).

Auf drei Covern, so auch dem aktuellen (vgl. Abbildung 2: Gerhard Hahn Filmproduktion GmbH 2007), tragen Benjamin und Otto Tropenhelme, die sie auf der Reise in eine ehemalige deutsche Kolonie schützen sollen.

Abbildung 2: Gerhard Hahn Filmproduktion GmbH 2007

Im Hörspiel selbst fällt die Aneinanderreihung vieler ‚fremdartiger' Eindrücke auf: Afrika ist groß, heiß und staubig, die Geräusche klingen fremdartig und „ein bisschen unheimlich" (Donnelly 1979: 15,38) und die Lebensweise der Verwandten birgt viele Gefahren. In ihrer Konzentration lösen diese Eindrücke bei Benjamin einen Schock aus. Er bekommt Angst vor an sich harmlosen Tieren und fühlt sich fehl am Platz (vgl. Donnelly 1979: 22,30). Zudem zeichnen sich die Afrikabilder und -eindrücke durch Defizite aus: Das Wasser ist nicht sauber, sondern eine „trübe Tunke" (ebd.: 18,50), die zu Krankheiten führt. Limonade gibt es gar nicht, die Steppenpflanzen sind „so ungekocht" (ebd: 21,48), und der Mangel an Zuckerstückchen, Benjamins Lieblingsnahrungsmittel, bereitet körperliche wie psychische Pein. Was – wie im Falle der Zuckerstückchen – humoresk verbrämt wird, zeugt dennoch von einer Vorstellung dichotomer, scheinbar klar getrennter Kulturen und Kulturräume. Gleichwohl finden sich einige wenige partikuläre Orientierungspunkte, die Ordnung schaffen: Ein Wegweiser „Amanidogo 2 Km", das hilfreiche Wörterbuch oder die freundliche Elefantenkuh durchbrechen die klaren defizitären Zuschreibungen, sind im Gesamtbild aber weniger sichtbar als die Defizite.

Eine Exotisierung und damit verknüpfte Abwertung von ‚afrikanischer' Sprache geschieht auch in der Afrika-Folge, wie eine recht bizarre Episode am Schluss zeigt. Als Benjamin und Otto wieder aus Tansania zurückkehren, improvisiert Benjamin bar jeder Sprachkenntnisse Swahili, worauf Herr Tierlieb verstört reagiert.

> Benjamin: Schau, dort ist Herr Tierlieb. Warte, dem jagen wir einen Schrecken ein: Chakula cha asubuhi! Mpaka saa ngapi.

Otto: Tach, Herr Tierlieb.

Tierlieb: Tag Otto. Um Gottes Willen, Benjamin, ja was ist denn los mit dir, wie redest du mit mir?! Mein Gott, was ist denn mit ihm, Otto?

Benjamin: Tafadhali, tu ma! Arua. Zugabahali. Nitakopacka!

Tierlieb: Nein, n-n-nein, das ist ja schrecklich. Man hat Benjamin ruiniert, er hat unsere Sprache verlernt.

Otto: Er ist DOCH ein afrikanischer Elefant.

Benjamin: Quatsch, bin ich nicht. Ich bin ein mitteleuropäischer Elefant.

Tierlieb [erleichtert]: Benjamin, du bist unmöglich. (Ebd.: 33,17)

Hörspiele bieten wenig Raum für Differenzierung. Insofern verwundert es grundsätzlich wenig, wenn der historische Kontext von Benjamins Reiseerlebnissen vereinfacht und schematisch dargestellt wird. Dabei kann es aber zu problematischen Setzungen kommen, bei denen die westlich-dominante Interpretation historischer Ereignisse die Oberhand gewinnt, während dissidente und dabei eigenständige Interpretationen an Sichtbarkeit verlieren. Alle drei Hörspielfolgen sind durch Formen von ‚Geschichtsklitterung' geprägt, die an einigen Stellen die oben genannten Effekte unterfüttern. So wird das Zusammenleben zwischen Mike Donald – als Sinnbild für das weiße Nordamerika – und Schwarze Feder – als Platzhalter für Native Americans – harmonisch dargestellt. Mike Donald kann sich kaum vorstellen, dass „unsere netten Indianer" (Herzog 1999: 13,58) stehlen und nach kurzem, unbegründetem Aufflammen von Groll auf Seiten der „Indianer" leben alle wieder einträchtig beieinander. Dass sich Otto und Benjamin auf Anhieb so gut mit Rote Feder verstehen und der Erzähler die Begegnung mit „echten Indianern" unglaublich aufregend findet (ebd.: 7,01), ist auch im Kontext einer spezifisch deutschen Ausformung von „Indianertümelei" zu verstehen, der im Gegensatz zu den USA eine Native American-Gegen-Lobby fehlt. Deutsche imaginieren „Indianer" schon seit Jahrhunderten als ihnen verbunden und projizieren eigene Wünsche in dieses Bild. Nach Hartmut Lutz (2002) sind diese Bilder keineswegs harmlos: Jüd_innen, Rrom_nja und Sinti_zas wurden ebenso als ‚das Andere' konstruiert, aber eben nicht als das ferne, faszinierende Andere, sondern als das Nahe, das aus dem imaginierten deutschen Volkskörper entfernt werden musste.

Wenn wir uns nun dem Nordpol zuwenden, dann besteht dort zunächst eine Disharmonie zwischen Esko Eskimo und den Neustädter_innen: Esko ist darum bemüht, ein Heiligtum und Kulturgut seiner Gemeinschaft gegen den Invasor Professor Magneticus zu schützen, der keinen Respekt davor zeigt, sondern lediglich an seinen wissenschaftlichen Untersuchungen interessiert ist. Davon wird er erst durch den Handbohrer abgelenkt und eingelullt. Zwischen Karla Kolumna und Eska Eskima herrscht von Anfang an gegenseitige

Zuneigung. Am Ende sieht auch Esko ein, dass alle nur Gutes wollen: Nachdem die Neustädter_innen respektlos in den Lebensraum der „Eskimos" eingedrungen sind und der Polarforscher ein Heiligtum entweiht hat, ist es Esko Eskimo, der sich für seine Aggressivität entschuldigen muss (vgl. Herzog 2001: 38,19).

Interessant ist ein Blick auf die Frage der Gewalt. Sowohl Schwarze Feder als auch Esko werden als aggressiv dargestellt (im Gegensatz zu den Weißen, aber auch ihren weiblichen Counterparts). Sie reagieren gewalttätig auf Benjamin & Co sowie auf Mike Donald, was immer als irrational und illegitim erscheint. Hier zeigt sich das von Mourid Barghouthi (2001; Übers. d. Verf.) beschriebene Muster der Geschichtsvergessenheit bzw. Ent-innerung: Die Geschichte mit einem Zweitens beginnen zu lassen und somit auf den Kopf zu stellen: „Fang deine Geschichte mit einem ‚Zweitens' an und die Pfeile der Native Americans werden zu den eigentlichen Kriminellen und die Gewehre der Weißen zu Opfern."

Eine subversivere Lesart könnte aus der Folge in den USA sogar herauslesen, dass irgendetwas nicht mit rechten Dingen zugegangen sein muss. Mike Donald sagt am Anfang: „Soweit ihr sehen könnt, alles mein Land. [...] Yeah, wir haben viel Platz hier, Amerika ist ein großes Land" (Herzog 1999: 5,10). Kurz darauf sagt er, dass hier auch „Indianer" leben. Wie er (bzw. das Weiße Amerika) zu dem Land kam und warum es nicht den „Indianern" gehört, die auf ihm leben, wird nicht erwähnt. Dazu, den Genozid und die Enteignung der Native Americans in den USA zu verschweigen, schreibt MariJo Moore (2006: xiv–xv):

> Negation of the past allows the perpetuation of racial genocide to continue, albeit in milder forms, but to continue nevertheless. [...] The future is simply the past repeated unless it is understood.

Bei Benjamins Reise nach ‚Afrika' fällt auf, dass es weder ein ‚Erstens' noch ein ‚Zweitens' gibt. Afrika ist ein enthistorisierter, abenteuerlicher Ort. Zwar reisen Benjamin und Otto in eine ehemals deutsche Kolonie, zwar spielt auch eine andere „Benjamin Blümchen"-Folge in Kamerun, zwar sind Benjamins Großeltern sicherlich nicht als Folge eines herrschaftsfreien Diskurses nach Deutschland gekommen – doch diese Aspekte bleiben unsichtbar. Sichtbar ist hingegen ein besonderer Umgang mit Zeit, der die Enthistorisierung prägt: „Afrika ist doch Afrika" – und habe schon immer existiert. Das dortige Leben folge, anders als in Benjamins und Ottos westlicher Existenzweise, nicht einem linearen Zeitverlauf, sondern sei durch die immer wiederkehrenden Zyklen eines harten Lebens geprägt: Futtersuche, Wassersuche, Schlafen. Diese verschiedenen Zeitläufe prallen in der in Afrika spielenden Folge aufeinander:

> Benjaminss Großkusine: Chakula hapi.
>
> Otto: Sie sagt, wir suchen Essen.

Benjamin: Jeden Tag?

Otto: Kila siku?

Benjamins Großkusine: Kila siku.

Otto: Jeden Tag.

Benjamin: Ach du meine Güte. (Donnelly 1979: 24,04)

Kolonisator, Entwicklungshelfer und Tourist: Rollenrepertoire und -unsicherheit

Die oben erläuterten Muster – Rassialisierung, Exotisierung und Geschichtsklitterung – unterstützen bzw. begrenzen ein bestimmtes Rollenrepertoire der Protagonist_innen. Innerhalb der Palette der Rollenperformance sind bestimmte Positionen eher möglich als andere. Für Benjamin, den hilfsbereiten, freundlich-bärbeißigen und immer wieder aufs Neue tapsigen Elefanten, aber auch für seinen Kompagnon Otto stehen im Wesentlichen drei Rollen zur Verfügung: Kolonisator, „Entwicklungshelfer" sowie Tourist. Diese Rollen bleiben in weiten Teilen konsistent, sie werden aber vor allem in der Folge in Afrika immer wieder gebrochen.

Zunächst nimmt Benjamin vor allem in den Folgen in den USA und am Nordpol die Rolle des Kolonisators ein. Diese findet sich selten in der Reinform eines Eroberers, sondern ist impliziter angelegt – etwa in Form des Zivilisationsbringers. In der Afrika-Folge wird sie zumindest auf den Covern von Kassetten und CDs sichtbar durch das Tragen von Tropenhelmen, die historische Kontinuitäten von Eroberung und Abenteuer markieren (Donnelly 1988 und 2001). Was Benjamin Blümchen vor allem ausmacht, ist sein Drang, in die ganze Welt zu reisen, um dort Probleme zu lösen. Barbara Heron hat aufgezeigt, dass europäische Kolonisator_innen gekennzeichnet waren von einer „planetary consciousness, affirmation of self through comparative racialized discourse, and both entitlement and obligation to intervene globally" (2007: 35). In den Folgen, die in den USA und am Nordpol spielen, trägt Benjamin Blümchen dazu bei, bestehende Unrechtsverhältnisse zu stabilisieren, indem er versöhnt, Frieden schafft und den Status quo nicht infrage stellt. Die Freundschaft, die überall entsteht bzw. die Benjamin Blümchen im Fall der USA-Folge zwischen Kolonisierenden und Kolonisierten wiederherstellt, ist

> one of the most complacent colonialist myths, that is, the welcoming of the colonizer by the colonized and the latter's voluntary acceptance of colonial rule, based on a recognition of and love for the colonizer's cultural, intellectual, moral, and even physical superiority. (Lutz 2002: 176)

Sehr häufig ist Benjamin in der Rolle des (Entwicklungs-)Helfers unterwegs. In den hier untersuchten Folgen ist dies eng verbunden mit dem weltmännischen Auftreten des Kosmopoliten – eine Rolle, in der sich Benjamin gerne sieht, etwa als er großmütig und scheinbar bescheiden den Dank der Herde für die geretteten Elefantenbabys annimmt: „Aber bitte. War doch selbstverständlich" (Donnelly 1979: 30,54). Dies wird aber auch von Otto ironisch durchbrochen:

> Benjamin: Soll ich eine Rede halten?
>
> Otto: Von mir aus. Es versteht dich ja doch keiner.
>
> Benjamin: Macht nichts... Liebe... Herde! Liebe Verwandte [...]. (Ebd.: 31,10)

Als Retter der jungen Elefanten handelt Benjamin selbstlos und riskiert eine eigene Gefährdung. Gleichwohl erscheint dies als Aktion, zu der die Herde offenbar nicht selbst in der Lage ist, sondern entschlossene Hilfe von außen benötigt. Die autochthone Elefantenherde erscheint so als unselbständiges, handlungsunfähiges Kollektiv. Benjamin hilft mit dem großmütigen Gestus des Kosmopoliten und Entwicklungshelfers, der bei Bedarf zur Stelle ist: „Und wenn ihr was braucht, meine Adresse steht im Telefonbuch unter Zoo, ja?" (ebd.: 32,31). Auch in der Cowboy-Folge ist Benjamin als Helfer – diesmal eher als Friedensfachkraft – erfolgreich, indem er die Fortführung der friedlichen Ko-Existenz von Mike Donald und den „Indianern" durch das Auffinden von Rote Feder ermöglicht. Am Nordpol bringt Benjamin Blümchen im Sinne technischer Entwicklungszusammenarbeit Erlösung mit seinem Handbohrer. Allerdings geschieht dies zufällig und auf eine naive Art, so dass er hier eher als Mittler fungiert, der die überlegene Technik des Westens überbringt.

Jenseits dieser beiden Rollen bilden Benjamin und Otto zudem ein touristisches Duo, bei dem kosmopolitische Weltläufigkeit und pauschaltouristische Tapsigkeit eine Verbindung eingehen. Benjamin ist dabei der nette Deutsche, der die fremden Orte am heimischen Original misst, Otto hingegen der Kosmopolit, der sich kulturell integriert und sich mithilfe eines Wörterbuchs fast in Echtzeit verständigen kann.

Im Verlauf der Hörspielhandlung treten Brüche und Rollenunsicherheiten auf. Sie deuten Lern- und Aushandlungsprozesse an. Besonders deutlich wird dies in der Afrika-Folge, bei der Identität und Herkunft im Diaspora- und Rückkehrer-Kontext verhandelt werden. Benjamin ist anfangs fest davon überzeugt, ein afrikanischer Elefant – und bereits qua *ius sanguinis* in seiner ‚Heimat' hochwillkommen zu sein:

> Benjamin: Ich bin aber normal, ich bin ein ganz normaler afrikanischer Elefant. [...]
>
> Otto: Entschuldige Benjamin, ich hab's ja nicht böse gemeint. Ich meine ja nur, dass du überhaupt nicht afrikanisch aussiehst.

Benjamin: Trotzdem. Ich bin ein afrikanischer Elefant. Es gibt afrikanische Elefanten und es gibt indische. Ein indischer Elefant bin ich nicht. Ich bin ein afrikanischer Elefant, weil meine Großeltern in Afrika geboren sind und meine Urgroßeltern und meine Ururgroßeltern auch.

Otto: Ja wo sind die denn geboren in Afrika?

Benjamin: Wie meinst Du das -- wo?

Otto: Na Afrika ist riesen-riesen-groß.

Benjamin: Weiß nicht. Afrika eben. Afrika ist doch Afrika. (Ebd.: 2:48)

Bei seinen Verwandten, seinen ‚Brüdern und Schwestern', fühlt er sich aber fremd und die scheinbar eindeutige Herkunftsbestimmung gerät in die Krise. Benjamin gelingt kein angemessenes ‚passing' mehr; er wird in Afrika nicht als ‚afrikanisch' gelesen und stellt fest: „Ich passe nicht hierher" (Donnelly 1979: 31,34). Seine neu entwickelte Identität als „mitteleuropäischer Elefant" (ebd.: 31,31) gibt ihm letztlich wieder Stabilität und Rollensicherheit zurück und wird durch den zwischenzeitlich durch Benjamins Swahili-Improvisation geschockten Herrn Tierlieb bestätigt: „Benjamin gehört eben doch zu uns" (ebd.: 35,14).

Schluss

Die Reflexion von Benjamins Reisen in die ‚Fremde' hat nicht mit Kritik gespart. In vielerlei Form transportieren die Folgen als dominante Lesart eine Trennung von ‚fremd' und ‚eigen', die mit problematischen Dichotomisierungen und Rassialisierungen verbunden ist. Eine vermittelnde Lesart, die an eigenen kindlichen Erfahrungen – etwa von Hybridität, Migrationshintergrund, Reisen – ansetzt, hat es demgegenüber schwer. Für eine subversive Lesart schließlich kommt es stark auf den Sozialisationshintergrund von Kindern an: Wenn bereits Sensibilität für unterschwellige Rassismen oder Stereotypisierungen besteht, so ist diese – zumindest in der Afrika-Folge – möglich. Anknüpfungspunkte dafür sind am ehesten durch Benjamins häufiges Scheitern und ironische Kommentierungen gegeben. Um dies im Sinne von Medienkompetenz zu stärken, wäre aber ein aufmerksamer, sensibler Blick von Bezugspersonen erforderlich. Die Folgen in den USA und am Nordpol bieten hingegen aufgrund ihres ungebrochenen (exotisierenden) Rassismus und der ex-post Legitimation von Eroberung und Landraub keinerlei Andockstellen für subversive Lesarten.

Unsere Analyse soll aber über die kritischen Anmerkungen hinausweisen. Wir fragen uns nach Erweiterungsmöglichkeiten, die das herrschaftskritische, eigenwillige Potential der Benjamin-Folgen stärken könnten und Kinder in der politischen Sozialisation unterstützen. Benjamins und Ottos subversive Alltagsinterventionen bilden eine Basis, auf der sich eine ganze Reihe engagierter Folgen entfalten könnte:

„Benjamin ist nicht illegal!“: Ganz dumm gelaufen! Beim jährlichen Zoo-Ausflug hat Benjamin seinen Pass verloren. Weil er bald mit Otto in den Urlaub fahren möchte, braucht er dringend einen neuen. Aber es gibt Schwierigkeiten: Ist Benjamin Deutscher? Oder hat er eine doppelte, tansanisch-deutsche Staatsbürgerschaft? Und ist er eigentlich legal hier? Und warum sind die Warteschlangen beim Passamt und bei der Ausländerbehörde ganz unterschiedlich lang?

„Benjamin und die Bananen“: Tierwärter Karl hat ganz viele Bananen, aber nur wenige Pfirsiche in Benjamins Futtertrog getan, denn letztere sind recht teuer. Benjamin wundert sich über die Preisunterschiede. Ottos Lehrerin erklärt, wie diese zustande kommen, unter welchen Umständen Bananen produziert werden und warum man von „Bananenrepubliken“ spricht. Benjamin, aber auch die Schimpansen aus dem Nachbargehege, möchten nur noch fair gehandelte Bananen essen. Allerdings meint die Schimpansin Charlotte, dass faires Shoppen auch so seine Probleme hat…

„Meine Großeltern haben Rechte!“: Benjamin und Otto stöbern an einem trüben Novembertag im Zooarchiv herum. Sie finden Notizen des Zoo-Gründers Wilhelm Tierlieb. Er schreibt, dass das Elefantenpaar großes Heimweh hat und sich bitter beklagt, nun in Deutschland sein zu müssen. Und immer diese Zuschauer im Zoo! Fast denkt Wilhelm darüber nach, das Paar wieder nach Tanganjika zu verschiffen – aber warum sollten diese stolzen Tiere den Engländern in die Hände fallen? Benjamin ist empört, wie mit seinen Großeltern umgegangen wurde, und erinnert sich an Erzählungen seiner Eltern von früher. Um an das Schicksal seiner Großeltern zu gedenken, klagt er auf Entschädigungszahlungen. Otto und seine Schulklasse gestalten einen Zoo-Rundgang, der die Kolonialgeschichte von Zoos dokumentiert.

In der Reichhaltigkeit von Benjamins Rolle, aber auch in der Vielfalt der dargebotenen Rollen – Otto, Karla, der Erzähler etc. – sind solche Möglichkeiten bereits vorgeformt. Ziel wäre es, emanzipative und reflexive Aspekte einzubinden: Fehler begehen und einräumen, Lernprozesse, Ängste und Scheitern bearbeiten, neue Solidaritäten und Allianzen finden. Auf diese Weise können – im Sinne rassismuskritischer Bildungsarbeit – Rassialisierungen und Exotisierungen vermieden und kritisch-emanzipatorische Praxen entwickelt werden.

Hörspiele

Donnelly, Elfie (1979): Benjamin Blümchen in Afrika. Kiosk.
Herzog, Ulli (1999): Benjamin Blümchen als Cowboy. Kiosk.
Herzog, Ulli (2001): Benjamin Blümchen bei den Eskimos. Kiddinx.

Abbildungen

Abb. 1, Cover, Illustration: Hella Soyka, in: Donnelly, Elfie (1979): Benjamin Blümchen in Afrika. Kiosk.
Abb. 2, Cover, Illustration: Gerhard Hahn Filmproduktion GmbH, in: Donnelly, Elfie (2007): Benjamin Blümchen in Afrika. Kiddinx.

Literatur

Arndt, Susan/Ofuatey-Alazard, Nadja (Hrsg.) (2011): Wie Rassismus aus Wörtern spricht. (K)Erben des Kolonialismus im Wissensarchiv deutscher Sprache. Ein kritisches Nachschlagewerk. Münster: Unrast.
Arndt, Susan (2011): „Häuptling". In: Arndt, S./Ofuatey-Alazard, N. (Hrsg.): Wie Rassismus aus Wörtern spricht. (K)Erben des Kolonialismus im Wissensarchiv deutscher Sprache. Ein kritisches Nachschlagewerk. Münster: Unrast, S. 687–688.
Arndt, Susan (2004): „Stamm". In: Arndt, S./Hornscheidt, A. (Hrsg.): Afrika und die deutsche Sprache. Ein kritisches Nachschlagewerk. Münster: Unrast, S. 213–218.
Eggers, Maureen Maisha/Kilomba, Grada/Piesche, Peggy/Arndt, Susan (Hrsg.) (2005): Mythen, Masken und Subjekte. Kritische Weißseinsforschung in Deutschland. Münster: Unrast.
Barghouthi, Mourid (2001): Excerpts from I Saw Ramallah. In: Palestine-Israel Journal of Politics, Economics and Culture 8, 3. http://www.pij.org/details.php?id=848 [Zugriff: 15.05.2015].
Fiske, John (1987): Television Culture. London: Routledge.
Fiske, John (1993): Populärkultur: Erfahrungshorizont im 20. Jahrhundert. Ein Gespräch mit John Fiske, 19.9.1991, Madison/Wisconsin. In: montage av, Zeitschrift für Theorie und Geschichte audiovisueller Kommunikation 2, 1, S. 5–18. http://www.montage-av.de/pdf/021_1993/02_1_John_Fiske_Populaerkultur.pdf [Zugriff: 11.5.2015].
Hall, Stuart (1980): Encoding/Decoding. In: Hall, S./ Hobson, D./ Love, A./ Willis, P. (Hrsg.): Culture -- Media – Language. London: Hutchinson, S. 128–138.
Heron, Barbara (2007): Desire for Development. Whiteness, Gender, and the Helping Imperative. Waterloo: Wilfrid Laurier University Press.

Icon kids & youth (2010): Marktforschungsstudie „Trend Tracking Kids". München.

Jana, Ines (2010): „Eskimo". In: Nduka-Agwu, A./Hornscheidt A. L. (Hrsg.): Rassismus auf gut Deutsch. Ein kritisches Nachschlagewerk zu rassistischen Sprachhandlungen. Frankfurt/Main: Brandes & Apsel, S. 115–121.

Lutz, Hartmut (2002): German Indianthusiasm. A socially constructed German National(ist) Myth. In: Galloway, C. G./Gemünden, G./Zantop, S. (Hrsg.): Germans and Indians. Fantasies, Encounters, Projections. Lincoln, London: University of Nebraska Press, S. 167–184.

Marmer, Elina/Sow, Papa (Hrsg.) (2015): Wie Rassismus aus Schulbüchern spricht. Kritische Auseinandersetzung mit „Afrika"-Bildern und Schwarz-Weiß-Konstruktionen in der Schule – Ursachen, Auswirkungen und Handlungsansätze für die pädagogische Praxis. Weinheim [u.a.]: Beltz Juventa.

Moore, MariJo (2006): „Introduction." In: Dies. (Hrsg.): Eating Fire, Tasting Blood. An Anthology of the American Indian Holocaust. New York: Thunder's Mouth Press, S. xi–xvi.

Nduka-Agwu, Adibeli (2010): „Indianer_in". In: Nduka-Agwu A./Hornscheidt, A. L. (Hrsg.): Rassismus auf gut Deutsch. Ein kritisches Nachschlagewerk zu rassistischen Sprachhandlungen. Frankfurt/Main: Brandes & Apsel, S. 140–145.

Raghuram, Parvati/Madge, Clare/Noxolo, Patricia (2009): Rethinking Responsibility and Care for a Postcolonial World. In: Geoforum 40, 1, S. 10.

Sow, Noah (2011): „Indianer". In: Arndt, S./Ofuatey-Alazard, N. (Hrsg.): Wie Rassismus aus Wörtern spricht. (K)Erben des Kolonialismus im Wissensarchiv deutscher Sprache. Ein kritisches Nachschlagewerk. Münster: Unrast, S. 690–691.

Strohmeier, Gerd (2005): Politik bei Benjamin Blümchen und Bibi Blocksberg. In: APuZ 41, S. 7–15.

„Wir wollen uns von den normalen Menschen nicht allzu sehr unterscheiden!“

Weibliche Rollenvorstellungen in „Bibi Blocksberg“-Hörspielen

Kerstin Wolff

Bibi Blocksberg, das berühmte Hexenmädchen aus Neustadt, die auf ihrem Besen „Kartoffelbrei“ seit 1980 unzählige Abenteuer erlebt und ihre Zaubersprüche mit „Hex-Hex“ enden lässt, ist auch im Jahr 2016 noch hochaktuell. Kaum ein Kind – vorzugsweise Mädchen – im Alter zwischen 6 und 12 Jahren, das Bibi Blocksberg nicht kennt; und nur wenige Erwachsene der Jahrgänge ab etwa 1975, die nicht ebenfalls eine mal mehr mal weniger ausgeprägte ‚Blocksberg-Sozialisation‘ aufzuweisen haben.

Mit der Erfindung der Figur Bibi Blocksberg im Jahr 1980 ist der Autorin Elfie Donnelly ein wahrer Coup gelungen. Zusammen mit dem Elefanten Benjamin Blümchen, der 1978, also bereits zwei Jahre früher, ebenfalls in Neustadt das Licht der Welt erblickte, hat Donnelly Millionen von deutschen Kindern abends beim Einschlafen oder bei stundenlangen Autofahrten die Abenteuer dieser beiden Figuren erzählt und ihnen dabei die Welt zwischen Schule, Zoo und Freundschaftsbeziehungen nahe gebracht. Aber es waren und sind nicht nur erfundene Welten einer jungen Nachwuchshexe, die in den Folgen im Zentrum stehen. Häufig geht es auch um Probleme in der Familie sowie um Auseinandersetzungen im Mikrokosmos von Vater, Mutter, Kind und anderen Verwandten. Die Abenteuer der kleinen Hexe, ihre Lösungsstrategien im familiären Umfeld und die Rollenerwartungen, die an sie dabei gestellt werden, müssen als wichtige Hintergrundfolie im Prozess der Sozialisation von Kindern verstanden werden. Die Rollen, die vorgelebt und propagiert werden, können von den jungen Hörer_innen übernommen werden, da hier Bibi Blocksberg als Vorbild fungiert. Bei der millionenfachen Verbreitung des Stoffes und vor allem vor dem Hintergrund der breiten Sozialisationserfahrung der heute bis 40-Jährigen[1], die selber wieder Kinder haben, bietet es sich

1 Die tiefe Verbundenheit der Hörer_innen mit den Folgen ist erstaunlich. So gibt es nicht wenige, die auch heute noch als Erwachsene die alten Folgen hören und sich darüber im Internet mit anderen Fans austauschen. Als prototypisch kann folgender Eintrag gelten: „EGAL wo ich mit meinem XXXplayer auch hingehe, egal ob es mir mies geht oder ich

zwingend an, zu fragen, welche Erwartungen in den Folgen an Bibi Blocksberg (also an junge Mädchen) in den 1980er Jahren gestellt wurden. Wie hatte sie sich als Mädchen zu verhalten? Was wird ihr als ihre weibliche Rolle präsentiert und wie hat sie diese auszufüllen? Um diesen Fragen auf den Grund zu gehen, möchte ich die Folgen von „Bibi Blocksberg" analysieren, die Elfie Donnelly selbst in den 1980er Jahren verfasst hat.

Die Hörspielreihe hieß ursprünglich „Eene meene Hexerei" und startete 1980. Unter diesem Titel erschienen die ersten sieben Folgen, danach wurde die Serie in „Bibi Blocksberg" umbenannt. Nachdem 1978 bereits der Elefant Benjamin Blümchen auf Sendung gegangen war und verstärkt Jungs ansprach, konzipierte Donnelly „Bibi Blocksberg" für Mädchen. In einem Interview berichtete sie: „Nach dem jungenaffinen Elefanten sollte was für die Mädchen her. Weise, freche Hexen. Die waren mir als Frauenbewegte am sympathischsten" (zit. nach Wittmann 2014: 58).

Die Verknüpfung, die Donnelly selber zwischen der Frauenbewegung und der Figur der Bibi Blocksberg herstellt, liegt nahe. Im Zentrum der Handlung steht ein Mädchen, welches mit besonderen Fähigkeiten ausgestattet ist. Damit scheint eine positive, Mädchen stärkende Rahmenhandlung geschaffen zu sein, die darauf setzt, jungen Mädchen ihre Handlungsfähigkeit in der Gesellschaft aufzuzeigen und sie in ihrer Individualität zu stärken. Die Idee, Mädchen in ihrer weiblichen Sozialisation durch tatkräftige weibliche Figuren zu unterstützen, die als Vorbilder und Mutmacherinnen dienen können, war durch die Frauenbewegung der 1970er bis 1980er Jahre propagiert worden. Daher ist die Verbindung zwischen Frauenbewegung und „Bibi Blocksberg" sicher nicht zufällig.

Donnelly arbeitete bis Ende der 1980er Jahre an neuen Hörspielen und verkaufte nach 41 von ihr verfassten Folgen die Rechte an den hör+lies Verlag (heute KIDDINX Studios GmbH).[2]

Für die vorliegende Untersuchung wurden zehn Folgen für eine tiefergehende Analyse ausgewählt. Neben den ersten fünf, die 1980 erschienen sind, und den Folgen 20 und 21 aus dem Jahr 1984 sind die letzten drei von Donnelly geschriebenen Hörspiele aus den Jahren 1987 bis 1989 einbezogen worden.[3]

extrem gute Laune habe, ob ich ärger [sic!] bei der Arbeit habe oder mit Liebeskummer kämpfen muss: Die Titelmelodie ertönt, der Erzähler spricht mit dieser warmen Stimme... Ich bin sofort wieder ein kleines Kind, ich fühle mich geborgen... Ich bin in Neustadt!!!!! [...]. Bibi Blocksberg und natürlich auch Benjamin Blümchen, haben einen ganz großen Stellenwert in meinem Herzen. Und sie vermitteln mir, was glaub ich jeder ab und an mal braucht, EINE HEILE WELT!" (BEN300 [2015]: Kommentar zu Bibi Blocksberg – (1) – Hexen gibt es doch! URL: http://www.hoerspielland.de/hl-3.2.294-1.2.294.html [Zugriff: 17.7.2015]).

2 Siehe die Internetseite der Hörspielreihe: http://www.bibiblocksberg.de.

3 Alle Hörspiele sind bei Kiosk erschienen (Kiosk Audio Video Cassetten GmbH), im Jahr 2000 erfolgte die Umbenennung in KIDDINX Entertainment GmbH.

Um untersuchen zu können, wie die weibliche Rolle von Bibi Blocksberg in den Folgen konstruiert wurde, berufe ich mich im Folgenden auf das Konzept des Geschlechterwissens von Irene Dölling.

Diese hat in ihren Untersuchungen festgestellt, dass es ein alltagsweltliches und individuelles Geschlechterwissen gibt. Unter einem individuellen Wissen über Geschlechter versteht sie

> den sich aus verschiedenen Wissensformen zusammensetzenden und strukturierten „Vorrat" an Deutungsmustern, an Fakten und/oder Zusammenhangs-Wissen, mit dem die Geschlechterdifferenz wahrgenommen, bewertet, legitimiert, begründet bzw. als selbstverständliche, quasi „natürliche" Tatsache genommen wird. (Dölling 2005: 1)

Dieses Geschlechterwissen ist biografisch gewonnen und das Ergebnis der individuellen Verarbeitung von geschlechterdifferenten Situationen. Es ist äußerst vielschichtig, denn es wird in unterschiedlichen Situationen unterschiedlich relevant.

> Individuelles Geschlechter-Wissen zeichnet sich aus durch eine in sich widersprüchliche Mischung aus „unbewusstem", inkorporiertem Wissen, das im praktischen Handeln unreflektiert, selbstverständlich, unhinterfragt eingesetzt wird einerseits, aus bewussten, reflektierten Wissensformen andererseits. (Dölling 2005: 2)

Das Geschlechterwissen ist also vorstellbar als ein im Hintergrund gespeichertes Alltagswissen über Geschlecht, Geschlechterrollen und Geschlechterverhältnisse, das uns befähigt – in der Interaktion mit anderen – uns gegenseitig unserer Wirklichkeit zu versichern. „Beim Alltagswissen" so die Soziologin Angelika Wetterer,

> haben wir es mit einem pluralen und inkohärenten Erfahrungs- und Handlungswissen zu tun, das neben diskursiven Wissenselementen einen breiten Fundus fragloser Selbstverständlichkeiten und Handlungsroutinen umfasst, zu dem vorreflexiv gewordene implizite Wissensbestände ebenso gehören wie inkorporierte Formen eines praktischen Wissens oder Könnens, das weniger im Kopf bewahrt ist als im Körper und scheinbar wie von selbst „geschieht". (Wetterer 2009: 52)

Interessant ist hierbei, dass es neben dem inkorporierten Wissen auch diskursiv verfügbare Bestandteile des Wissens gibt, die die Kommunikation und Selbstverständigung anleiten und bestimmen. In der Praxis unterstützten oder konterkarierten implizite und inkorporierte Formen des Geschlechterwissens diese reflektierten Bestandteile allerdings häufig. Denn es sind die impliziten Formen des Geschlechterwissens, die Handlungsfähigkeit ermöglichen, „weil sie zur Routine geworden sind und verlässliche Erwartungssicherheit gewährleisten, ohne des weiten Weges über das Nachdenken und die Diskurse zu bedürfen" (Wetterer 2009: 52).

Wenn implizites Geschlechterwissen Handlungsfähigkeit ermöglicht, dann fließt dieses unbewusste Wissen auch in kulturelle Produkte, z.B. in Hörspielserien, ein. Dabei wird aber nicht das Geschlechterwissen einer bestimmten Person – in diesem Fall der Autorin Elfie Donnelly – in die Folgen hineingeschrieben, sondern die Geschlechter-Wissensvorräte der Zeit, in der die Autorin die Folgen verfasst hat. Denn Alltagswissen ist zwar individuell, spielt sich aber in einem gesellschaftlich geformten Rahmen ab. Daher funktioniert Alltagswissen – also auch Geschlechterwissen – immer nur in einem bestimmten Zeitabschnitt und es verändert sich durch die Veränderungen in der Gesellschaft. Es sollte also möglich sein, anhand der „Bibi Blocksberg"-Folgen das Geschlechterwissen der BRD in den frühen 1980er Jahre zu erfassen.

Um mich diesem Geschlechterwissen zu nähern, möchte ich in einem ersten Schritt die handelnden Hauptpersonen der Serie vorstellen und ihre Rolle und ihr Handeln im innerfamiliären Kontext herausarbeiten.

Untersuchung der Hauptfiguren

Bibi Blocksberg

Die Heldin, die der Serie später auch ihren Namen gibt, ist die junge Hexe Bibi Blocksberg. Sie heißt eigentlich Brigitte Blocksberg, aber alle nennen sie nur Bibi. Bibi ist in den ersten zwölf Hörspielfolgen 12 Jahre alt und wird seitdem als 13-jähriges Mädchen beschrieben. Der Name der Heldin ist mit Bedacht gewählt: Der Blocksberg ist – historisch betrachtet – allgemein die Erhebung eines Hexenberges. Heute wird unter dem Blocksberg vor allem der Hexentanzplatz auf dem Brocken verstanden. Hier treffen sich – der Sage nach – die Hexen in der Walpurgisnacht zum Tanz mit dem Teufel. Durch diesen Namen wird die Verbindung zu alten Hexengeschichten hergestellt und Bibi in diese historische Tradition eingebunden.

In den untersuchten Folgen wird das Geschlecht der Protagonistin selten explizit thematisiert, auch besondere Handlungsanweisungen scheinen aus dem Mädchen-Sein nicht zu resultieren. Erst beim genaueren Hören der Serie fällt auf, dass in jeder Folge mindestens einmal wiederholt wird, dass in der Familie Blocksberg nur die Frauen hexen können. Besonders deutlich wird dies in der ersten Folge, in der der Bruder von Bibi, Boris Blocksberg, auftritt und sich massiv darüber beschwert, dass er nicht zaubern kann. Er bittet seine Mutter sogar, dass sie ihn in ein Mädchen verhexen soll, aber seine Mutter erklärt ihm, dass das nichts helfen würde.

> Erzähler: Die beiden Männer übrigens, Bernhard und Boris Blocksberg, die haben keine Ahnung vom Hexen. Sie probieren es zwar immer wieder, aber

> es klappt nie. Denn zum Hexen gehört ein ganz besonderes Talent. Das kann man nicht erlernen, das erbt man. Und nur Frauen können Hexen werden – so war das schon immer.
>
> Barbara Blocksberg: Und so wird es immer sein, Boris.
>
> Boris Blocksberg: Aber Mami, wenn du mich in ein Mädchen verhext, dann könnte ich doch Hexe werden!
>
> Barbara Blocksberg: [lacht] Nein, Boris, dann sähst du nur aus wie ein Mädchen, aber deine Seele wäre ein Junge und du könntest wieder nicht hexen. (Donnelly 1980a: 6,10)[4]

Diese Passage ist ausgesprochen interessant, denn sie ist die einzige Stelle in den untersuchten Folgen, in der explizites Geschlechterwissen verhandelt wird. In dem Gespräch mit ihrem Sohn vermittelt Barbara Blocksberg, dass die Geschlechtszugehörigkeit eine feststehende Kategorie darstellt, die untrennbar mit der Person und ihrem Körper verbunden ist. Von Geschlecht als sozialer Konstruktion und kulturellem Produkt ist hier nicht die Rede, sondern von Geschlecht als einer feststehenden Realität. Durch die Aussage von Barbara Blocksberg wird die Einteilung in zwei Geschlechter (und wirklich nur zwei!) zementiert. Jungen sind Jungen und Mädchen sind Mädchen und daran kann nichts geändert werden – auch nicht durch Hexerei. Diese Naturalisierung erklärt auch für die anderen Folgen, warum Geschlecht – auf den ersten Blick – keine Rolle spielt; es kann und soll nämlich nicht verhandelt werden.

Um das Geschlechterwissen der Zeit aufzudecken, ist es also nicht sinnvoll, auf Stellen zu achten, die Geschlecht thematisieren. Vielmehr muss es darum gehen, Handlungen zu untersuchen, die mit implizitem Geschlechterwissen verbunden sind. Dafür bietet es sich an – so meine Überlegung –, jene Handlung näher zu untersuchen, die in den Hörspielfolgen nur von Frauen ausgeführt wird, nämlich das Hexen. Es soll also gefragt werden, wie das Hexen in den Folgen dargestellt wird, wofür gehext wird, was erreicht werden soll und ob die Hexenkunststücke gelingen oder scheitern.

Mit dieser Präzisierung der Fragestellung ergeben sich einige bemerkenswerte Schlussfolgerungen. So lernen die jungen Zuhörerinnen in Folge 20 aus dem Jahr 1984, wie Hexen (also Frauen) Essen zubereiten. In diesem Fall geht es um das Frühstück, welches Bibi für ihre Mutter gemacht hat.

> Bibi Blocksberg: Guten Appetit!
>
> Barbara Blocksberg: [lacht] Ach, tolles Frühstück, Bibi, wirklich! Ganz alleine gemacht?

4 Die angegebenen Hörspiel-Zitate sind mit einem Time-Code versehen, der jeweils den ersten Auflagen entnommen wurde. Diese sind als Kassetten erschienen, auf eine Unterscheidung der zwei Seiten wurde hier verzichtet.

Bibi Blocksberg: Öhh – na ja ...

Barbara Blocksberg: Ach, willst du vielleicht sagen, du warst zu faul dazu, es selber zu machen? Hast du's etwa gehext?

Bibi Blocksberg: Na ja, es ist so, ich dachte ..., ich wollte ...

Barbara Blocksberg: [unterbricht sie] Bibi – hör mal zu! Es ist wirklich toll, dass wir hexen können. Aber wie oft habe ich dir schon gesagt, wir wollen uns von den normalen Menschen nicht allzu sehr unterscheiden! Deswegen ist es gerade für dich wichtig, dass du lernst, das Essen selber zu kochen und es nicht einfach zu hexen. Ist das klar?!

Bibi Blocksberg: [kleinlaut] Ja, Mami. (Donnelly 1984a: 6,00)

Obwohl Hexen also die Möglichkeit haben, die Zubereitung von Mahlzeiten durch einen Hexenspruch abzukürzen, entspricht dies – glaubt man der Mutter von Bibi Blocksberg – nicht dem erwünschten Vorgehen. Auch Hexen sollen und müssen lernen, „das Essen selber zu kochen". Bemerkenswert ist auch die Begründung von Barbara Blocksberg, die darauf verweist, dass Bibi sich von den „normalen Menschen nicht allzu sehr unterscheiden" soll. Normale Menschen sind in diesem Kontext alle, die nicht hexen können – im Bibi-Universum vor allem Jungen und Männer. Die oben zitierte Hörspielpassage kann also als Aufforderung zur Anpassung an eine patriarchale Gesellschaftsformation gelesen bzw. gehört werden. Nicht die Kräftigung der eigenen (weiblichen) Fähigkeiten wird hier propagiert, sondern das Verstecken dieser Fähigkeiten, um einer gelungenen Anpassung an die Mainstreamgesellschaft nicht im Wege zu stehen.

Wenn Hexen aber nicht hexen dürfen, um sich die mühselige Zubereitung von Speisen zu sparen, wann dürfen, ja, wann müssen sie dann hexen? In den hier analysierten Folgen ist darauf eine ganz klare Antwort zu finden. Bibi hext immer dann (erfolgreich), wenn Gefahr für Leib und Leben besteht oder wenn eine Straftat zu vereiteln ist. So rettet sie in Folge 1 (zusammen mit ihrer Mutter) Kinder aus einem brennenden Hochhaus, in Folge 4 (1980) überführt sie Bankräuber mit Hilfe eines verzauberten Hundes, in Folge 39 (1987) findet sie einen Vermissten wieder und in der 42. Folge (1989) kann sie einem Artisten das Leben retten. Dass Bibi ihre Zauberkräfte vor allem für andere einsetzt um zu helfen, wird auch im Titelsong deutlich. Hier heißt es: „Bibi Blocksberg, die kleine Hexe, kann so manches, wovon ihr träumt. Und sie wird euch immer helfen, denn sie ist euer bester Freund" (Donnelly 1980a: 0,46). Auch hier wird der Aspekt des Agierens für andere und des Helfens deutlich und damit das klassische Repertoire von Fürsorgetätigkeiten aufgerufen, welches zumeist Frauen zugeschrieben wird.

Wenn die These stimmt, dass im Hexen in den genannten Folgen das implizite Geschlechterwissen und die Rollenerwartungen an Mädchen (und Frauen) deutlich werden, dann ist die Folge „Bibi zieht um" besonders aufschlussreich. In dieser Folge aus dem Jahr 1988 wird geschildert, dass die Frauen der Familie Blocksberg sich ein eigenes Haus auf dem Land wünschen. Sie finden auch ein passendes Grundstück und wollen darauf ein Haus hexen. Bernhard Blocksberg ist dagegen und möchte klassisch bauen, allerdings reicht dafür das Ersparte nicht. Barbara und Bibi Blocksberg setzen sich schließlich durch und die Familie zieht in ein gehextes Haus um. Alles scheint gut zu sein, bis nach acht Tagen das Haus aufgrund eines falschen Zaubers wieder verschwindet. Blocksbergs sitzen mitten in der Nacht auf der Wiese.

> Erzähler: Und was nun? Wieder zurück ins Hochhaus? Nein, das geht ja nicht mehr! Die drei Blocksbergs schauen sich ratlos an. Aber da hat Bibi eine Idee. Sie hext schnell ein Zelt auf die Wiese, so groß, dass alle Möbel drunter passen – und dann schlafen sie sich gründlich aus. Und am nächsten Morgen fangen sie zu planen an. Vater Blocksberg nimmt nun doch seufzend einen Kredit auf – und dann geht er eine Baugenehmigung holen – und dann spricht er mit einem Maurer – und dann, dann wird ein richtiges Haus gebaut. So wie jeder andere Mensch das auch tun muss. (Donnelly 1988: 40,35)

In dieser Folge scheitert der Versuch, ein Haus herbeizuhexen. Die beiden Frauen der Familie, die sich gegen den Willen des Ehemanns und Vaters durchgesetzt haben, scheitern grandios. Aus der verfahrenen Situation – nachts auf der Wiese mit allen Möbeln, ohne Dach über dem Kopf – hilft dann nur wieder das männliche Prinzip, nämlich Bernhard Blocksberg, der mit seinen Bedenken – im Nachhinein – Recht gehabt hat und der dann das Heft des Handelns in die Hand nehmen muss. Er beantragt einen Kredit, er besorgt die Baugenehmigung und er spricht mit einem Maurer und sorgt damit dafür, dass doch noch ein Haus gebaut wird – genau „so, wie jeder andere Mensch das auch tun muss."

Dieses Scheitern des weiblichen Systems scheint den Hörer_innen nicht negativ aufzufallen. Obwohl ihre Heldin Bibi Blocksberg ihren Willen nicht durchsetzen kann, findet sich auch noch im Jahr 2011 in einem Internetkommentar zu dieser Folge folgende Einschätzung:

> Ich finde diese Geschichte sehr gelungen. Das familientypische Nörgeln über die Wohnsituation am Anfang, die kindliche Naivität von Bibi zum Thema Geld ist einfach unterhaltend. Papa Bernhard hält zunächst an seinen Prinzipien fest, doch wie schon so oft, kann er gegen zwei verbündete Hexen nicht viel ausrichten.[5]

Dieser Kommentar macht deutlich, dass das implizite Geschlechterwissen nicht nur von der Autorin unbewusst weitertransportiert wurde, sondern

5 Lilia81 (2011): Das gehexte Traumhäuschen!!! Bibi Blocksberg 21: ... zieht um (MC) URL: http://www.dooyoo.de/audiobooks/bibi-blocksberg-folge-21-zieht-um/1465912/. [Zugriff: 17.7.2015]

dass auch heute noch das Scheitern der weiblichen Fähigkeiten nicht negativ auffällt.

Barbara Blocksberg

In der eben geschilderten Folge wird auch die Mutter von Bibi, Barbara Blocksberg, mit ihren Zauberkünsten nicht sehr souverän dargestellt. Schließlich war sie es, die das Kleingedruckte im Hexenhandbuch vergessen hat, das ihr verraten hätte, dass ein selbstgenutztes Hexenhaus nach sieben Nächten wieder verschwindet. Diese kleine Panne ist aber eine Ausnahme. In den sonstigen Folgen gelingen die Hexenkünste der Mutter von Bibi immer und sie ist es auch, die ihrer Tochter Bibi bei fehlgeschlagenen Zauberkünsten aus der Patsche hilft. Damit fungiert Barbara Blocksberg in den Folgen als Vorbild für Bibi – vor allem, was ihre Zauberkünste betrifft. Es kann somit angenommen werden, dass die Figur der Barbara Blocksberg auch ansonsten als ‚Role-Model' für ihre Tochter funktionieren soll. Das Modell, welches Barbara Blocksberg dabei vorlebt, ist das der Ehefrau und Mutter. Sie ist zu Hause, geht offensichtlich keinem außerhäusigen Beruf nach, sondern kümmert sich um ihre Kinder und ist für das innere Funktionieren der Familie zuständig. Von Anfang an, also bereits in der ersten Folge, wird sie in dieser Funktion vorgestellt.

> Erzähler: Barbara Blocksberg ist nämlich eine Hexe. Genau! Und Bibi, ihre kleine Tochter, die will mal Hexe werden und übt noch. Nun sehen Hexen heutzutage nicht so aus wie Hexen aus euren Märchenbüchern, mit Warze auf der Nase, einem Buckel, einer schwarzen Katze auf der Schulter und faulen Zähnen. Nein! Barbara Blocksberg ist genau das Gegenteil. Sie sieht aus, wie eine liebe Mutter auszusehen hat. Ein bisschen rundlich um die Hüften, freundlich, klug, klein und blond. Dass sie rundlich ist, stört Frau Blocksberg aber nicht, sonst hätte sie sich längst schlank gehext. Sie isst für ihr Leben gern Hefeklöße mit Mohn und Zucker, liebt Jazz-Musik und 4-Minuten-Eier zum Frühstück und leider liebt sie auch seltsame Gerichte – Schwefelsuppe zum Beispiel. (Donnelly 1980a: 4,44)

Natürlich wird Barbara Blocksberg auch in ihren unkonventionellen Vorlieben geschildert; diese beziehen sich allerdings lediglich darauf, dass sie gelegentlich mit ihrem Besen „Baldrian" durch die Stadt fliegt sowie auf ihre extravaganten Kochkünste, unter denen die Familie zu leiden hat. Bereits in der ersten Folge wird diese Problematik angesprochen. Nachfolgend eine typische Essensszene im Hause Blocksberg:

> Boris Blocksberg: Macht nichts, ist nur ein bisschen angebrannt.
>
> Barbara Blocksberg: Scht – bist du wohl still, du schreckliches Kind!
>
> Bernhard Blocksberg: Mami hat sich so viel Mühe gegeben!

> Barbara Blocksberg: Das gilt auch für dich, du schrecklicher Mann! So, hier! [Sie stellt einen Topf auf den Tisch.]
>
> Boris und Bibi Blocksberg: [durcheinander] Oh Gott – iiiiihhhh – was ist denn das?
>
> Boris Blocksberg: Sieht ja gemein aus.
>
> Bernhard Blocksberg: Also [hustet] – ich habe urplötzlich eine dringende Verabredung [er schiebt den Stuhl zurück].
>
> Barbara Blocksberg: Halt – hiergeblieben! Drei Stunden habe ich in der Küche rumgestanden. Das ist ein Rezept meiner Großmutter. Und ich wünsche, dass es mit Andacht verzehrt wird.
>
> Bernhard Blocksberg: Los, gib das Rezept her, ich esse es gerne auf.
>
> Barbara Blocksberg: Du Witzbold! Ich meine das, was ich nach diesem Rezept gekocht habe! In Sand gewälzte Krötenschenkel mit Fliegenbeinsoße. Es war gar nicht so leicht, so viele Fliegen zu fangen.
>
> Bibi, Boris und Bernhard Blocksberg: [im Hintergrund] Ähhh, iiihhhh, furchtbar.
>
> Barbara Blocksberg: [etwas weinerlich] Ihr seid gemein! Drei Stunden habe ich in der Küche ...
>
> Bernhard Blocksberg: [unterbricht sie] Also ich begreif's nicht! Du könntest uns was unheimlich Leckeres hexen, in zehn Sekunden!!
>
> Barbara Blocksberg: [weinerlich und kleinlaut] Essen hext man nicht – Essen bereitet man zu! (Donnelly 1980a: 11:45)

Das Kochen von ungenießbaren Hexengerichten ist dann auch der durchgängige Zankapfel in der Paarbeziehung Barbara und Bernhard Blocksbergs. Dies geht so weit, dass in der Folge „Papa ist weg" aus dem Jahr 1984 genau an diesem Punkt ein veritabler Ehestreit entbrennt. Nachdem Bernhard müde von der Arbeit nach Hause kommt und sich auf das Essen freut, muss er erkennen, dass Donnerstag ist, der Tag, an dem seine Frau Hexenrezepte ausprobiert.

> Bernhard Blocksberg: [verzweifelt] Nein, nicht schon wieder ...
>
> Barbara Blocksberg: [etwas verzweifelt] Aber Bernhard!.... Wir haben doch neulich gerade vereinbart, dass ich wenigstens ein Mal in der Woche ....
>
> Bernhard Blocksberg: [unterbricht sie, zornig] Wie konnte ich nur auf die Idee kommen, eine Hexe zu heiraten?
>
> Barbara Blocksberg: [weinerlich] Bernhard!? Willst du damit sagen, dass du mich nicht mehr liebst?

> Bernhard Blocksberg: [zornig, laut] Hör auf mit dem Unsinn. Dich liebe ich, aber ich hasse es, wenn du diesen Fraß zubereitest. Da kommt man totmüde von der Arbeit nach Hause...
>
> Barbara Blocksberg: [unterbricht ihn, zornig] Ach, Bernhard, mach kein Drama daraus!
>
> Bernhard Blocksberg: [laut] Aber es ist ein Drama, meine Liebe, es ist ein Drama! (Donnelly 1984a: 8,53)

In dieser Sequenz wird eine klassische Paar- und Familienkonstellation sichtbar: Der Ehemann/Vater als außerhäusiger Alleinverdiener und die Ehefrau/ Mutter als innerhäusige Alleinversorgerin, die den Haushalt führt und für die Versorgung der Familie zuständig ist.

Bernhard Blocksberg

Bernhard Blocksberg steht in den untersuchten Folgen ganz klar für ein konservativ anmutendes Ehe- und Familienbild. Er, als Mann der Familie, ist der Alleinverdiener und damit auch der alleinige Ernährer. Er geht einer bezahlten Arbeit nach (die aber nie weiter definiert wird) und verkörpert damit das klassische Modell des ‚male breadwinner'. Seine Figur ist stark mit der finanziellen Seite des Lebens verknüpft. Geld ist bei Familie Blocksberg immer wieder Thema und Bernhard Blocksberg versucht dabei, seiner Familie klar zu machen, wie sie finanziell dasteht – was sie sich leisten kann und was nicht. Eine typische Szene für das immer wiederkehrende Thema Geld spielt sich in Folge 40 aus dem Jahr 1988 so ab:

> Bernhard Blocksberg: Und dann auch noch die Heizölrechnung, neunhundertachtzig Mark fünfzehn ... [Papier raschelt], das Zeitungsabonnement 28 Mark, Autoversicherung, Lebenshaltungskosten ... Taschengeld für Bibi, macht zusammen ...
>
> Barbara Blocksberg: [unterbricht ihn] Vergiss nicht die Raten für meine neue Hexentrankzentrifuge, Bernhard. Bibi! Bist du mit den Hausaufgaben fertig?
>
> Bibi Blocksberg: Moment noch! ... Wenn fünf Spinnen und fünf Eidechsen mit fünf Fledermäusen zum fünften Mal von fünf Hexen verhext werden, wie viel ... ach herrje ...
>
> Bernhard Blocksberg: Bibi, hör auf mit dem Quatsch, so eine Rechenaufgabe gibt's nicht!
>
> Bibi Blocksberg: Neee, die ist ja auch aus dem Lehrbuch für Junghexen, Papi. Du, Papi? Können wir dieses Jahr nicht mal in die Südsee fahren?
>
> Bernhard Blocksberg: [ärgerlich] Südsee? Du hast wohl ein Rad ab, Bibi Blocksberg! Ich sitze hier und rechne mir die Seele aus dem Leib, weiß nicht,

> wo wir das ganze Geld hernehmen sollen, und du kleine Monstertochter redest von Südsee?! Barbara, unterstütz mich mal!
>
> Barbara Blocksberg: [etwas unsicher] Ähh, also Bibi, ähh, es ist so: Weißt du, Papi hat so viel zu bezahlen, so viele Rechnungen, und ähh Gehaltserhöhung gibt's auch nicht dauernd, und ...
>
> Bibi Blocksberg: Ja, ja, schon gut. Ich weiß, ich darf kein Geld hexen. Aber wenigstens den Urlaub könntest du mich doch hexen lassen!
>
> Bernhard Blocksberg: Bibi Blocksberg! Mindestens hunderttausend Mal habe ich dir gesagt, dass ich eine ganz normale Familie will – verdammt noch mal! Auch wenn ihr Hexen seid, ich bin keine und will leben wie ein ganz normaler Familienvater! (Donnelly 1988: 1,29)

Auffällig ist, dass Geld und Ernährung in der Hexenwelt fast deckungsgleich behandelt werden. Es wäre zwar möglich, beides herbeizuhexen, es ist aber verboten – auf jeden Fall für Bibi und in dieser Familie. Ob dieses Vorgehen den Gepflogenheiten anderer Hexenfamilien entspricht, wird nicht deutlich. Während das Zubereiten von Essen für Barbara Blocksberg ein Mittel ist, sich von den anderen Menschen nicht allzu sehr zu unterscheiden, ist das Geld für Bernhard Blocksberg der Anker, der es ihm ermöglichen soll, so zu leben, wie eine ganz normale Familie. Diese beiden Anker sind bei Blocksbergs klassisch verteilt. Für das Zubereiten des Essens im Innenbereich ist die Frau Barbara Blocksberg zuständig, für das Verdienen des Geldes im Außenbereich der Mann Bernhard Blocksberg. Damit entspricht die Verteilung der Geschlechterrollen exakt derjenigen, die Karin Hausen bereits 1976 für das 19. Jahrhundert herausgearbeitet hat (vgl. Hausen 1976: 363–393).

Der Anspruch Bernhard Blocksbergs, trotz seiner Ehe mit einer Hexe eine ganz normale Familie haben zu wollen, wird fast in jeder Folge mantramäßig wiederholt. Dabei wird auch erläutert, was eine normale Familie ist. Hier wird vor allem die klassische – und nie in Frage gestellte – Rollenverteilung der Eltern und Geschlechter vorgestellt. Kommt diese Rollenverteilung einmal aus dem Takt, weil Barbara Blocksberg sich nicht um das Familienwohl kümmern kann, gerät das Familiengebäude merklich ins Wanken. Dies wird in der 41. Folge aus dem Jahr 1989, die den sprechenden Titel „Ohne Mami geht es nicht" trägt, überdeutlich. Nachfolgend eine Szene, in der Bernhard Blocksberg versucht, die mütterliche Sphäre zu übernehmen:

> Bernhard Blocksberg: So – Schürze umgebunden, hmmm, was kochen wir denn heute? Ja! Spaghetti Bolognese und dazu Feldsalat. Also. Zuerst brauche ich ... [Topfgeklapper] Bibi! Weißt du, wo der Dosenöffner ist?
>
> Bibi Blocksberg: Nein! Mami hext die Tomatendosen immer auf, Papi.
>
> Bernhard Blocksberg: Aha, na ja, selbst ist der Mann – ich nehme einfach die Bohrmaschine ...

> Erzähler: Was? Bohrmaschine? Ach, du liebes bisschen. Vater Blocksberg macht doch glatt die Tomatendose mit seinem Heimwerkerset auf. [Im Hintergrund Bohrgeräusche] Ist das eine Werkstatt oder eine Küche? [Bohrgeräusche, etwas fällt herunter.]
>
> Bernhard Blocksberg: Aua!!! Hilfe! Ich bin abgerutscht! Bibi schnell – wo ist der Erste-Hilfe-Kasten und ... ich kann gar nicht mehr hingucken ... alles voller Blut!
>
> Bibi Blocksberg: Aber Papi, das ist doch nur Tomatensoße. Ach, Mist, alles auf dem Teppich gelandet!
>
> Bernhard Blocksberg: Ach herrje, mmhh, also, ein Rest Tomate ist ja noch in der Dose. Dann setzte ich mal Wasser für die Nudeln auf.... [Topfgeklapper] So, und nun Butter in die Pfanne... und ähh, ähh Zwiebelstücke aus der Tube. Pass auf, Bibi, das werden die tollsten Spaghetti, die du jemals gegessen hast! [Es brutzelt im Hintergrund.]
>
> Erzähler: [skeptisch] Na ja also, ich weiß nicht – die tollsten Spaghetti? Nach dem Gesicht zu schließen, was Bibi beim Essen macht, ist Vater Blocksbergs Meisterküche nicht unbedingt zu empfehlen. Die Spaghetti kleben an der Gabel, die Soße schmeckt irgendwie merkwürdig verbrannt und am Salat ist so viel Essig, dass Bibi einen spitzen Mund macht und Gänsehautschauer kriegt. (Donnelly 1989: 13,08)

An dieser Szene fällt besonders auf, dass es der Erzähler aus dem Off ist, der das Unpassende an den Handlungen von Bernhard Blocksberg deutlich macht und der überdies das Scheitern des Experimentes betont. Da das Essen nicht schmeckt und auch noch der Teppich voller Tomatensauce ist, kann nur eine Lehre aus dieser Sequenz gezogen werden: Ein Überschreiten der als ‚natürlich' gedachten Geschlechterrollen muss im Chaos enden.

Elfie Donnelly hat in einem Interview aus dem Jahr 2005 den Erfolg der „Bibi Blocksberg"-Reihe so erklärt: „Es ist eine Frauenpower-Story, in der Bibi und ihre Mutter Barbara den bedauernswert guten und tollpatschigen Bernhard Blocksberg unbemerkt dominieren – ein Zustand also, den viele Mädchen von zu Hause kennen" (zit. nach RP Online 2005). Könnte die Figur des lauten und dominanten Bernhard Blocksberg tatsächlich ‚ironisch' gemeint sein? Soll er den gutmütigen Haustyrannen darstellen – allerdings kindgerecht?

Ironie ist eine spezielle Form von Humor, bei der meistens das Gesagte und das Gemeinte auseinanderfallen. Im Unterschied zur Lüge soll diese Lücke jedoch bemerkt werden. Gabriele Haug-Schnabel verweist darauf, dass Kinder in der Regel Schwierigkeiten haben, Ironie zu erkennen. Trotzdem gelingt es ihnen durchaus, mit Ironie umzugehen, vor allem dann, wenn das Kind

> den Bedeutungswiderspruch zwischen Gesagtem und Gemeinten auflösen kann, wenn es begreift, welche Absicht hinter der Aussage steckt, wenn es an [sic!] den Kontext bezogene Informationen wie Mimik, Tonfall und eige-

> ne Kenntnisse über den korrekten Ablauf der angesprochenen Handlung hinzuziehen kann und wenn es versteht, dass bei ironischen Aussagen die Aufrichtigkeitsbedingungen, also die Wahrheit zu sagen, verletzt werden, um den Empfänger der Nachricht nicht vor den Kopf zu stoßen. (Haug-Schnabel 2012: 9)

Diese schwierige Interpretationsleistung gelingt umso besser, je älter Kinder werden und je vertrauter und vielschichtiger die Kommunikation ist (Hören und Sehen). Ironie in eine Kinder-Hörspielreihe einzubauen, die für Kinder auch im Kindergartenalter funktionieren soll, ist – didaktisch gedacht – mehr als gewagt, wenn nicht sogar unklug. Trotzdem bleibt natürlich die Frage: Ist die Figur des Bernhard Blocksberg wirklich ironisch gezeichnet?

In allen von mir gehörten Folgen konnte ich die Grundvoraussetzungen für Ironie, nämlich das Auseinanderfallen des Gesagten und des Gemeinten, nicht feststellen, weder in Bezug auf Bernhard Blocksberg noch auf eine andere Familienfigur. Die Folgen spielen durchaus mit Humor – Ironie ist aber nie dabei. Aber auch wenn im Innenbereich der Familie keine Ironie feststellbar ist, ist vielleicht die Männerrolle an sich ironisch aufgeladen?

Hier kann auf eine besonders aufschlussreiche Passage verwiesen werden, die sich in der letzten von Donnelly geschriebenen Folge, „Ohne Mami geht es nicht", findet. In dieser Folge wird ein Treffen von Hexen geschildert, die ihr 20-jähriges Hexenabitur in Rom feiern. Mit dabei ist Barbara Blocksberg, die dafür ihre Familie alleine gelassen hat, was zu den weiter oben geschilderten fatalen Kochkünsten von Bernhard Blocksberg führt. Auf der Festveranstaltung in Rom tritt eine Hexe mit amerikanischem Akzent auf (Mimi – ehemals Jahrgangsbeste!), die in ihrer Rede auf die Position zu sprechen kommt, die sie – und alle amerikanischen Hexen – zu Männern einnimmt.

> Mimi: ...möchte ich euch erzählen, was wir in den USA so tun. Also, erst mal: Es gibt keine bösen Hexen mehr! [Gemurmel im Publikum] Wir hexen nur noch für Frieden und Freiheit! [Applaus im Publikum]
>
> Barbara Blocksberg: Wunderbar! Was meinst du, Esmeralda?
>
> Esmeralda: [mit spanischem Akzent] Schon, schon, aber ein bisschen böse könnte man....
>
> Mimi: Wir amerikanischen Hexen verstehen uns, wie gesagt, als Kämpferinnen für Frieden und Freiheit. Vor allem für die Freiheit der Hexen und aller Frauen überhaupt. [Zustimmung im Publikum] Denn schließlich steckt in jeder Frau eine Hexe – nicht wahr? [Zustimmung im Publikum, ja, Bravo-Rufe] Aber: Einen Feind haben wir Hexen und Frauen dennoch alle gemeinsam – ihr wisst, wer das ist? [Rufe aus dem Publikum: Mais non, wer denn? Die Polizei vielleicht?] Die Männer, meine Damen, die Männer! Alle samt und sonders, diese dummen, ungebildeten, verweichlichten Waschlappen mit ihre „dicke" Muskeln. [Buh-Rufe aus dem Publikum, wenig Applaus, Tumult, Stimme: Ich kenn' auch andere!]

> Esmeralda: Barbara, Herzchen. Ich kann nicht mehr! Ich habe solchen Kohldampf. Wann ist denn bloß nur das Büfett eröffnet? Und Mimis Gelaber aus dem Jahre Schnee mag ich einfach nicht mehr anhören ... Was soll das? Frieden und Freiheit ohne Männer? [Tumult und Ruhe-Rufe]
>
> Mimi: Meine lieben Schwestern, wenn ich diesen Punkt noch etwas vertiefen dürfte....
>
> Hexe: [unterbricht sie] Danke, danke, danke, danke, liebe Mimi, für deine einführenden Ausführungen, ähhh, deine ausführlichen Ein... na ja, aber jetzt ist es Zeit, naja, meine Damen: Das Büffet ist eröffnet! [Hurra-Rufe] (Donnelly 1989: 30,26)

In dieser Passage kommt mit der Stimme einer amerikanischen Hexe eindeutig eine Vertreterin der 1970er Jahre-Frauenbewegung zu Wort, die die Position vertritt, dass Männer die Feinde aller Frauen (und Hexen) sind. Allerdings wird Mimi nicht als Sympathieträgerin gezeichnet, sondern eher als nervende, ewig die gleichen Parolen wiederholende Frau, die es nicht geschafft hat, in der Jetztzeit anzukommen. Der Vorwurf der Männerfeindschaft, den die Hexen-Freundin von Barbara Blocksberg aufwirft, die Tatsache, dass Mimi in ihrer Rede unterbrochen und ausgebuht wird, zeigt, dass keine der anderen Hexen Männer als Feinde verstehen will. Für sie ist klar, dass es „Frieden und Freiheit" nicht ohne Männer geben kann. Sie plädieren damit für ein partnerschaftliches Verständnis zwischen Männern und Frauen und lehnen die Ideen der frühen Frauenbewegung der 1970er Jahre ab, die davon ausging, dass nur durch eine zeitweise Trennung der Geschlechter die zentrale Stellung der männlichen Rolle in der Gesellschaft hinterfragt und die alleinige Fokussierung auf ein männliches Leben aufgehoben werden kann. Dies ist nicht mit einer Abwertung von Männern zu verwechseln, auch wenn dies der Frauenbewegung der 1970er Jahre immer wieder vorgeworfen wurde. Deutlich wird an dieser Stelle aber auch, dass die Männerrolle nicht ironisch gebrochen wird. Im Gegenteil. Männer und ihre Sicht auf die Welt werden sehr ernst genommen, sie werden gegen Vorwürfe verteidigt und ihr Weg des Handelns führt zum Erfolg. Die Idee, „Bibi Blocksberg" als Frauenpower-Geschichte zu verkaufen und die starke Stellung des (Ehe-)Mannes in den Geschichten als Ironie zu verklären, kann also einer genaueren Analyse nicht standhalten.

Fazit

Die starke Familienzentrierung und die konservativen Geschlechterrollen, die in den „Bibi Blocksberg"-Folgen deutlich werden, zeigen ein recht stark festgelegtes Familien- und Paarmodell. Dies ist erstaunlich, schließlich werden die gesellschaftlichen Veränderungen der 1970er Jahre als ‚Strukturbruch' verstanden, in dem sich althergebrachte Gesellschaftsmuster grundlegend verändern (vgl. Doering-Manteuffel 2008). Bemerkenswert ist, dass andere, neue Gesellschaftselemente, die im Zuge dieses ‚Strukturbruchs' auftauchten, durchaus positiv in den „Bibi Blocksberg"-Folgen geschildert werden. So werden neue politische Artikulationswege wie Demonstrationen oder ‚sit-ins' wohlwollend geschildert, das Thema Umweltschutz wird aufgegriffen und neue Verkehrsinfrastrukturen wie Radwege werden diskutiert. Allerdings zeigt auch hier eine vertiefte Analyse, dass in Bezug auf die politische Sozialisation von Kindern Vorsicht geboten ist. Gerd Strohmeier, der sich neben „Benjamin Blümchen" ebenfalls mit „Bibi Blocksberg" beschäftigt hat, kommt zu dem Ergebnis, dass die Folgen „aus politikwissenschaftlicher Sicht keineswegs das Prädikat ‚wertvoll' [verdienen]". Seine Kritik richtet sich vor allem dagegen, dass „Politiker [...] in den Hörspielen grundsätzlich lächerliche und inkompetente Figuren [sind], die faul, reich, geld- und machtgierig, verschlagen, am eigenen Wohl orientiert sowie unfreundlich, unmenschlich und unbeliebt sind" (Strohmeier 2005: 15).[6]

Auch in Bezug auf die propagierten Geschlechterrollen sind die „Bibi Blocksberg"-Folgen der Autorin Donnelly nicht dazu angetan, gesellschaftliche Grenzen auszuweiten oder sogar zu sprengen. Während sich Politikformen und Themen massiv veränderten, sich auch optisch das Leben modernisierte und pluralisierte, bleiben die starke Stellung der Familie und die Rollenverteilungen von Mann und Frau in ihr unangetastet; oder besser gesagt: Weil sich Politikformen und Themen veränderten, verändert sich die starke Stellung der heterosexuell gedachten Familie nicht. In ihr soll alles so bleiben, wie es ist, denn dies scheint ein Garant zu sein für das private Lebensglück. Einmal mehr bewahrheitet sich, dass der ‚Strukturbruch' der 1970er Jahre in Bezug auf die Geschlechterverhältnisse zwar stattfand, dass aber das bürgerliche Lebensmodell weiterhin in Kraft blieb. „Erweitert hat sich seit den fünfziger Jahren zwar der Kreis der Familie, der jetzt auch das berufliche Umfeld einbezieht[7], geblieben ist jedoch die geschlechtsspezifische Zuordnung von Eigenschaften und Wesenszügen" (Heinsohn 2012: 98).

Die „Bibi Blocksberg"-Folgen der 1980er Jahre von Elfie Donnelly zeigen das Geschlechterwissen einer Gesellschaft, die sich zwar im Zuge der 1970er Jahre modernisierte, die aber nach wie vor auf die Familie als Grundlage des Staates baute. Weder eine Pluralisierung von Lebensformen noch eine Modernisierung und Flexibilisierung von Geschlechterrollen waren vorgesehen. Bibi Blocksberg wird so zu der Bewahrerin alter Familienwerte, die für jedes Geschlecht ihren Platz vorgesehen hat. Die Frau regiert im Haus, der Mann vertritt die Familie in der Öffentlichkeit – und dabei ist es völlig egal, ob die

6 Für eine sich von Strohmeier deutlich unterscheidende Lesart des politischen Benjamin Blümchen siehe den Beitrag von Oliver Emde in diesem Band.

7 Interessanterweise findet diese Einbeziehung einer weiblichen Berufstätigkeit in den untersuchten Bibi-Blocksberg Folgen auch nicht statt.

Frau auf einem Besen durch die Lüfte reiten kann oder nicht, denn sobald sie wieder festen Boden unter den Füßen hat, ist sie auf ihre Rolle im Innen festgelegt – mit und ohne Zauberkräfte.

Hörspiele

Donnelly, Elfie (1980a): Hexen gibt es doch. Kiosk.
Donnelly, Elfie (1980b): Hexerei in der Schule. Kiosk.
Donnelly, Elfie (1980c): Die Zauberlimonade. Kiosk.
Donnelly, Elfie (1980d): Der Bankräuber. Kiosk.
Donnelly, Elfie (1980e): Ein verhexter Urlaub. Kiosk.
Donnelly, Elfie (1984a): Papa ist weg. Kiosk.
Donnelly, Elfie (1984b): Bibi zieht um. Kiosk.
Donnelly, Elfie (1987): Unverhofftes Wiedersehen. Kiosk.
Donnelly, Elfie (1988): Bibi und die Vampire. Kiosk.
Donnelly, Elfie (1989): Ohne Mami geht es nicht. Kiosk.

Literatur

Deth, Jan W. van (2005): Kinder und Politik, Essay. In: APuZ 41. Jg., S. 3–6.

Dölling, Irene (2005): Akteure im Handlungsfeld Betrieb: Anlässe, Bedingungen und Hemmnisse für betriebliche Gleichstellungsaktivitäten. http://www.boeckler.de/pdf/v_wsi_2005_01_2021_thesenpapier_doelling.pdf [Zugriff 17.7.2015].

Doering-Manteuffel, Anselm/Lutz, Raphael (2008): Nach dem Boom. Perspektiven auf die Zeitgeschichte seit 1970. Göttingen: Vandenhoek & Ruprecht.

Haug-Schnabel, Gabriele (2012): Umgang mit Ironie. In: DGUV Kinder 4, S. 8–10.

Hausen, Karin (1976): Die Polarisierung der „Geschlechtscharaktere" – Eine Spiegelung der Dissoziation von Erwerbs- und Familienleben. In: Conze, W. (Hrsg.): Sozialgeschichte der Familie in der Neuzeit Europas. Stuttgart: Ernst Klett Verlag, S. 363–393.

Heinsohn, Kirsten (2012): Kommentar: Nachkriegszeit und Geschlechterordnung. In: Paulus J./Silies, E.-M./Wolff, K. (Hrsg.): Zeitgeschichte als Geschlechtergeschichte. Neue Perspektiven auf die Bundesrepublik. Frankfurt/Main: Campus, S. 92–99.

Paulus, Julia/Silies, Eva-Maria/Wolff, Kerstin (2012): Die Bundesrepublik aus geschlechterhistorischer Perspektive. In: Dies. (Hrsg.): Zeitgeschichte als Geschlechtergeschichte. Neue Perspektiven auf die Bundesrepublik, Frankfurt/Main: Campus, S. 11–27.

RP-online (2005): Die kleine Hexe wird 25. Bibi Blocksberg auf Erfolgsflug. http://www.rp-online.de/kultur/buch/bibi-blocksberg-auf-erfolgsflug-aid-1.1606092. [Zugriff: 17.7.2015].

Strohmeier, Gerd (2005): Politik bei Benjamin Blümchen und Bibi Blocksberg. In: APuZ 41, S. 7–15.

Wetterer, Angelika (2009): Gleichstellungspolitik im Spannungsfeld unterschiedlicher Spielarten von Geschlechterwissen. Eine wissenssoziologische Rekonstruktion. In: GENDER. Zeitschrift für Geschlecht, Kultur und Gesellschaft, 1. Jg. H. 2, S. 45–60.

Wittmann, Martin (2014): Elfie Donnelly über Familie. In: Süddeutsche Zeitung, Nr. 281, 6./7.12.2014, S. 58.

II. „Fünf Freunde“, „TKKG“ & „Masters of the Universe“

Antiziganismus und „Zigeunerbilder" in den Kinderhörspielen „Fünf Freunde"

Sebastian Lotto-Kusche

„Zigeuner und Flugzeuge passen irgendwie nicht zusammen" (Blyton 1980/2008: 4/4,34). Diese Aussage aus dem Hörspiel „Fünf Freunde im Nebel" wirkt grotesk, wenn man bedenkt, welche Vorstellungen von Sinti und Roma hierdurch an Kinder vermittelt werden. Ein weiteres Bild von „Zigeunern", das in den Kinderhörspielen präsentiert wird, ähnelt jenem, das Brigitte Mihok in ihrer Studie über Comics herausgearbeitet hat:

> Insgesamt betrachtet sind die „Zigeuner" weder Helden noch Hauptdarsteller, sondern geben den Geschichten Kolorit, sie schaffen Atmosphäre oder zeichnen ein Stimmungsbild. [...] Sie erfüllen höchstens eine spannungserhöhende Funktion. (Mihok 2010: 107)

Im Fall der Kinderhörspiele muss man diese Einschätzung erweitern, was mit diesem Artikel exemplarisch gezeigt werden soll. Bereits das Anfangszitat lässt erahnen, dass auch Bilder und Projektionen vermittelt werden, die von Rückständigkeit, Kriminalität und Sonderbarkeit zeugen. Der Artikel analysiert die beiden Kinderhörspiele „Fünf Freunde und ein Zigeunermädchen" sowie „Fünf Freunde im Nebel" aus der vertonten Kinder- und Jugendbuchreihe „Fünf Freunde" von Enid Blyton. Bevor damit begonnen werden kann, muss zunächst der Blick auf den problematischen Begriff „Zigeuner" gerichtet werden. Daran schließt sich eine Typologisierung von sogenannter „Zigeunerliteratur" an, den Abschluss des ersten Abschnitts bildet eine Darstellung der Rezeptions- und Werkgeschichte der Buchreihe. Im nächsten Teil schließt sich eine Analyse an, die sich genauer mit den vorher benannten Hörspielen auseinandersetzt. Es wäre durchaus möglich, weitere Hörspiele der „Fünf Freunde"-Reihe zu beleuchten (vgl. Carstiuc 2011: 35), in denen „Zigeuner" thematisiert werden. Da die beiden genannten Hörspiele allerdings als exemplarisch gelten können, wird die Betrachtung darauf beschränkt. Im letzten Abschnitt wird noch einmal Bezug auf die Typologisierung genommen, genauer darauf, inwiefern die Hörspielmotive sich in den Typen wiederfinden. Hieran schließt sich die Frage an, was es für Auswege gibt, ob z.B. das Tilgen von Begriffen ausreicht, um stigmatisierende Bilder zu verdrängen, oder ob es neuer Narrative bedarf, also gänzlich neuer Hörspiele und Geschichten für

Kinder und Jugendliche, um ein realistischeres und positiveres Bild vom Leben der Sinti und Roma in den Köpfen von Kindern und Jugendlichen entstehen zu lassen.

Die Problematik des „Zigeuner“-Begriffs

Natürlich kann man sprachwissenschaftlich danach forschen, wann die Bezeichnung „Zigeuner“ zum ersten Mal verwendet wurde und welchen etymologischen Ursprung sie hat. Darüber streiten Linguisten, Historiker und Ethnologen allerdings, ohne zu einem befriedigenden Ergebnis zu kommen (vgl. Eitz/Stötzel 2009: 563ff.). Der Artikel im „Wörterbuch der ‚Vergangenheitsbewältigung'“ dokumentiert auch den Wandel von „Zigeuner“ hin zu Sinti und Roma in der Publizistik. Nicht alle Wissenschaftler sehen die absolut ablehnende Bedeutung des Ausdrucks „Zigeuner“, so schreibt etwa Stephan Bauer in seiner Studie über die polizeiliche Erfassung der Sinti und Roma in Deutschland: „Wenn auch der Ursprung des Wortes ‚Zigeuner‘ noch umstritten ist, so zeigt sich doch, dass dem Begriff selbst nicht von vornherein ein diskriminierender Charakter zugemessen werden kann“ (Bauer 2006: 57). Dennoch kommt auch Bauer zu folgendem Ergebnis: „Da der Begriff ‚Zigeuner‘ jedoch [...] historisch belastet ist, wird hier dem Wunsch der meisten Betroffenen entsprochen und im Folgenden diese Terminologie vermieden“ (ebd.). Folglich wird im wissenschaftlichen Bereich heute überwiegend darauf verzichtet, den Ausdruck „Zigeuner“ ohne Anführungszeichen zu verwenden. Jörg Kilian hat sich dezidiert als Germanist mit dem Lemma „Zigeuner“ auseinandergesetzt (vgl. Kilian 2003). Er führt die Unsicherheit im Gebrauch und den Streit um die weitere Verwendung darauf zurück, dass es sich bei diesem Lemma um ein Beispiel für die von ihm so genannten „Wörter im Zweifel“ handelt.

> Es handelt sich grundsätzlich um Wörter, die mit verschiedenen, möglicherweise gar oppositiven Teilbedeutungen bzw. mit verschiedenen Varianten ein und derselben Teilbedeutung in unterschiedlichen Varietäten- und Diskursnormen vertreten sind. (Ebd.)

Dadurch, dass das Lemma lexikalisch und assoziativ so unterschiedlich aufgeladen wurde, sei ein einfaches Tilgen nicht möglich, so Kilian. Die Bezeichnung sei auch „nicht grundsätzlich ‚ein Akt rassistischer Gewalt'“ (ebd.). Dies versucht er mit vielen Beispielen, z.B. aus der Literatur- und Musikgeschichte, zu unterlegen. Dennoch hält er das Ansinnen von Sinti und Roma-Verbänden für legitim, das Lemma zu verbannen, weil „viele Wörter der deutschen Sprache [wozu er auch ‚Zigeuner' zählt; S.L.K.] [...] nicht erst situationsabhängig Zweifel“ (ebd.) wecken. Auch der Artikel im kritischen Nachschlagewerk „Wie

Rassismus aus Wörtern spricht" wendet sich gegen die Weiterverwendung des „Zigeuner"-Begriffs (vgl. Randjelovic 2011: 671–676).

Die literarische Vorlage und deren Kontextualisierung

„Zigeuner" erscheinen in der Kinder- und Jugendliteratur meist als mythische Figuren, weniger oft und erst in der nahen Vergangenheit als reale Figuren. Michail Krausnick hat einen Typologisierungvorschlag (vgl. Krausnick 2000: 34) der mythischen „Zigeunerfiguren" vorgelegt, der hier als Forschungsstand zunächst dargelegt werden soll. Er unterscheidet in das „Positive Klischee – Romantisierung", das „Negative Klischee – Verteufelung, Kriminalisierung" und das „Pädagogische Klischee – Missionieren, Paternalismus". Weiter teilt Krausnick die verschiedenen literarischen Vorlagen ganz grundsätzlich in drei unterschiedliche Kategorien ein (vgl. ebd.: 36f.): die fiktiv-poetische, die dokumentarisch-erzählerische und die biographisch-autobiographische Darstellung. Als Qualitätskriterium für eine angemessene Darstellung benennt er den Grundsatz, dass die handelnden Personen richtig benannt werden und der Text mit einem gewissen Realitätsanspruch formuliert wurde, sodass der Bezug zum historisch und sozial fixierbaren Kontext gegeben ist. Weiterhin nennt er als Leitfragen gegen eine erneute Mythenbildung: Werden der Sinto oder die Sinteza als Personen geschildert? Bleiben sie autonom und müssen nicht als pauschales Muster für eine ganze Ethnie herhalten? Es gibt mittlerweile in der Kinder- und Jugendbuchforschung sehr begrüßenswerte Entwicklungen, die am Markt erhältlichen Bücher zu analysieren, auch im Hinblick auf den Umgang mit Vorurteilsstrukturen. Die Empfehlungen am Ende dieses Artikels sind der bislang umfangreichsten Analyse entnommen (vgl. Pommerening/Schmitt-Rößer/Wolters 2015).

Die literarische Vorlage, die den in diesem Artikel besprochenen Hörspielen zugrunde liegt, stammt von der bekannten englischen Autorin Enid Blyton. Sie wird von Bob Dixon weniger als Schriftstellerin, denn als eine ganze Industrie beschrieben, unter deren Namen über 600 Werke erschienen sind (vgl. Dixon 1974). Bei der Jugendbuchreihe „Fünf Freunde" stammen allerdings nur die ersten 21 Bände von Blyton selbst, das erste Buch erschien 1942 in Großbritannien. Otto Brunken hat als Literaturwissenschaftler die Buchreihe „Fünf Freunde" analysiert und kommt bezüglich der Stilistik zu einem eindeutigen Ergebnis: „Sprachlich ist das Werk anspruchslos: einfache Syntax, knappe Sätze, konventionelle und stets gleichbleibende Attribuierungen, eingeschränktes Vokabular. Nicht selten finden sich Unsagbarkeitstopoi, z.B. ‚Die See war unbeschreiblich blau'" (Brunken 1995: 407). Brunken sieht gerade darin aber einen hohen Wert im Hinblick auf die Lesegewohnheiten von Kindern und Jugendlichen. Der Hauptgrund für die Anziehungskraft liege in der sprachlichen und inhaltlichen Einfachheit der Buchreihe: „Schwarzweißmalerei ist für [Kinder] kein Mangel, sondern ermöglicht ihnen, sofort Stellung zu beziehen, sich mit Figuren zu identifizieren, oder diese abzulehnen" (ebd.: 414).

Zur Breitenwirkung von Kinderhörspielen

Das Medium Hörspiel wird noch heute von jedem zehnten Jugendlichen regelmäßig genutzt (vgl. JIM 2014), jedoch ist die Tendenz leicht abnehmend. Die Blütezeit des Hörspiels war in den späten 1980er Jahren; das Label Europa verkaufte beispielsweise 1987/88 bis zu 24 Mio. Tonträger (vgl. Europa-Homepage 2015). 1978 startet Europa mit den Hörspielen „Fünf Freunde", laut firmeneigener Internetseite werden die „Fünf Freunde" jährlich von mehr als 500.000 Kindern – vorwiegend 6–8 Jahre alt – gehört. Diese Zahlen sind allerdings nicht überprüfbar und aufgrund des Werbecharakters nicht als besonders valide anzusehen. Mittlerweile gibt es 112 Folgen, vier Kinofilme und zwei TV-Serien (vgl. ebd.). Das Hörspiel „Fünf Freunde und ein Zigeunermädchen" erschien zuerst 1979 bei Europa. Während in den literarischen Text eingegriffen wurde, indem man den „Zigeuner"-Begriff tilgte und weitere vorurteilsbelastete Inhalte entschärfte (vgl. dazu unten die Kritik Bauerdicks), erscheinen die Hörspiele bis heute in inhaltlich unveränderter Neuauflage (vgl. Carstiuc 2011: 45). „Fünf Freunde im Nebel" erschien erstmals 1980, im Vergleich zur literarischen Vorlage zwar etwas gekürzt, jedoch inhaltlich ebenso bis heute unverändert (vgl. ebd.: 39).

„Fünf Freunde und ein Zigeunermädchen"

Die Vorlage entsteht 1952 unter dem Titel „Five have a wonderful time", wird 1964 übersetzt und erscheint auf Deutsch unter dem Titel „Fünf Freunde und ein Zigeunermädchen". Die wortwörtliche Übersetzung würde überhaupt keinen Hinweis auf „Zigeuner" beinhalten, dennoch wählt der Verlag für die deutsche Übersetzung diesen problematischen Titel, der dann auch für das Hörspiel übernommen wird. Der Roman dagegen wird 1990 überarbeitet und erscheint unter dem Titel „Fünf Freunde und die wilde Jo", der Begriff „Zigeuner" wird im Text teilweise durch „Landfahrer" ersetzt. Carstiuc stellt allerdings fest, dass die Stellung der „Zigeuner" innerhalb der Geschichte und die Skizzierung der „Zigeunerbilder" unverändert geblieben sind (vgl. Carstiuc 2011: 45).

Der Plot in Kürze: Die fünf Freunde verbringen die Ferien in einem Wohnwagen. Sie treffen Jo, die als „Zigeunermädchen" vorgestellt wird, mit ihr ergibt sich eine romantische Lagerfeueratmosphäre. Während die Titelhelden im Wohnwagen übernachten, will Jo jedoch im Freien schlafen. Schon vorher haben die fünf Freunde erfahren, dass Wissenschaftler verschwunden sind, die vermutlich für ein fremdes Land spionieren. Die fünf Freunde werden von den Entführern in einer Burg eingeschlossen, doch Jo kann sie mit Hilfe einer Schlange befreien.

In dieser Folge dominiert der romantisch-verklärende Blick, ohne jedoch die auf Rückständigkeit rekurrierende Bedeutungsebene zu vergessen. Gleich zu Beginn sieht eine der Hauptfiguren, das Mädchen George, die Wagen, in denen sie übernachten sollen, und sagt: „Sind die hübsch, ein bisschen wie Zigeunerwagen" (Blyton 1979/2011: 1/3,26). Über das Eintreffen von Jo sagen die fünf Freunde: „Jetzt kann's ja lustig werden. Die überlegt nie, was sie tut" (ebd.: 2/0,46). In dieser Aussage erkennt man neben einem überheblichen Blick auch das klassische Klischee des „Zigeuners", der nur in den Tag hinein lebt, ohne über die Konsequenzen für morgen nachzudenken. Musikalisch werden klassische Melodien mit Streichinstrumenten eingesetzt, wobei immer wieder klischeemäßige „Zigeunermusik" verwendet wird, vor allem Gitarrenstücke. Die ganze Folge über wird auch das Motiv der Ablehnung von Staat und Polizei durch die „Zigeuner" perpetuiert, ohne dafür eine schlüssige Begründung zu liefern. So sagt Jo über die Polizisten: „So lange sie nicht hinter mir her sind, finde ich sie sogar sehr nett" (ebd.: 3/9,56). Anscheinend rein aus dem Wesen der „Zigeuner" heraus melden diese den Kriminalfall nicht der Polizei, sondern bekämpfen die Bösewichte mit eigenen Mitteln. Die fünf Freunde dagegen binden die Obrigkeit immer wieder ein, wenn es Probleme gibt.

Annette Bastian beschreibt das generelle Verhältnis der fünf Freunde gegenüber den „Zigeunern" so: „Zigeuner und andere verdächtige Personen werden von ihnen beobachtet, verfolgt und schließlich, nachdem man die eine oder andere brenzlige Situation überstanden hat, überführt und der Polizei übergeben" (Bastian 2003: 50). Im Hinblick auf „Zigeunerkinder" stellt sie fest:

> Bei den Zigeunerkindern besteht aber in der Regel noch Hoffnung auf Resozialisierung. Sie werden am Ende jeder Folge, in der die Fünf Freunde mal wieder einen verbrecherischen Zigeunervater ins Gefängnis gebracht haben, an eine nette Familie vermittelt, wo sie zu rechtschaffenen Menschen erzogen werden. (Ebd.: 52f.)

„Fünf Freunde im Nebel"

In dieser Folge verbringen die Freunde ihre Ferien auf dem Reiterhof in der Nähe einer Heidelandschaft. Ihr Interesse für dieses „sonderbare Volk" (Blyton 1980/2008: 1/3,41) ist geweckt, als sie sich fragen, was die „Zigeuner" in der Gruselheide machen. Die Kinder entdecken beim Campen in der Heide ein Flugzeug, das mysteriöse Päckchen abwirft. Es stellt sich heraus, dass in den Päckchen Falschgeld ist, welches die „Zigeuner" sammeln und anschließend für eine berüchtigte Fälscherbande schmuggeln. Die fünf Freunde verstecken das Falschgeld, die Mädchen der Gruppe werden von den „Zigeunern" gefangen genommen. Schnüffel, ein „Zigeunerjunge", befreit die Mädchen. Die Polizei verhaftet alle „Zigeuner", nur Schnüffel kommt in ein Kinderheim.

Sofort zu Beginn des Hörspiels wird das „Zigeunerkind" folgendermaßen attribuiert: „Igitt, was für ein schmutziger, kleiner Zigeunerjunge" (ebd.: 1/1,45). Der Vater des Kindes wird schon am Anfang als fluchend und gewalttätig charakterisiert, wenn er sich über seinen Sohn in gebrochener Sprache äußert, der Erzähler kommentiert: „Ein Schwall von üblen Schimpfworten ergoss sich über den armen Schnüffel, der sich duckte, als wären es Schläge" (ebd.: 1/5,26). Das bestimmende Thema besteht zunächst darin, die Andersartigkeit der „Zigeuner" zu verstärken, indem die fünf Freunde spekulieren, warum gerade die „Zigeuner" in die Gruselheide reisen. Eines der Mädchen berichtet: „Heute besuchen nur noch Zigeuner die Heide. Warum sie sich gerade die öde, verlassene Gegend ausgesucht haben, weiß ich nicht". Ihr antwortet einer der Jungen: „Die Zigeuner sind ein sonderbares Volk" (ebd.: 1/3,41). So wird eine noch größere Distanz der Rezipienten zu den dargestellten „Zigeunerfiguren" erreicht. Kurz darauf verfolgen die fünf Freunde eine Gruppe „Zigeuner", von denen einer auf ein freundliches „Guten Morgen. Wohin zieht ihr denn?" unvermittelt erwidert: „Geht euch nix an, schert euch weg. Lasst uns in Ruhe" (ebd.: 1/9,29). Im weiteren Verlauf der Geschichte taucht zum ersten Mal eine direkte Zuschreibung von Kriminalität auf. Über den Verbleib der in der Gruselheide ehemals tätigen Familie Bartels äußert sich ein älterer Mann: „Ich vermute, dass die Zigeuner damals den Bartels aufgelauert und sie über die Klippen hinab ins Meer gestürzt haben." Eines der Mädchen versteht diese Vermutung als feststehende Aussage und sagt darauf: „Wie schrecklich" (ebd.: 2/6,53) – ein gutes Beispiel, wie die „Zigeuner" allein durch Spekulation eines Verbrechens beschuldigt und dafür verantwortlich gemacht werden. Etwas später im Hörspiel findet sich ein entlarvendes Beispiel dafür, was für ein klar strukturiertes Bild die fünf Freunde von den „Zigeunern" haben, als sie ein Flugzeug über dem „Zigeunerlager" beobachten: „Zigeuner und Flugzeuge passen irgendwie nicht zusammen" (ebd.: 2/12,13), konstatiert einer der Jungen, damit wird das Bild der Rückständigkeit weiter tradiert. Ganz am Ende der Geschichte werden die „Zigeuner" noch einmal als gewalttätig und schlitzohrig dargestellt. Der „Zigeunerjunge" Schnüffel flieht vor seinem

Vater, allerdings nicht ganz ohne materielle Hintergedanken: „Ich kann nicht mehr zu meinem Vater zurück, er würde mich totschlagen". Und weiter sagt er zu George: „Du hast mir ein Fahrrad versprochen". Diese antwortet gönnerhaft: „Du bekommst eines, Schnüff" (ebd.: 4/10,19).

Funktionsweisen der „Zigeunerbilder"

Was bekommen Kinder und Jugendliche in den beiden Hörspielen zusammenfassend für ein Bild von „den Zigeunern" gezeichnet? Ruft man sich die eingangs referierte Typologisierung ins Gedächtnis, so tauchen hier ganz unterschiedliche Klischeebilder auf: Zum einen werden „Zigeuner" als mordende, dreckige und kriminelle Gesellen dargestellt, die ihre Kinder schlagen (weshalb man die Kinder in Heime geben sollte) und schlecht zu Tieren sind. Zum anderen sind die „Zigeuner" in den Hörspielen ein faszinierendes, aber auch „sonderbares Volk", das eigentümlichen, rückständigen Bräuchen anhängt und sprachlich minderbegabt ist. Ebenso scheuen die „Zigeuner" staatliche Autoritäten, ohne dass dafür Gründe genannt werden, und sie missachten das Gewaltmonopol des Staates. Die Darstellung baut für den kindlichen Erwartungshorizont zunächst Interesse und Spannung auf, dann aber werden die „Zigeunerfiguren" entweder als böse Gestalten entlarvt oder aber als bemitleidenswerte „Zigeunerkinder" dargestellt, von denen sich die Rezipienten innerlich absondern können, da ein solches „Zigeunerleben" den Bedürfnissen eines Kindes diametral widerstrebend zu sein scheint. Der Politikwissenschaftler Markus End beschreibt die Funktionsweise von „Zigeunerbildern" so:

> Antiziganistische Bilder und Vorurteile dienen dazu, die Identität und das Zusammengehörigkeitsgefühl der Wir-Gruppe zu stärken und die Grenzen des sozial Erwünschten auszuloten. Deshalb können alle antiziganistischen Vorurteile auch als implizite Aussage über die Wir-Gruppe verstanden werden. Denn was „Zigeuner" oder „Roma" sind, das sind „Deutsche" in der antiziganistischen Vorstellungswelt nicht. (End 2014: 37)

Diese Einschätzung schließt direkt an die oben angesprochene Bewertung von Otto Brunken an: Die simpel strukturierten Plots der Kinderbuchreihe sorgen dafür, dass sich die Kinder und Jugendlichen als Teil der ‚normalen' Mehrheitsbevölkerung empfinden können, die ganz anders lebt als die „Zigeuner". Die Lebenswelt der fünf Freunde wird dagegen als kindgerecht dargestellt, als Kontravorstellung dazu dienen die „Zigeunerkinder". Es bleibt die Skepsis, ob Kinder und Jugendliche die fiktiv-poetische Darstellung im Hörspiel von der Lebenswelt der Angehörigen der Minderheit „Sinti und Roma" innerlich abgrenzen können.

Mitschuld der Hörspiele?

Haben die Hörspiele also eine Mitverantwortung für die schlechten Umfragewerte, wenn man die Gesamtbevölkerung nach ihren Einstellungen gegenüber Sinti und Roma befragt? (Vgl. Heitmeyer 2011). Gibt es einen Transfer von den kindlich erfahrenen „Zigeunerdarstellungen" hin zu den real existierenden Sinti und Roma? Bisher liegen hierzu keine wissenschaftlichen Untersuchungen vor. Einziges Beispiel für eine empirische Erhebung ist eine Beobachtungsstudie zu der Frage, als wie unterschiedlich unterhaltsam Kinder und Jugendliche verschiedene Hörspielvarianten erleben (vgl. Vorderer/Klimmt/Liebetruth 2002). Hierbei spielten Inhalte allerdings keine Rolle, von Wirkungen auf Einstellungsveränderungen ganz zu schweigen. Die Probleme von empirischer Forschung mit Kindern im Kleinkindalter werden darin allerdings deutlich gezeigt. Die neuere Medienwirkungsforschung hat bisher vielfältige Ergebnisse zum Einfluss von Gewaltdarstellungen auf Kinder herausgearbeitet (vgl. Friedrich 2013). Aufgrund des unzureichenden Forschungsstands können keine zahlenbasierten Aussagen darüber getroffen werden, welchen Einfluss die analysierten Hörspiele auf die Ausbildung von Vorurteilsstrukturen bei Heranwachsenden haben. Trotzdem kann man sich hinsichtlich der durchweg negativ oder romantisch-verkitschten Darstellung fragen, ob es geboten scheint, eine Überarbeitung der „Fünf Freunde"-Hörspiele vorzunehmen, um z.B. den „Zigeuner"-Begriff zu tilgen oder die Bilder, die sich Kinder und Jugendliche von der Minderheit machen, zu verändern. Allerdings zeigt schon die Überarbeitung der Literaturvorlage mit der Titeländerung von „Fünf Freunde und ein Zigeunermädchen" hin zu „Fünf Freunde und die wilde Jo", dass es nicht ausreicht, nur einzelne Begriffe zu ersetzen und zu entschärfen, wenn die sonstigen negativen oder romantisch-verklärenden Zuschreibungen erhalten bleiben. Die diskriminierenden Sichtweisen finden sich auch im Gesamtplot, nicht nur auf den Begriffsebenen, weshalb man – wollte man das „Zigeunerbild" positiv verändern – eigentlich die komplette Erzählung neu konzipieren müsste.

Das Festhalten an den Vorurteilsstrukturen

Verschiedene Personen haben Kritik in Bezug auf die mögliche Änderung von Begriffen oder Erzählstrukturen literarischer Werke vorgebracht. Enid Blytons „Fünf Freunde" betreffend, hat es der Journalist und Osteuropa-Korrespondent Rolf Bauerdick bisher am prominentesten getan. In seinem Reportageband „Zigeuner. Begegnungen mit einem ungeliebten Volk" kritisiert er 2013:

> Rabiater machten sich die Hüter der Wörter an dem Vokabular und an den Geschichten der englischen Kinderbuchautorin Enid Blyton zu schaffen. Nach ihrem Tod 1968 wurden ihre millionenfach verlegten Jugendschmöker inhaltlich gesäubert und weichgespült. (Bauerdick 2013: 176)

Bauerdick verwendet in seiner Kritik ein Vokabular, das die Begriffsänderungen in die Ecke der Zensur in einer Diktatur stellt. Er mahnt an, dass die Neubearbeitungen der Bücher inhaltlich abgemildert wurden. „So haben sich Elend, Schmutz und Gestank in den neueren Übersetzungen auf sonderbare Weise verflüchtigt" (ebd.: 176). Wolfgang Benz, langjähriger Leiter des Zentrums für Antisemitismusforschung an der TU Berlin, qualifiziert Bauerdicks Ansichten wie folgt: „In kleinlicher Rechthaberei wütet er gegen Begriffe und Sprachregelungen". Und weiter: „Rolf Bauerdick zeigt sich aber nicht nur als Polemiker von Gnaden, er ist hochempfindlich gegen Kritik an seinem missionarischen Bemühen und reagiert seinem Temperament entsprechend" (Benz 2014: 239). Es stellt sich die grundsätzliche Frage, ob literarische Werke überarbeitet werden dürfen, gerade nach dem Ableben des Autors. Jedoch ist die Aufregung des Journalisten Bauerdick unverständlich, da es sich bei den Jugendbüchern um eine fiktionale Narration handelt, die entgegen seines eigenen Anspruchs nicht darauf abzielt, eine soziale Realitätsauffassung wiederzugeben. Bedenkt man die Wertung Brunkens hinsichtlich der literarischen Qualität, so kann man sich umso mehr fragen: Warum keine Änderung des Plots vornehmen? Nur weil die eigenen Kinder im Alter des Heranwachsens mit den gleichen Vorurteilen konfrontiert werden sollen, wie man selbst damals?

Mögliche Auswege

Abschließend bleibt zunächst festzuhalten, dass der Weiterverwendung des „Zigeuner"-Begriffs eine klare Absage erteilt werden muss, weil Kinder und Jugendliche sonst auf die falschen und diskriminierenden Sichtweisen festgelegt werden. Außerdem ist der Begriff „Zigeuner" keine Eigenbezeichnung, auch wenn sie von einigen Angehörigen der Minderheit benutzt wird. Dies ist vermutlich als Versuch der selbstdefinitorischen Umdeutung zu verstehen, jene kann allerdings nur sehr eingeschränkt gelingen, da der Begriff in der Mehrheitsgesellschaft bisher nur für negative, rückständige und romantisierend-verklärende Projektionen verwendet wurde. Das alleinige Ersetzen des Begriffs „Zigeuner" durch „Sinti und Roma" ist kein Ausweg, wenn die Geschichten mit ihren klassischen „Zigeunerbildern" gleich bleiben, da es in der Mehrheitsbevölkerung mittlerweile verbreitet ist, mit den Begriffen „Roma", „Sinti" und „Zigeuner" die gleichen negativen Assoziationen zu verbinden (vgl. Lotto-Kusche 2016: 258f.).

In der Kinder- und Jugendliteratur gibt es bereits literarische Beispiele, die das klassische „Zigeuner"-Motiv brechen (vgl. Pommerening/Schmitt-Rößer/Wolters 2015), so etwa: „Ede und Unku" von Alex Wedding, „Abschied von Sidonie" von Erich Hackl oder aber Anja Tuckermanns „Muscha" sowie die Biografie „Denk nicht, wir bleiben hier! Die Lebensgeschichte des Sinto Hugo Höllenreiner". Auch Hörspiele, die, analog der vorgestellten Typisierung, (auto-)biographische Vorlagen haben, könnten ermöglichen, dass es einen konkreten Bezugsrahmen zum Leben der Sinti und Roma in Deutschland früher und heute geben würde, der nicht bloß tradierte „Zigeunerbilder" bei Kindern und Jugendlichen abrufen und weiter vertiefen würde. Dabei wäre eine vorurteilsbewusste Konzeption sinnvoll, um auch schon bei Kindern und Jugendlichen grundsätzliches Problembewusstsein gegenüber antiziganistischen Projektionen und Einstellungen zu schaffen. Außerdem bedarf es einer Konzentration auf individuelle menschliche anstatt auf Gruppeneigenschaften. Der persönliche Kontakt und das persönliche Kennenlernen der Minderheit sollten im Vordergrund stehen, auch wenn die Vorlagen fiktionalen Charakter haben. „Sinti/Roma" muss als möglicher Teil einer persönlichen Identität verstanden werden, nicht als Lebensform oder als fest gefügter „Kulturkreis". Der besondere Spagat besteht darin, die Verfolgung und Diskriminierung der Sinti und Roma in den letzten Jahrhunderten einerseits zu thematisieren, andererseits die Protagonisten vom bloßen Opferstatus zu lösen und auch andere fiktionale Geschichten zu erzählen, die trotz allem einen Bezug zur realen Lebenswelt von Sinti und Roma in Deutschland haben. Petra Maurer resümiert: „Biografische Erzählungen, die individuelles Erleben den erstarrten antiziganistischen Zuschreibungen entgegen setzen können, sind erste Schritte, die Figur des ‚Zigeuners' zunächst zu korrigieren, um sie dann dekonstruieren zu können" (Maurer 2009: 202).

Hörspiele

Blyton, Enid (1979/2011): Fünf Freunde und ein Zigeunermädchen. Hörspielbearbeitung von Heikedine Körting. Europa (Sony Music).

Blyton, Enid (1980/2008): Fünf Freunde im Nebel. Hörspielbearbeitung von Heikedine Körting. Europa (Sony Music).

Literatur

Bastian, Annette (2003): Das Erbe der Kassettenkinder ...ein spezialgelagerter Sonderfall. Brühl: eccomedia.

Bauerdick, Rolf (2013): Zigeuner. Begegnungen mit einem ungeliebten Volk. München: Deutsche Verlags-Anstalt.
Benz, Wolfgang (2014): Sinti und Roma. Die unerwünschte Minderheit. Über das Vorurteil Antiziganismus. Berlin: Metropol Verlag.
Brunken, Otto (1995): Das Rätsel Blyton und die Lust an der Trivialität. Enid Blytons „Fünf Freunde"-Bücher. In: Hurrelmann, B. (Hrsg.): Klassiker der Kinder- und Jugendliteratur. Frankfurt/Main: Fischer Taschenbuch Verlag, S. 401–418.
Carstiuc, Alexander (2011): Etablierung und Inszenierung von Fremdheit und Exotik – Zigeunerkonstrukte in der Kinder- und Jugendliteratur. Unveröffentlichte Magisterarbeit am Institut für Erziehungswissenschaften der TU Berlin.
Dixon, Bob (1974): The nice, the naughty and the nasty. The tiny world of Enid Blyton. In: Children's Literature in Education (15), S. 43–61.
Eitz, Thorsten/Stötzel, Georg (Hrsg.) (2009): Wörterbuch der „Vergangenheitsbewältigung". Die NS-Vergangenheit im öffentlichen Sprachgebrauch. Bd. 2. Hildesheim: Georg Olms Verlag, S. 563–600.
End, Markus (2013): Gutachten Antiziganismus. Zum Stand der Forschung und der Gegenstrategien. Hrsg. von Daniel Strauß, RomnoKher Mannheim. Marburg: I-Verb.de.
End, Markus (2014): Antiziganismus in der deutschen Öffentlichkeit. Strategien und Mechanismen medialer Kommunikation. http://www.sintiundroma.de/fileadmin/dokumente/publikationen/extern/2014StudieMarkusEndAntiziganismus.pdf [Zugriff: 01.07.2015].
Europa-Verlag (2015): Faktenüberblick. http://www.natuerlichvoneuropa.de/www/fact-sheet. [Zugriff: 01.08.2015].
Friedrich, Katja (2013): Wirkungen gewalthaltiger Medienangebote. In: Fahr, A./Schweiger, W. (Hrsg.): Handbuch Medienwirkungsforschung. Wiesbaden: Springer Science + Business Media, S. 401–418.
Heitmeyer, Wilhelm (2011): Deutsche Zustände. Folge 10. Frankfurt/Main: Suhrkamp Verlag.
Kilian, Jörg (2003): Wörter im Zweifel. Ansätze einer linguistisch begründeten kritischen Semantik. In: Linguistik online 16, 4/03. http://www.linguistik-online.de/16_03/kilian.html [Zugriff: 15.12.2014].
Klimmt, Christoph/Liebetruth, Dörte/Vorderer, Peter (2002): Spass, Spannung, Spiel. Eine Beobachtungsstudie zum Unterhaltungserleben drei- bis vierjähriger Kinder während der Rezeption formal unterschiedlich unterhaltsamer Varianten eines Hörspiels. In: Gehrau, V./Kubisch, S./Rössler, P. (Hrsg.): Empirische Perspektiven der Rezeptionsforschung. München: Verlag Reinhard Fischer, S. 117–132.
Krausnick, Michail (2000): Das Bild der Sinti in der Kinder- und Jugendliteratur In: Awosusi, A. (Hrsg.): Zigeunerbilder in der Kinder- und Jugendliteratur. Heidelberg: Wunderhorn, S. 31–46.
Lotto-Kusche, Sebastian (2016): Politische Anerkennung der Sinti und Roma in der Bundesrepublik Deutschland. Eine Untersuchung anhand des Wandels in der Sprachpraxis staatlicher Stellen. In: Kämper, H./Schmidt-Brücken, D./Warnke, I. (Hrsg.): Textuelle Historizität. Interdisziplinäre Perspektiven auf das historische Apriori. Berlin/Boston: De Gruyter, S. 247–260.

Medienpädagogischer Forschungsverbund Südwest (Hrsg.): JIM 2014, Jugend, Information, (Multi-) Media. Basisstudie zum Medienumgang 12- bis 19-Jähriger in Deutschland. Stuttgart.

Maurer, Petra (2009): „Das Außerordentliche begleitet die Ordnungen wie ein Schatten". Zur Konstruktion des ‚Zigeuners' in der Kinder- und Jugendliteratur. In: End, M./Herold, K. (Hrsg.): Antiziganistische Zustände. Münster: Unrast Verlag, S. 177–203.

Mihok, Brigitte (2010): Wild, lockend und gefährlich. „Zigeunerin und Zigeuner" als populäre Klischees im Comic. In: Benz, W. (Hrsg.): Vorurteile in der Kinder- und Jugendliteratur. Reihe Positionen, Perspektiven, Diagnosen, Band 5. Berlin: Metropol Verlag, S. 97–116.

Pommerening, Christian/Schmitt-Rößer, Angelika/Wolters, Ute (2015): Stoffe und Motive. Sinti und Roma. http://www.kinderundjugendmedien.de/index.php/stoffe-und-motive/1364-sinti-und-roma [Zugriff. 10.10.2015].

Randjelovic, Isidora (2011): Lemma „Zigeuner_in". In: Arndt, S./Ofuatey-Alazard, N. (Hrsg.): Wie Rassismus aus Wörtern spricht. (K)Erben des Kolonialismus im Wissensarchiv deutsche Sprache. Ein kritisches Nachschlagewerk. Münster: Unrast Verlag, S. 671–676.

„Dass die frei herumlaufen dürfen“
Norm und Normabweichung in „TKKG“-Hörspielen

Frank Münschke

Aus der „TKKG“-Romanreihe, deren erster Band 1979 erschien, ist im Laufe der Jahrzehnte eine bekannte Werbemarke geworden. Ob Hörspiele, Fernsehserien, Kinofilme, PC-Spiele, Theaterstücke, Comics oder Brettspiele – die vier jugendlichen Ermittler Tarzan[1], Karl, Klößchen und Gaby haben sich fest in das kulturelle Gedächtnis der Deutschen eingeschrieben. Auch nach dem Tod Stefan Wolfs[2], dem Schöpfer des „TKKG“-Universums, im Jahr 2007 wird fleißig weiter ermittelt: Seit der 155. Hörspielfolge übernimmt eine Autorengruppe die Arbeit und die Serie erfreut sich bis heute großer Beliebtheit. „TKKG“ ist eine der erfolgreichsten Jugendserien im deutschsprachigen Raum. Die Hörspiele selbst, auf die sich diese Arbeit beziehen wird, sind kommerzielle Hörspiele und werden vom Europa-Verlag produziert. Mittlerweile gibt es 193 Folgen (Stand September 2015[3]).

Dass das pädagogische Grundgerüst der Reihe zumindest in Frage gestellt werden muss und es in der „TKKG“-Welt von Klischeebildern, Sexismus und Rassismus nur so wimmelt, haben etwa Baeck und Beeck bereits herausgearbeitet (vgl. Baeck/Beeck 2007: 70ff.). Im Detail existieren allerdings noch einige Forschungslücken, denen sich dieser Aufsatz widmen möchte. Bislang fand etwa noch keine wissenschaftliche Methode Anwendung, um die Auffälligkeiten innerhalb der Serie zu beschreiben. Mithilfe zweier soziologischer Zuschreibungstheorien, dem Etikettierungsansatz (erstmals publiziert 1962) nach Howard Saul Becker und dem Stigmatisierungsansatz (erstmals publiziert 1963) nach Erwing Goffman, soll nachfolgend gezeigt werden, auf welche sozialen Werte und Normen sich die vier Nachwuchs-Detektive stützen und wie es davon ausgehend zu Vorverurteilungen und negativen Zuschrei-

1 Der Name Tarzan ist urheberrechtlich geschützt, deswegen wurde, um einer Klage zu entgehen, im Verlauf der „TKKG“-Reihe aus Tarzan Tim: In der 38. Hörspielfolge, „Die weiße Schmuggler-Yacht“, legt Peter Timotheus Carsten seinen Spitznamen „Tarzan“ ab und möchte von nun an Tim, eine Kurzform seines zweiten Vornamens, genannt werden. In dieser Arbeit, die sich auf die ersten zwanzig Folgen der Reihe bezieht, soll aber der ursprüngliche Name verwendet werden.

2 Hinter dem Pseudonym Stefan Wolf verbirgt sich der Autor Rolf Kalmuczak.

3 Vgl. dazu die offizielle Webseite der „TKKG“-Reihe: https://www.TKKG.de.

bungen gegenüber anderen kommt – allein aufgrund sozialen Verhaltens, sozialer Gruppenzugehörigkeit sowie durch Äußerlichkeiten.

Für die Analyse werden die ersten zwanzig Folgen der Hörspielproduktion herangezogen. Es wird die These aufgestellt, dass Wolf in diesen Folgen bereits ein konkretes Weltbild mit sozialen Normen und Werten entwirft, das später immer wieder reproduziert wird.

Soziologische Zuschreibungstheorien: Etikettierung und Stigmatisierung

Der Etikettierungsansatz, englisch „labeling approach", entstand im Zuge der Devianzsoziologie in den 1960er Jahren und umfasst mehrere Ideen. In allgemeinster Form bezieht sich dieser „auf soziale Konstruktion von Normativität und schließt sowohl den Abweichenden als auch dessen soziales Umfeld mit ein" (Pfeiffer/Scheerer 1979: 46). Dabei handelt es sich immer um einen Zuschreibungsvorgang (vgl. etwa Peters 1995: 19), im Unterschied zu Devianzkonzepten, die sich rein an dem Verhalten orientieren.

Becker geht davon aus, dass abweichendes Verhalten von der Gesellschaft bzw. von sozialen Gruppen geschaffen wird. Diese stellen zur Eigenstabilisierung Verhaltensregeln auf, die in bestimmten Situationen bestimmte Handlungen als „richtig" oder „falsch", „konform" oder „abweichend" definieren (vgl. Becker 2014: 25). Es gelten Regeln, „deren Verletzung abweichendes Verhalten konstituiert" (ebd.: 31). Personen, die gegen die aufgestellten Regeln einer sozialen Gruppe verstoßen, werden von Mitmenschen, die Teil dieser sozialen Gruppe sind, als „Außenseiter" etikettiert (vgl. ebd.).

Zentral dabei ist, dass abweichendes Verhalten „keine Qualität der Handlung" (ebd.) ist, sondern durch den Blick anderer entsteht: „Abweichendes Verhalten ist Verhalten, das Menschen als solches bezeichnen" (ebd.). Es ist also auch möglich, dass sich eine Person von den Normen und Regeln einer sozialen Gruppe abweichend verhält. Wenn dies allerdings im Geheimen geschieht, kann die Etikettierung umgangen werden, die Person wird nicht als Außenseiter abgestempelt. Daher handelt es sich immer um einen sozialen Prozess. „Ob eine gegebene Handlung abweichend ist oder nicht, hängt zum Teil von der Natur der Handlung ab [...], zum Teil davon, was andere Menschen daraus machen" (ebd.: 35).

Zudem ist es möglich, dass Personen fälschlicherweise als Außenseiter abgestempelt werden. Becker schreibt dazu: „Die betreffende Person hat in den Augen anderer eine ungehörige Handlung begangen, die sie in Wirklichkeit nicht begangen hat" (ebd.: 40). Hier wurde nicht nachweislich eine Regel bzw. Norm verletzt, die Etikettierung findet aber dennoch statt, die Person wird als Außenseiter angesehen.

Es lässt sich daher festhalten, dass die Etikettierung selbst eine gewichtigere Rolle als die eigentliche Handlung einnimmt (vgl. ebd.). Gibbs (1975: 106) unterstreicht dies, indem er festhält: „Der entscheidende Punkt besteht also darin, dass das eigentliche Merkmal eines Abweichlers oder einer abweichenden Handlung außerhalb der Person des Handelnden oder der Handlung selbst liegt." Abweichendes Verhalten wird durch die Reaktionen einer sozialen Gruppe auf eine tatsächlich vorgenommene oder nur unterstellte Handlung definiert, die den eigenen sozialen Regeln und Normen widerspricht. Auf die „TKKG"-Hörspiele bezogen, kann unterstellt werden: Alle Figuren, die den Normen und Regeln der Bande widerstreben, werden als Außenseiter etikettiert, also ohne konkrete Beweise eines Verbrechens beschuldigt.

Unter „Stigma" wird nach Goffman eine Eigenschaft für eine Person verstanden, die diese diskreditiert (vgl. Goffman 1975: 11). Die Eigenschaften bzw. Attribute selbst sind relativ, d.h. sie können je nach Bezugsgruppe positiv oder negativ ausgelegt werden. Ein Individuum „hat ein Stigma, das heißt, es ist in unerwünschter Weise anders, als wir es antizipiert hatten", und unterscheidet sich dadurch von den „Normalen" (ebd.: 13). Wie beim Etikettierungsansatz handelt es sich auch hierbei um eine Zuschreibung durch Mitmenschen: „Wenn ein Fremder uns vor Augen tritt, dürfte uns der erste Anblick befähigen, seine Kategorie und seine Eigenschaften, seine ‚soziale Identität' zu antizipieren" (ebd.: 10).[4] Und weiter: „In unserer Vorstellung wird [die Person] so von einer ganzen und gewöhnlichen Person zu einer befleckten, beeinträchtigten herabgemindert. Ein solches Attribut ist ein Stigma" (ebd.: 10f.).

Goffman nennt drei Stigma-Typen: Die „Abscheulichkeiten des Körpers", die „phylogenetischen Stigmata von Rasse, Nation und Religion" und den „individuellen Charakterfehler" (ebd.: 12f.). Die Untersuchung im vorliegenden Beitrag bezieht sich auf die ersten beiden Typen – der dritte Typus wird bereits durch Beckers Etikettierungsansatz abgedeckt.

Auf die „TKKG"-Hörspiele können und sollen beide Zuschreibungstheorien als Analysemethoden in Kombination angewendet werden.

Becker schreibt, dass immer gefragt werden muss, wessen Regeln Anwendung finden, deren Verstoß abweichendes Verhalten konstituiert (vgl. Becker 2014: 36ff.). Personen werden von sozialen Gruppen aufgrund der in ihrer Gruppe vorherrschenden sozialen Werte und Normen ausgegrenzt. Und es ist klar: Unterschiedliche soziale Gruppen haben unterschiedliche soziale Regeln und Normen. Eine Gemeinschaft von Straßenpunks bezieht sich auf andere soziale Regeln als eine Gruppe von Bankern. Daher ist ein soziales Verhalten in der einen Gruppe regelkonform, in der anderen wird es als abweichend angesehen.

4 In den Begriff der „soziale[n] Identität" sind „persönliche Charaktereigenschaften [...] ebenso einbezogen, wie strukturelle Merkmale" (Goffman 1975: 10).

Soziale Werte und Normen der TKKG-Bande

Im ersten Schritt werden nun die zentralen Werte und Normen der TKKG-Freunde ausgearbeitet. Die vier jugendlichen Ermittler präsentieren und definieren sich immerzu als soziale Gruppe. Ihre sozialen Werte und Normen stellen die Grundlage dafür dar, dass Figuren negative Zuschreibungen erfahren und so – es handelt sich bei der „TKKG"-Reihe um eine Krimiserie – eines Verbrechens verdächtigt werden, oftmals ohne konkrete und sachdienliche Hinweise.

Übergeordnet kann gesagt werden, dass das Handeln der TKKG-Bande von christlich-moralischen Werten gesteuert wird[5]. Zentrale Kategorien sind: (1) Soziabilität, (2) Solidarität, (3) Vernunft, (4) Gerechtigkeit, (5) Loyalität zur eigenen sozialen Gruppe und (6) Natur- und Tierliebe (in Anlehnung an Günther 2014: 32ff.). Diese Grundwerte definieren die soziale Lebenswelt von Tarzan, Karl, Klößchen und Gaby. Das bürgerliche Umfeld, in dem sich die vier Ermittler aufhalten und in dem sie sozialisiert wurden und werden, stellt die einzig wahre soziale Lebensform dar – und diese muss beschützt werden. Die Kategorien definieren das soziale Handeln und die wertrationalen Vorstellungen der jugendlichen Detektive.

Für die Analyse werden – antipodisch abgeleitet aus den gerade vorgestellten sozialen Werten und Normen – drei Kategorien herangezogen, in die die negativen Zuschreibungen eingeordnet werden können.

1. Ablehnung von Figuren aus dem nicht-bürgerlichen Umfeld. Die vier jugendlichen Ermittler entstammen einem bürgerlichen Umfeld, das als beschützenswert angesehen wird.

2. Ablehnung von Figuren, die legale oder illegale Drogen konsumieren. Der Konsum von legalen und illegalen Drogen ist innerhalb der Serie omnipräsent und findet sich auch bei Figuren mit bürgerlichem Hintergrund.

3. Ablehnung von Figuren mit ‚anderem' Aussehen. Dieser Punkt bezieht sich auf rein äußere negative Zuschreibungen und leitet sich von Goffmans Stigmatisierungsansatz ab, genauer von dessen Typus „Die Abscheulichkeit des Körpers" und dem Typus „Die phylogenetischen Stigmata von Rasse, Nation und Religion", die hier zusammengefasst werden.

Nachfolgend werden selektiv anhand einiger Beispiele aus den ersten zwanzig Folgen der „TKKG"-Hörspiele typische Zuschreibungs-Mechanismen vorgestellt und den drei Kategorien zugeordnet.

5 Hiervon ausgenommen ist die regelmäßige Anwendung von Gewalt durch Tarzan.

Ablehnung von Figuren aus dem nicht-bürgerlichen Umfeld

Die Zuschreibung krimineller Energien geht innerhalb der Reihe einher mit dem jeweiligen sozialen Umfeld bzw. dem sozialen Lebensraum einer Figur. Wer in einem schäbigen Stadtviertel oder in einem maroden Haus lebt, ist in den seltensten Fällen positiv konnotiert. Bereits in der 1. Folge, „Die Jagd nach den Millionendieben" (1981), leben die „Millionendiebe" in einem heruntergekommenen Stadtviertel. Und auch in der 14. Episode, „Der Schlangenmensch" (1981), ist das Auto der beiden Verbrecher „schäckig" (Wolf 2003i: 3/1,18) und steht immer „vor einer verwahrlosten Bude" (ebd. 1:16). Kriminelle Tendenzen werden dadurch bereits unterstellt bzw. zugeschrieben und unterstreichen die Vorurteile der TKKG-Bande.

Auch in Folge 10, „Alarm im Zirkus Sarani" (1982), ist dies der Fall: Der Verdächtige Watzel treibt sich in der Bahnhofsgegend herum und hält sich in Spielhallen auf. Hinzu kommt, dass Watzel nicht gespendet hat, als die TKKG-Freunde für SOS-Kinderdörfer Geld gesammelt haben. Das macht ihn bereits zu einem potentiellen Verbrecher. Auch Figuren, die sich regelmäßig in Kneipen aufhalten, sind von vornherein verdächtig. Dies ist etwa in Folge 6, „Angst in der 9a" (1981), der Fall.

Mit welchen Vorurteilen ermittelt wird, zeigt ebenfalls ein Beispiel aus der 17. Folge, „Die Doppelgängerin" (1982), in der es innerhalb der Schule zu Erpressungen und Bedrohungen kommt. Die Verdächtigen sind gleich ausgemacht, ohne dass es dafür schlüssige und konkrete Hinweise gibt. Klößchen sagt: „Der Vater von Paulsen war im Gefängnis und sein Sohn wird auch irgendwann da landen" (Wolf 2004b: 1/2,12). Ottmar Paulsen und sein Kollege Toni Ehrlich sind zudem noch schlecht in der Schule und bislang zweimal sitzen geblieben. Wenig überraschend stellt sich dieser Verdacht später auch als korrekt heraus.

Eine soziale Gruppe, die durchweg negativ konnotiert ist und deren Mitgliedern ein kriminelles Verhalten bereits ohne konkrete Verdachtsmomente zugeschrieben wird, sind Rocker – hier handelt es sich um eine subkulturelle Gruppierung, eine soziale Gruppe mit anderen, fast schon konträren sozialen Normen und Regeln. Die Mitglieder der Rocker-Banden führen aus der Sicht von Tarzan, Karl, Klößchen und Gaby ein unstetes Leben und hegen einen hedonistischen Lebensstil – davon grenzt sich die TKKG-Bande entschieden ab. Als Beispiele können hier die Folgen 4, „Das Paket mit dem Totenkopf" (1981), 11, „Die Falschmünzer vom Mäuseweg" (1982), und 19, „Der Schatz in der Drachenhöhle" (1982), genannt werden. Darin wird deutlich gemacht: Wer zu einer solchen sozialen Gruppe gehört oder sich mit solch düsteren Gestalten abgibt, der ist zu allem fähig und kann nach Meinung der TKKG-Bande kein vernünftig handelnder Mensch sein. Den Mitgliedern von Rocker-Banden werden Verhaltensweisen unterstellt, die von den TKKG-Freunden grundsätzlich abgelehnt werden: Sie sind Langschläfer, halten nichts von geregelter

Arbeit, sind vorwiegend abends und nachts aktiv und konsumieren überdies Drogen, sowohl legale als auch illegale – kriminelle Energien scheinen eine natürliche Eigenschaft dieser Gruppe zu sei. Tarzan bringt das Ressentiment und die Vorverurteilung in Folge 11, „Die Falschmünzer vom Mäuseweg", auf den Punkt. Die Vier betreten ein Zugabteil, in dem randaliert wurde: „Die das hier angerichtet haben, sind Typen, die jederzeit aus der Schnapsflasche trinken, friedliche Menschen anpöbeln, handgreiflich werden, anderen die Brille runterschlagen und was weiß ich sonst noch tun: die Ledertypen" (Wolf 2003h: 1/2,14). Karl entgegnet: „Wir müssen sie anzeigen" (ebd. 2,24). Darauf erwidert Tarzan: „Na, das ist klar. Schon damit der Verdacht nicht auf uns fällt. Wir gehen zur Bahnpolizei" (ebd.: 2,26).

Es wird ebenfalls immer wieder deutlich: Die Polizei (hier die Bahnpolizei) ist der Freund und Helfer und sorgt zusammen mit der TKKG-Bande dafür, dass die rechtsstaatliche und bürgerliche Ordnung aufrechterhalten bleibt bzw. wiederhergestellt wird. Am Ende jeder Folge werden die Verbrecher in die Hände der Ordnungsmacht übergeben. Besonders Kommissar Glockner, Gabys Vater und enger Vertrauter der Vier, steht für ebenjene sozialen Werte und Normen ein, die die TKKG-Freunde vertreten. Korrupte und zwielichtige Polizeibeamte finden sich im „TKKG"-Universum nicht – zumindest nicht in den ersten zwanzig Folgen.

Ablehnung von Figuren, die legale oder illegale Drogen konsumieren

Die vier TKKG-Freunde lehnen grundsätzlich jegliche Form von Drogen ab – inklusive der legalen und gesellschaftlich-tolerierten wie Alkohol und Nikotin. Es wird innerhalb der Reihe schnell deutlich, dass Figuren, die gerne zur Flasche greifen, negativ gezeichnet sind und mit der kriminellen Handlung der jeweiligen Folge in Verbindung stehen. Bei der sozialen Gruppe der Rocker ist das ohnehin der Fall. Ebenso werden Figuren, die nicht direkt einer sozialen Gruppe zugehörig sind, aufgrund ihres Drogenkonsums etikettiert bzw. vorverurteilt und ihnen werden kriminelle Tendenzen zugeschrieben. Sei es das Phantom auf dem Feuerstuhl (1981) aus Folge 5 oder folgendes Beispiel aus Folge 7, „Rätsel um die alte Villa" (1981). Dort heißt es: „Er [bemerkte] einen blonden Mann, der in einer Ecke saß und Schnaps aus einer Flasche trank" (Wolf 2003f: 3/0,12). Dieser Mann, Otto Galster, wird umgehend eines Verbrechens bezichtigt.

Ein positiver pädagogischer Aspekt innerhalb der Serie ist, dass immer wieder auf die Gefahren von Alkohol hingewiesen wird. In der 6. Folge, „Angst in der 9a", findet der Schulrüpel Otto Seibold eine Schnapsflasche im Müll und trinkt daraus. Es stellt sich später allerdings heraus, dass sich darin Desinfektionsmittel befand und Seibold vergiftet wurde. Dadurch wird das Risiko durch die Lust auf Alkohol thematisiert. In der 14. Folge, „Der Schlangenmensch", wird ein Betrunkener, der Vater einer Freundin der TKKG-Bande, nachts angegriffen und fast ausgeraubt, doch Tarzan kommt ihm zur Hilfe. Es wird impliziert: Alkohol führt zu Kontrollverlust und macht die Menschen zu leichten Opfern.

Der Tonfall der vier Ermittler wird deutlich rauer, wenn es um illegale Drogen geht. In der 4. Folge, „Das Paket mit dem Totenkopf", wird Oberst Grewe im Stadtpark überfallen, Tarzan kommt auch in diesem Fall noch rechtzeitig zu Hilfe. Die Jugendlichen, die Oberst Grewe ausrauben wollten, hatten die Absicht, von dem gestohlenen Geld Rauschgift zu kaufen, wie Tarzan später herausfindet. Es wird deutlich: Drogenkonsum und kriminelle Energien stehen in direkter Verbindung. Dass innerhalb der Reihe vor den Gefahren von Drogen gewarnt wird, ist aus pädagogischer Perspektive wiederum positiv zu sehen. Dass die Drogensüchtigen allerdings nur Schlechtes im Schilde führen und ihnen keine positiven Eigenschaften zugeschrieben werden, unterstützt das bereits zuvor gewonnen Bild, dass die Serie voller Klischees und Vorurteile steckt. Am Ende der Folge werden die Verantwortlichen, die teilweise auf dieselbe Schule wie die Vier gehen, dingfest gemacht, als sie eine Karnevalsparty mit lauter Rockmusik feiern.

Ablehnung von Figuren mit „anderem" Aussehen

Baeck und Beck schreiben, es sei die

> Feststellung des manifesten Rassismus, wenn südländisches Aussehen, slawischer Akzent oder eine Hakennase den vier Bandenmitgliedern als hinreichende Anhaltspunkte genügen, einen Menschen nach kurzem Augenschein als verdächtig einzustufen und sich diese Person am Ende auch ausnahmslos immer als schuldig erweist. (Baeck/Beeck 2007: 70)

Es ist tatsächlich sehr auffällig, wie schnell es zu negativen Zuschreibungen aufgrund von Äußerlichkeiten oder der nationalen Herkunft durch die TKKG-Bande kommt – ein solches Stigma werden die Figuren innerhalb der einzelnen Folgen nicht mehr los.

Das lässt sich bereits in den ersten zwanzig Folgen verdeutlichen: Otto Machold von den „Millionendieben" hat eine „Knubbelnase", was im Folgenden mehrfach erwähnt wird. In der vierten Folge wird ein Drogendealer nur noch als „Boxernase" bezeichnet. Auch ihm haftet ein Stigma an, das den TKKG-Freunden für eine Vorverurteilung genügt bzw. den oftmals willkürlichen und konstruierten Anfangsverdacht erhärtet. Die Liste lässt sich ohne weiteres fortsetzen, sei es das „auffällige Geier-Gesicht" aus Folge 7, „Rätsel um die alte Villa", die „Schiefnase" aus Folge 10, „Alarm in Zirkus Sarani", oder „der Große mit dem Raubvogelgesicht" aus Folge 11, „Die Falschmünzer vom Mäuseweg". Diese Logik schließt an kriminologische Überlegungen des 19. Jahrhundert an. Cesare Lombroso war ein italienischer Arzt und Professor der gerichtlichen Medizin und Psychiatrie und hat sich mit äußerlichen Merkmalen von Verbrechern beschäftigt. In „Der Verbrecher (homo delinquens) in anthropologischer, ärztlicher und juristischer Beziehung" (1876) legt er die These dar, dass angeborene äußerliche Merkmale den kriminellen bzw. gewaltbereiten Charakter eines Menschen manifestieren. Er geht davon aus, dass es den Typus des „geborenen Verbrechers" gibt (vgl. Lombroso 1894). Die TKKG-Freunde schließen hier gedanklich an, indem sie anhand äußerlicher Merkmale Figuren als Verbrecher stigmatisieren.

In Folge 2, „Der blinde Hellseher" (1981), sagt Gaby, als die vier Detektive in einem italienischen Restaurant ermitteln und ihren Klassenkameraden Volker Krause suchen, über den Besitzer: „Also ihr könnt sagen, was ihr wollt: Er sieht aus wie der typische Kidnapper" (Wolf 2003b: 3/0,31). Es handelt sich um den italienisch-stämmigen Mario Frascetti. Tarzan hält sich mit seinen Vermutungen ebenso nicht zurück, er sagt: „Er hat stechende Augen, pockennarbige Haut. Das haben die alle" (ebd.: 0,34). Konkrete Verdachtsmomente, dass Frascetti etwas mit dem Verschwinden Volker Krauses zu tun hat, gibt es nicht. Es reicht für Tarzan aus, dass sich Volker oft in dem Restaurant aufhält, dort auch schon Wein getrunken hat und Frascetti unter finanziellen Schwierigkeiten leidet. Tarzan vertritt bereits vor dem Besuch der Trattoria die These: „Die Mafia könnte dahinter stecken" (ebd.: 2/3,51).[6] Am Ende stellt sich allerdings heraus, und das ist eine äußerste Ausnahme[7], dass Frascetti nichts mit der Entführung zu tun hatte – und das ganz ohne weitere Erläuterung oder Relativierung. Allein aufgrund der Stigmatisierung zu Beginn kommt es zu einer Diskriminierung und einer Vorverurteilung. Es wird die Botschaft vermittelt: Italienische Restaurant-Besitzer sind grundsätzlich kriminell und haben etwas mit der Mafia zu tun.

Insgesamt handelt es sich in den meisten Fällen um ein Zusammenspiel zwischen den drei Kategorien „Ablehnung von Figuren aus dem nicht-bürgerlichen Umfeld", „Ablehnung von Figuren, die legale oder illegale Drogen konsumieren" und „Ablehnung von Figuren mit einem ‚anderen' Aussehen". Zusammengefasst kann gesagt werden: soziale Gruppenzugehörigkeit, soziales Verhalten und ‚anderes' Aussehen ergeben im „TKKG"-Universum das klare Bild eines Verbrechers. Wer einer Rocker-Gruppe angehört oder Bier trinkt, hat in den meisten Fällen auch einen äußerlichen Makel, der das vorurteilsbehaftete Gesamtbild unterstützt. Eine solche Figur hat in der Denkweise der TKKG-Bande genügend kriminelle Energie und kommt ohne weitere Überprüfung als Verdächtiger in Frage. In den allermeisten Fällen hat er das strafbare Vergehen dann auch begangen.

6 Ironischerweise sagt Tarzan später zu Karl, als dieser erwähnt, dass Frascetti Mitglied der Mafia sein könnte: „Spekulieren führt zu nichts." (Wolf 2003b: 3/1,18)

7 Hier muss Baeck und Beeck widersprochen werden. Sie schreiben, dass die vier Ermittler mit ihren Spekulationen „ausnahmslos immer" (Baeck/Beeck 2007: 76) richtig liegen.

Das „TKKG"-Universum – eine Welt in ‚schwarz' und ‚weiß'

Die Verbrecher in der „TKKG"-Welt sind bis auf wenige Ausnahmen brutal, skrupellos, gefühlskalt und unreflektiert gezeichnet. Mit Aussagen über die Polizei wie „Die sind strohdumm" (Wolf 2003j: 2/1,15) aus Folge 15, „Ufos in Bad Finkenstein" (1981), oder „Ach, was soll uns denn passieren? Uns erwischt niemand" (Wolf 2003a: 8/1,32) aus der 1. Folge, „Die Jagd nach den Millionendieben", wird den Hörerinnen und Hörern suggeriert, dass es sich um keine Superverbrecher handelt, die Schritt für Schritt ihre Taten planen und alle Eventualitäten in ihre Überlegungen einbeziehen – sie sehen auch in den jugendlichen Ermittlern zu keinem Zeitpunkt eine Gefahr. Die meisten Kriminellen handeln zudem egoistisch. Ein Beispiel dafür findet sich in Folge 16, „X7 antwortet nicht" (1981). Am Ende sagt der Verbrecher über seine Freundin, die er als Lockvogel für einen Überfall einsetzte: „Die Frau ist mir schnuppe, mich interessiert nur das Geld" (Wolf 2004a: 8/3,56).

Im „TKKG"-Universum wird eine klare Grenze zwischen ‚gut' und ‚böse' gezogen. Es existieren nur sehr wenige Figuren, die nicht in diese Schwarz-Weiß-Schablone passen. In den Hörspielen wird dies dem Hörer und der Hörerin nicht nur durch die Kommentare des Erzählers oder durch die Etikettierungen und Stigmatisierungen der TKKG-Bande deutlich gemacht, sondern bereits nach dem ersten Auftritt einer Figur kann im Regelfall gesagt werden, ob diese positiv oder negativ gezeichnet ist. Die Verdächtigen werden mit einer rauen Stimme eingeführt, sie sind unfreundlich und aggressiv und es ist nicht selten der Fall, dass direkt in den ersten Sätzen eine Beleidigung ausgesprochen wird. Gerade die aus heutiger Sicht unzeitgemäß wirkende Bezeichnung „Lümmel" ist dabei sehr beliebt.

Positive Nebenfiguren hingegen sprechen meistens ruhig und wirken eher zurückhaltend. Die Rollen sind also schon sehr früh verteilt und werden immer wieder reproduziert. Die Figuren im „TKKG"-Kosmos sind somit keine komplexen Charaktere, sondern werden auf ein paar wenige Merkmale reduziert und sind zudem vollgepackt mit Vorurteilen und Klischees. Auf die Frage nach der häufigen Verwendung von Klischees verteidigt sich der Autor Stefan Wolf: „Das gehört einfach dazu, und irgendwie ist an Klischees ja auch immer etwas Wahres dran, oder?" (zit. nach Sarkar 2005).

Der jugendliche Gesetzeshüter-Nachwuchs benötigt in den meisten Fällen keine konkreten oder objektiven Verdachtsmomente, um Figuren einen kriminellen Akt zu unterstellen. Die negativen Zuschreibungen, also die Etikettierungen oder Stigmatisierungen, erfolgen vor allem gegenüber Figuren, die einer anderen nicht-bürgerlichen sozialen Gruppe angehören, ein anderes soziales Verhalten an den Tag legen oder anhand von äußerlichen Merkmalen. In den meisten Fällen ist es ein Zusammenspiel dieser drei Kategorien. Durch die negativen Zuschreibungen werden rassistische und soziale Vorurteile innerhalb der Serie überdeutlich und diese werden immer wieder reproduziert. Das liegt auch darin begründet, dass sich die vier Hauptfiguren innerhalb der Serie nicht weiterentwickeln und auf ein paar wenige markante Merkmale reduziert sind. Dadurch sind die sozialen Regeln und Werte der TKKG-Freunde, auf die sie sich explizit oder implizit beziehen, nicht verhandelbar.

Die Fälle der TKKG-Bande stellen für Stefan Wolf nur einen Vorwand dar, um sein pädagogisches Anliegen auszubreiten (vgl. Baeck/Beeck 2007: 72ff.). In der „TKKG"-Reihe wird ein erzkonservatives Weltbild gezeichnet, das mit ein wenig konstruierter Spannung kombiniert wird. Stefan Wolf bestätigt diese Haltung gar, in einem Interview äußert er sich zu seiner Serie und geht dabei auf eigene Beweggründe ein:

> Heute besteht mein Publikum aus überwiegend jungen Menschen, und ich gebe mir schon große Mühe, meine Philosophie rüberzubringen. Und diese Philosophie enthält auch die Erhaltung tradierter Werte, ohne die wir in dieser Gesellschaft nicht auskommen. Natürlich ist vieles von früher überflüssig und kann verworfen werden, aber bestimmte ethische und moralische Maßstäbe müssen wir aufrechterhalten und ausbauen. (Zit. nach Sarkar 2005)

Später führt er aus:

> Sehen Sie, was den Krimi, die Detektivgeschichte oder auch den Thriller ausmacht, ist ja eigentlich, dass der Mensch an sich immer nach Ordnung und Frieden strebt; dann fühlt er sich geborgen in dieser Welt. Wenn diese Ordnung dann allerdings von einem Verbrechen gestört wird, entsteht Angst, und wir sehen, dass das Böse einen großen Platz in dieser Welt einnimmt, und wir es eben nicht immer erfolgreich bekämpfen können. In der Literatur aber haben Sie es als Autor in der Hand, wie die Geschichte endet, sie können das Böse bekämpfen und die geliebte Ordnung wiederherstellen. (Ebd.)

In der „TKKG"-Reihe siegt am Ende immer das Gute. Die Verbrecher werden Dank Tarzan, Karl, Klößchen und Gaby in die Hände der Staatsmacht übergeben. Die Gefahr für das eigene soziale Umfeld, für die eigene soziale Gruppe kann abgewendet werden und die eigenen sozialen Werte und Normen haben weiterhin Bestand. Es kann natürlich als Gegenargument verbucht werden, dass die Serie einer klassischen Krimi-Logik und klassischen Krimi-Motiven folgt und ein solches Vorgehen daher legitim und gängig ist. Das steht allerdings in keinem Verhältnis dazu, mit welchem Nachdruck hier Verbrecher negativ beschrieben und dargestellt werden, wodurch oftmals der Kriminalfall selbst nebensächlich wird.

Stefan Wolf möchte, dass sich die jugendlichen Rezipienten mit den vier Hauptfiguren identifizieren, er möchte eine Wirkung bei ihnen erzielen, diese erziehen, denn die TKKG-Charaktere stellen sein Idealbild der Jugend dar (vgl. ebd.). Auf diesem Weg werden seine pädagogischen Anliegen vermittelt, die einerseits konsensfähige Werte und Normen wie Freundschaft, Gerechtigkeit und vernünftiges Handeln beinhalten, aber andererseits voller rassistischer und sozialer Vorurteile stecken und Klischeebilder bedienen. Wolf unterschätzt damit den kindlichen und jugendlichen Zuhörer und die Zuhörerin, traut ihm und ihr keine Reflexionsfähigkeit zu und vermittelt ein viel zu undifferenziertes und ebenso falsches Bild der Welt, in der es nur Gut und Böse, Schwarz und Weiß zu geben scheint – und nichts dazwischen.

Hörspiele

Wolf, Stefan (2003a/1981): Die Jagd nach den Millionendieben. Hörspielbearbeitung von H.G. Francis. Europa.
Wolf, Stefan (2003b/1981): Der blinde Hellseher. Hörspielbearbeitung von H.G. Francis. Europa.
Wolf, Stefan (2003c/1981): Das Paket mit dem Totenkopf. Hörspielbearbeitung von H.G. Francis. Europa.
Wolf, Stefan (2003d/1981): Das Phantom auf dem Feuerstuhl. Hörspielbearbeitung von H.G. Francis. Europa.
Wolf, Stefan (2003e/1981): Angst in der 9a. Hörspielbearbeitung von H.G. Francis. Europa.
Wolf, Stefan (2003f/1981): Rätsel um die alte Villa. Hörspielbearbeitung von H.G. Francis. Europa.
Wolf, Stefan (2003g/1982): Alarm im Zirkus Sarani. Hörspielbearbeitung von H.G. Francis. Europa.
Wolf, Stefan (2003h/1982): Die Falschmünzer vom Mäuseweg. Hörspielbearbeitung von H.G. Francis. Europa.
Wolf, Stefan (2003i/1981): Der Schlangenmensch. Hörspielbearbeitung von H.G. Francis. Europa.
Wolf, Stefan (2003j/1981): Ufos in Bad Finkenstein. Hörspielbearbeitung von H.G. Francis. Europa.
Wolf, Stefan (2004a/1981): X7 antwortet nicht. Hörspielbearbeitung von H.G. Francis. Europa.
Wolf, Stefan (2004b/1982): Die Doppelgängerin. Hörspielbearbeitung von H.G. Francis. Europa.
Wolf, Stefan (2004c/1982): Der Schatz in der Drachenhöhle. Hörspielbearbeitung von H.G. Francis. Europa.

Literatur

Baeck, Jean-Philipp/Beeck, Volker (2007): Mit Judo gegen Vodka Bruno, Miethai Zinse und Dr. Mubase. In: Kittkritik (Hrsg.): Deutschlandwunder. Wunsch und Wahn in der postnazistischen Kultur. Mainz: Ventil, S. 70–87.

Becker, Howard Saul (2014): Außenseiter. Zur Soziologie abweichenden Verhaltens. 2. Aufl. Hrsg. v. Michael Dellwing unter Mitarbeit v. Viola Abermeit. Übers. v. Monika Plessner. Heidelberg: Springer.

Gibbs, Jack P. (1975): Alte und neue Konzeptionen abweichenden Verhaltens. In: Stallberg, F. W. (Hrsg.): Abweichung und Kriminalität. Hamburg: Hoffmann und Campe, S. 101–112.

Goffman, Erving (1975): Stigma – über Techniken der Bewältigung beschädigter Identität. Frankfurt/Main: Suhrkamp.

Günther, Nicola Ira Liane (2014): 25 Jahre 13: Konstanz und Wandel stereotyper Rollenbilder über Jugendliche; das Beispiel *TKKG*. Göttingen: Debux.

Lombroso, Cesare (1894): Der Verbrecher (homo delinquens) in anthropologischer, ärztlicher und juristischer Beziehung. Übers. v. M. O. Fraenkel. Hamburg: Verlagsanstalt u. Druckerei A.-G.

Peters, Helge (1995): Devianz und soziale Kontrolle. 2. Aufl. Weinheim: Juventus.

Pfeiffer, Dietmar K./Scheerer, Sebastian (1979): Kriminalsoziologie. Eine Einführung in Theorien und Themen. Stuttgart: Kohlhammer.

Sarkar, David (2005): Man muss der Jugend zeigen, dass das Leben viel schöner ist, wenn man mit offenen Augen durch die Welt geht. Interview mit Stefan Wolf. http://www.planet-interview.de/interviews/stefan-wolf/34059/ [Zugriff: 22.06.2015].

„Here your child can be a hero, too“

Konstruktionen hegemonialer Männlichkeit in den Hörspielen von „Masters of the Universe“

Miriam Trzeciak

He-Man stellt ein beachtenswertes Beispiel für Produktentwicklung und Marketing von geschlechtsspezifischem Spielzeug dar, wie es nicht nur in den 1980er Jahren, sondern auch aktuell in den Spielzeugregalen zu finden ist. Bereits der Name des Protagonisten und Superhelden, He-Man, der mit der ‚richtige' oder der ‚authentische' Mann übersetzt werden kann, kündigt das zentral verhandelte Thema in „Masters of the Universe" an. Mit Slogans wie „Here your child can be a hero, too. He can be brave and just." (Boucher 2012) warb der Spielzeughersteller Mattel in den 1980er Jahren bei den Eltern der männlichen Kinderzielgruppe dafür, dass das Spiel mit den Superhelden auf dem Planeten Eternia nicht nur die Phantasie und Kreativität, sondern auch die männliche Geschlechtersozialisation der Kinder fördere.

Die muskelbepackten Fantasy-Figuren aus Plastik und das entsprechende Zubehör wie Miniaturgebäude, Aufkleber, Comics, Videokassetten und Hörspiele bevölkerten Millionen Kinderzimmer auf der ganzen Welt. Insgesamt erwirtschaftete das US-amerikanische Unternehmen Mattel 1,2 Milliarden Dollar mit dem Verkauf des Action-Spielzeugs. „Masters of the Universe" gehört damit in kommerzieller Hinsicht zu den erfolgreichsten Serien von Action-Spielzeug für Jungen und männliche Jugendliche und genießt als Teil (westlicher) Popkultur mittlerweile Kult-Status.[1] Allein in Deutschland hat Mattel bis 1987 mehr als 10 Millionen Action-Figuren aus der „Masters"-Serie verkauft. Statistisch gesehen besaß damit Ende der 1980er Jahre jeder dritte Junge in der BRD mindestens eine He-Man-Figur (vgl. Fuchs 2001: 19).

He-Man steht stellvertretend für die Umstrittenheit von Action-Spielzeug und die Debatte um Gewalt und Kriegsspielzeug im Kinderzimmer. Das auf körperlichem Kräftemessen, Kampf und Krieg, Gewaltverherrlichung, hochstilisierter muskulöser Körperlichkeit und überzogenen Geschlechterrepräsentationen (v.a. hinsichtlich der Männlichkeit) fußende Konzept von „Masters

1 Während He-Man und seine Action-Kumpanen v.a. Jungen bzw. männliche Jugendliche ansprechen sollten, entwickelte Mattel mit der Phantasiewelt She-Ra eine Serie, die sich speziell an Mädchen richtete.

of the Universe" stellte den Ausgangspunkt einer pädagogischen Kontroverse darüber dar, inwiefern das auf einem vereinfachenden, linearen Weltbild von ‚Gut' und ‚Böse' bezogene Kinderspielzeug bei den jugendlichen Rezipienten Gewalt fördere. Eltern, Erziehungswissenschaftler_innen und Publizist_innen diskutierten, ob der Einsatz des Spielzeugs für die Entwicklung des Kindes sinnvoll sei bzw. ob es gerade aufgrund seiner starken Verbreitung in den Kinderzimmern aus pädagogischen Kontexten verbannt werden müsse (vgl. z.B. *Rittelmeyer* 2007). So sind die auf Kampf und Kräftemessen basierenden Masters of the Universe nicht nur in physischer Hinsicht äußerst gewaltvoll – die Figuren werden hauptsächlich über ihre für den Kampf nützlichen Eigenschaft definiert (vgl. Fuchs 2001: 16) –, auch basieren Handlung und Figurenkonstellation von He-Man auf heteronormativen, vergeschlechtlichenden und rassistischen Repräsentationen und Mechanismen des „Othering".

Unter „Othering" werden in der postkolonialen Theorie (in Anlehnung an Edward Said und Gayatri C. Spivak) Prozesse des „Different-Machens" (Castro Varela/Dhawan 2005: 60) und des darüber erfolgenden Ausschlusses von (kulturell) konstruierten Gruppen verstanden, über die sich eine hegemonial-positionierte Gruppe konstituieren kann. Insbesondere die als nicht oder weniger männlich und nicht-*weiß*[2] herausgestellten Figuren werden in der Gegenüberstellung zu He-Man als strukturell unterlegen und weniger potent dargestellt. Die australische Soziologin Raewyn Connell (2015) hat in ihrem eliten- und hegemonietheoretischen Ansatz der „hegemonialen Männlichkeit" die gesellschaftlichen Positionen von verschiedenen Männlichkeiten (und Weiblichkeiten) zueinander analysiert und die verschiedenen Mechanismen der Erhaltung hegemonialer patriarchaler Situationen herausgearbeitet.

Im Folgenden möchte ich mich in die Phantasiewelt Eternia begeben und die „Masters of the Universe"-Hörspiele aus einer Perspektive der „kritischen Männlichkeitsforschung" (vgl. Connell 2013, 2015; Meuser 2010) ‚gegen den Strich' hören. Nachdem ich zunächst in die Konzeption des Hörspiels einführe, das auf einer Vermarktungsstrategie von Mattel für die Bewerbung der „Masters of the Universe"-Reihe basiert, gehe ich auf Dramaturgie und zentrale Figuren der Handlung ein. Im Anschluss werden diese hinsichtlich der Männlichkeitskonstruktionen und -arrangements beleuchtet. Dabei werde ich auf das von Connell eingebrachte Konzept der hegemonialen Männlichkeit zurückgreifen, um die vergeschlechtlichten Repräsentationen von Männlichkeiten im Hinblick auf die Figurenkonstellation zu analysieren.

2 In Anlehnung an die Debatten zur Kritischen Weißseinsforschung wird *weiß* kursiv gesetzt, um darüber den Konstruktionscharakter von Rassialisierungen kenntlich zu machen (vgl. Eggers et al. 2009: 13).

Vermarktungsgeschichte von „Masters of the Universe"

Der Spielzeugkonzern Mattel plante Anfang der 1980er Jahre die Produktion eines Action-Medienverbundes. Durch die Kombination verschiedener, gegenseitig aufeinander verweisender Einzelmedien sollten besondere Vermarktungseffekte angestoßen werden.[3] Die angesprochene Konsument_innengruppe, Kinder und Jugendliche im Alter von 5–12 Jahren, fand damals in der Verpackung der Figuren Hinweise auf Hörspielkassetten, Zeichentrickfilme und Comic-Hefte. In einem ersten Konzept sollte in Anlehnung an den Film „Conan der Barbar" (1982), für den Mattel eine Lizenz erworben hatte, eine Action-Reihe entwickelt werden (vgl. Sweet 2005: 77). Da der Film jedoch eine Altersfreigabe ab 16 Jahren hatte, entschied sich Mattel nach Marktanalysen für ein Format, das sich auch an jüngere Jugendliche und Kinder richtete. Um kommerziell besonders erfolgreich zu sein, wurden in „Masters of the Universe" Elemente aus den Bereichen Fantasy und Zauberei, die durch die Science-Fiction-Filmreihe „Star Wars" populär geworden waren, mit der Heldensaga von Conan kombiniert. Übernommen von Conan, der im Film von Arnold Schwarzenegger gespielt wurde, florierte im Kontext des aufkommenden Bodybuilder-Kults Anfang der 1980er Jahre zudem das veränderte Bild von männlicher Körperlichkeit. Die unter dem Einsatz von Steroiden neu generierten Körperinszenierungen hielten in die Spielzeugwelt Eternia Einzug. Zuvor hatten männliche Spielzeugfiguren, z.B. bei „Star Wars", weniger muskulös ausgesehen und ab den 1990er Jahren wurden die Körper von Spielzeugfiguren wieder wesentlich schmaler gestaltet (vgl. Winter 2005: 3). Die „Masters of the Universe"-Figuren stellten letztendlich eine Mischung aus barbarischen Ritter-Bodybuildern mit futuristischen Science-Fiction-Waffen dar (vgl. Kringiel 2012).

„Masters of the Universe" erschien 1982 in den USA, in der BRD kam He-Man 1984 auf den Markt. Die eigens für den deutschsprachigen Kontext vom Hörspielkonzern Europa produzierten Kassetten, bei denen H. G. Francis das Drehbuch schrieb und Heikedine Körting Regie führte, waren ab 1988 erhältlich. Insgesamt wurden 38 Folgen à 45 Minuten sowie eine 30-minütige Sonderfolge veröffentlicht. Die Konzeption der Hörspiele basierte auf der Vermarktung der Figuren und weiterer Produkte von „Masters of the Universe". So enthielten die Hörspielehüllen von „Masters of the Universe" Werbematerialien, die die Produkte der „Masters"-Reihe bewarben (siehe Abbildung 1, Mattel Inc. 1984), außerdem wurden in den einzelnen Folgen immer neue Charaktere aus der Produktreihe vorgestellt. Jede der Spielzeugfiguren wies eine besondere, auf den Kampf ausgerichtete Eigenschaft bzw. ein Action-

3 Bekannte Beispiele sind neben „Masters of the Universe" „Transformers", „Power Rangers" oder „Pokémon".

Feature auf.[4] Zwar war die Handlung der Hörspiele inhaltlich auf die US-Serie bezogen, jedoch wichen Sprecher_innenstimmen und Handlungsstränge in Teilen von dieser ab (vgl. Pannor 2011). Die Hörspielserie der „Masters of the Universe" war in Deutschland so erfolgreich, dass die ersten beiden Folgen mit einer Goldenen Schallplatte ausgezeichnet wurden – von diesen Episoden verkauften sich über 250.000 Kassetten.

Abbildung 1: Mattel Inc. 1984

Die Phantasiewelt Eternia: Schauplatz des Kampfes zwischen ‚Gut' und ‚Böse'

Auf dem fiktiven Planeten Eternia gibt es einen permanenten Kampf zwischen den Lagern des ‚Guten' und des ‚Bösen' um die Herrschaft und die Position des Mächtigsten. Die auf der ‚guten' Seite stehenden Figuren befinden sich, angeführt von He-Man, in einem ständigen Kampf mit Skeletor, dem „Dämon des Bösen" (Francis 1985: 43) und seinen Anhänger_innen. Die Gesellschaftsform auf Eternia ist einer idealisierten mittelalterlichen Ritterwelt nachempfun-

4 Die spezifischen kriegerischen Fähigkeiten und auch die Positionierung der einzelnen Charaktere werden über die Namensgebung deutlich, so z.B. Ram-Man, Rockon oder Moos-Man auf der ‚guten' Seite, und auf der Seite des ‚Bösen' Beast Man, Webstor, Stinkor oder Trap Jaw. Zur Übersicht siehe die Fotostrecke von Kringiel 2012.

den. In der angedeuteten Monarchie herrscht ein König in feudaler Ordnung über den Planeten Eternia. Auf der im Zentrum der Erzählung stehenden Burg Grayskull (und in den späteren Folgen im Königspalast) lebt die königliche Familie, der He-Mans Alter Ego Prinz Adam angehört. Futuristische Elemente und Technologien wie Raumschiffe oder Laserkanonen sowie fantastische Momente von Zauberei sollen die Handlung um spannende Momente ergänzen. Insgesamt sind Szenario und Charaktere auf die in jeder Folge stattfindende kriegerische Auseinandersetzung mit der nach Macht strebenden ‚bösen' Seite ausgerichtet.

Die Handlung der Hörspiele verläuft stets nach einem ähnlichen Schema: Das Leben auf Eternia wird zu Beginn jeder Folge als harmonisch dargestellt, bis Skeletor den Frieden auf dem Planeten bedroht. Um „der Herr über Eternia" (Francis 1986b: 6,21) zu werden, bedient sich Skeletor böser Magie oder moralisch fragwürdiger wissenschaftlicher Experimente und Technologien. Ist der Höhepunkt der Spannungsentwicklung erreicht, droht der Sieg Skeletors. Letztendlich gewinnen jedoch stets die Masters of the Universe mit der Hilfe von He-Man in einer obligatorischen Kampfszene die Oberhand zurück. Der Spannungsbogen ist musikalisch mit einem von Carsten Bohn komponierten Soundtrack so unterlegt, dass die einzelnen Phasen der Erzählung und die wichtigen Charaktere mit eigenen Leitmotiven begleitet werden. Für die Zuhörenden liegt die Spannung in jeder Folge darin, wer am Ende der Master of the Universe sein wird. Die Hörenden können sich so mit den Held_innen der Serie identifizieren und die Geschichten mit dem entsprechenden Zubehör zu Hause nachspielen.

Die Figuren

Da die Hörspiele auf der Vermarktung des Spielzeuges basierten, erfolgt zunächst eine kurze Beschreibung der Plastik-Figuren. Alle Figuren weisen am ganzen Körper übersteigerte Muskelproportionen auf (vgl. Winter 2005: 3). Bis ins Absurde überzogen sind die schmalen Taillen und hypermaskulinen Oberkörper und Oberarme bei allen männlichen Figuren. Auch die weiblichen Figuren fallen durch muskulöse Bodybuilder-Körper auf. Darüber hinaus nehmen die Figuren eine kampfbereite Grundposition ein. Durch eine Feder im Bereich der Hüfte können sie bei einer Drehung eine Kampfbewegung ausführen. Neben den Gemeinsamkeiten hinsichtlich der Körperstatur lassen sich die Figuren der Seite des ‚Guten' bzw. ‚Bösen' äußerlich zuordnen. Während die sogenannten ‚guten' Figuren in der Mehrzahl als Menschen und teilweise auch Hybride aus Menschen, edlen Tieren (wie z.B. Adlern) oder Cyborgs mit Hightech-Elementen verkörpert sind, ist ein Großteil der auf der ‚bösen' Seite positionierten Figuren als Mensch-Skelett oder Mensch-Tier-Hybride dargestellt. Eine Entmenschlichung und Abwertung dieser geschieht zudem mittels Insekten- bzw. Ungeziefer-Attributen, dem Besitz defekter oder primitiver Waffen oder anhand bestialischer Eigenschaften (wie Körpergeruch oder Körperbehaarung). Dies wird auch über die Gestaltung der Extremitäten deutlich. Die ‚guten' Figuren besitzen als menschlich identifizierbare Gliedmaßen bzw. festes Schuhwerk, die der ‚bösen' Seite zugeordneten Figuren sind zum Teil barfuß und/oder mit Krallen, Flossen oder reptilartigen Gliedmaßen ausgestattet. Auffallend ist zudem, dass die ‚guten' Figuren mit einer Ausnahme einem *weißen* Phänotyp entsprechen, während ein Großteil der bösen Figuren als nicht-*weiß*, nicht-menschlich bzw. tierisch dargestellt ist.

He-Man, die Hauptfigur der Serie, ist von *weiß*-kaukasischem Phänotyp mit blonden Haaren und einem an Ritterfiguren erinnernden Pagenschnitt. In der sozialen Ordnung nimmt er eine hohe gesellschaftliche Position ein. Er entstammt dem Adel der Monarchie des Planeten Eternia. Als Ausdruck seiner Macht besitzt He-Man ein mächtiges Zauberschwert, darüber hinaus jedoch – im Gegensatz zu anderen Superhelden – keine übermenschlichen Fähigkeiten. Wenn er in der Rolle des Prinz Adam das Zauberschwert hebt und den Spruch „Bei der Macht von Grayskull. Ich habe die Zauberkraft" ausspricht, verwandelt er sich von dem als weinerlich und sexuell an Frauen nicht interessiert beschriebenen Prinzen Adam zum furchtlosen heterosexuellen He-Man. Begleitet wird He-Man von seinem Kampf-Tiger Battle-Cat, auf dem er reiten kann und der mit der Katze Cringer ebenfalls ein Alter Ego hat. He-Man wird als körperlich, intellektuell und moralisch überlegen dargestellt. Mit diesen Eigenschaften nimmt er konstant die Position des Super-Helden ein. Adam ist als das genaue Gegenteil von He-Man angelegt. Um nicht mit He-Man in Verbindung gebracht zu werden, interessiert er sich für klassische Musik, liest Bücher, züchtet Rosen im Schlossgarten und benutzt sein Schwert nur selten. Cringer, der Schmusekater, ist in Analogie zu Adams Charaktereigenschaften hedonistisch und ängstlich.

Orko, der verkindlichte Zauberer, der vom Planeten Trolla nach Eternia migriert ist, ist von kleiner Gestalt und schwebt. Er trägt einen roten Umhang und sein Gesicht ist durch eine Kapuze verhüllt. Orko gehört zu He-Mans Freund_innen und ist Teil der königlichen Familie. Auf Trolla war Orko einst ein mächtiger Zauberer. Fernab von seinem Herkunftsort jedoch hat die Stärke seiner Zauberkraft nachgelassen, weswegen seine Zaubersprüche regelmäßig misslingen. Sein permanentes Scheitern stellt in jeder Folge das auflockernde Moment des Hörspiels dar.

Teela, die Tochter des Waffenmeisters Man-At-Arms und der Zauberin von Castle Grayskull, wird in den ersten Folgen als die Herrscherin von Eternia beschrieben und ist in späteren Folgen die Anführerin der königlichen Truppen. Teela ist *weiß* und hat rotbraune Haare. Sie ist eine Soldatin mit militärischer Führungsposition und zugleich auch technisch versiert. So hilft sie Man-At-Arms bei der Entwicklung neuester Technologien. Sie schwärmt für He-Man, weiß allerdings nichts von seiner Doppelidentität. Den Prinzen Adam lehnt sie als feige und unmännlich ab. Teela ist eine von nur drei weiblichen Figuren im Hörspiel. Neben ihr existiert außerdem die auf der Seite des ‚Bösen' stehende Evil-Lyn sowie die Zauberin Zoar, Teelas Mutter, die jedoch eine Hybride aus Mensch und Adler ist.

Skeletor, der „Herr des Bösen" (Francis 1985: 0,29), führt eine Reihe von ‚bösen' Gegenfiguren an, die ihm beim Kampf gegen He-Man behilflich sind. Wie sein Name andeutet, ist er ein Skelett mit blauer Hautfarbe. Für sein Ziel, der „mächtigste Gigant des Universums" (Francis 1985: 2,40) zu werden, ist ihm jedes Mittel recht. Besonders beliebt sind Methoden okkulter Magie oder unmoralische wissenschaftliche Experimente, deren Folgen Skeletor nicht einschätzen kann.

Das Konzept der hegemonialen Männlichkeit

Mitte der 1980er Jahre wendete sich die feministische Geschlechterforschung verstärkt der bis dahin vernachlässigten gesellschaftlichen Position von Männern und Jungen zu.[5] In ihrem vielfach rezipierten Aufsatz „Toward a new Sociology of Masculinity" (1996 [1985]) übten Tim Carrigan, Raewyn Connell und John Lee Kritik an der abstrakten und starren Männerforschung in der westlichen Soziologie seit den 1950er Jahren, die in der Analyse von Gewalt(beziehungen) und materieller Ungleichheit zu kurz griff. Carrigan et al. plädierten dafür, Männer nicht zu einer homogenen Kategorie zu verkürzen, sondern verschiedene, spezifische Formen von Männlichkeit in ihrem historischen Gewordensein und ihrer Veränderungsdynamik zu analysieren. Das patriarchale Geschlechterverhältnis ist nicht weiter als universales Merkmal der Herrschaft von Männern über Frauen zu verstehen, sondern „männliche Herrschaft vielmehr ein dynamisches System, das über die Geschlechterbeziehungen unter wechselnden Bedingungen ständig reproduziert und neu konstituiert wird" (Wedgwood/Connell 2010: 1). Diese Kritik wurde u. a. von Connell im Ansatz der „hegemonialen Männlichkeit" ausgearbeitet (vgl. Connell 2015).

Das Konzept der „hegemonialen Männlichkeit" untersucht das patriarchale Geschlechterverhältnis in westlichen Gesellschaften mit dem Konzept der Hegemonie von Gramsci. Als Hegemonie beschreibt Gramsci eine spezifische Art der Machtausübung, mit welcher eine bestimmte Gruppe innerhalb einer Gesellschaft die Herrschaft übernimmt und behält. Übertragen auf das Geschlechterverhältnis bedeutet Hegemonie nach Connell (2015: 130) „die

5 Zuvor wurde Geschlecht insbesondere mit der Analyse von weiblichen Lebenswelten und der strukturellen Situation von ‚Frauen' verbunden. Zur Genese der Männlichkeitsforschung siehe Connell 2012.

Konfiguration geschlechtsbezogener Praxis", die eine temporäre Akzeptanz des Patriarchates verkörpere und dadurch die Dominanz bestimmter Gruppen von Männern sowie die Unterordnung der Frauen darunter legitimiere. Diese herrschaftliche Systematik bündelt unterschiedliche Subjektpositionen zu einer fiktiven Einheit, die männliche Souveränität gegenüber untergeordneten Männern und Frauen auf sozioökonomischer und symbolischer Ebene repräsentiert (vgl. Kaltenecker 2002: 174). Hegemoniale Männlichkeit bezeichnet somit „jene Form von Männlichkeit, die in einer gegebenen Struktur des Geschlechterverhältnisses die bestimmende Position einnimmt, eine Position allerdings, die jederzeit in Frage gestellt werden kann" (Connell 2015: 130). Männlichkeit(en) sind damit nicht starre, unveränderliche Kategorien, sondern in spezifischen Kontexten gewachsen und stets umkämpft. Sie müssen verteidigt und können jederzeit herausgefordert werden.

Connell unterscheidet neben der hegemonialen Männlichkeit drei weitere Typen von Männlichkeit, die relational zueinander stehen: Unterordnung, Komplizenschaft und Marginalisierung. Innerhalb der kulturellen Dominanz der Hegemonie gibt es spezifische Geschlechterbeziehungen von Dominanz und Unterordnung, die die hegemoniale Männlichkeit stabilisieren. Als eine Strategie der Unterdrückung nennt Connell die der Verweiblichung bzw. das Assoziieren bestimmter Männlichkeiten mit Weiblichkeiten aus der Logik der Hegemonie. Hierbei müssen untergeordnete Männlichkeiten nicht einer bestimmten Gruppe angehören. Subordiniert werden können auch einzelne Praktiken von Männern, die der eigentlichen hegemonialen Gruppe angehören. Diese Verweiblichung kann z.B. symbolisch durch ‚hate speech' (Hassrede) und die Verwendung von Schmäh- und Schimpfwörtern ausgedrückt werden. Als auffallendstes Beispiel für die Unterordnung von Männlichkeiten in heutigen westlichen Gesellschaften nennt Connell die Dominanz von heterosexueller Männlichkeit, wobei schwule Männlichkeiten durch Strategien wie kulturellen und politischen Ausschluss, Gewalt und Diskriminierung an die unterste Stelle der männlichen Geschlechterhierarchie rutschen.

In der Beziehung der Komplizenschaft zur hegemonialen Männlichkeit stehend, profitieren auch Männlichkeiten von der Hegemonie, die nicht in vorderster Front des Patriarchats stehen, denn die patriarchale Ordnung bringt ihnen allgemeine Vorteile gegenüber Weiblichkeiten und in der Hierarchie schlechter gestellter Männlichkeiten. Neben der Unterordnung durch Verweiblichung stellen Verflechtungen mit anderen Strukturen wie class oder race in der Dynamik von hegemonialer und untergeordneter Männlichkeit Strategien der Marginalisierung und Abwertung dar.

Hegemoniale Männlichkeit auf Eternia

„Masters of the Universe“ ist bezüglich der Figurenkonstellation eine Männerwelt. Unter den vierzig Figuren gibt es mit Teela auf der Seite des ‚Guten‘ und Evil-Lyn auf der Seite des ‚Bösen‘ nur zwei weibliche Mastress mit relevanten Sprechrollen. An der Spitze der Hierarchie steht He-Man, der im Hörspiel an vielen Stellen mit Superlativen wie der „Stärkste der Starken“ (exemplarisch Francis 1984a: 7,27; Francis 1984b: 1,33) vorgestellt wird. Der Besitz des Zauberschwertes symbolisiert seine männliche Stärke und Herrschaftsposition. So verwandelt sich der in der Handlung als Verlierer und „verweiblichter Feigling“ (Francis 1984a: 7,43) herausgestellte unmännliche und asexuelle Adam in der Schlüsselszene jeder Folge durch den performativen Sprechakt „Bei der Macht von Grayskull. Ich habe die Zauberkraft“ (exemplarisch Francis 1985: 6,49) in He-Man. Indem er das Stahlschwert phallusartig in die Luft streckt, wird Adam zum wirklichen Mann, dessen hypermaskuliner Körper und Kämpfer-Identität durch seine spärliche Bekleidung, die lediglich aus einem Harnisch, Fell-Stiefeln und einem roten Fell-Slip mit breitem Gürtel besteht, unterstrichen wird. Charakterlich wird er als freundschaftlich, rücksichtsvoll, nachsichtig und um das Wohl seines Gegenübers besorgt dargestellt (vgl. Winter 2005: 7f.). Als Mitglied der Monarchie ist er den anderen Figuren nicht nur körperlich und hinsichtlich seiner sozialen Stellung, sondern auch intellektuell und moralisch überlegen.

Seine Position der hegemonialen Männlichkeit wird in den Hörspielen über die Relationen der Unterordnung, Marginalisierung und Komplizenschaft von anderen Männlichkeiten und Weiblichkeiten sowohl auf Seite der ‚Guten‘ als auch gegenüber den ‚Bösen‘ konstruiert.

Folgende Aspekte möchte ich weiter untersuchen:

- Die Unterordnung von anderen Männlichkeiten/Weiblichkeiten auf Seiten der ‚Guten‘ durch Strategien der Verweiblichung (Prinz Adam), Marginalisierung (Orko) oder Subordination über Unwissen (Teela)
- Die Komplizenschaft der verbündeten Figuren mit der Position He-Mans
- Die Unterordnung der ‚Bösen‘ (v. a. Skeletors) durch rassistische und klassistische Elemente der Stereotypisierung.

Unterordnung anderer Männlichkeiten auf Seiten der ‚Guten‘

Das Alter Ego von He-Man ist geheim, nur drei weitere männliche Figuren auf der Seite des ‚Guten‘ sowie die Zauberin Zoar wissen davon. In der Hörspielserie spielt He-Man den Prinzen Adam als eine Taktik, um nicht erkannt zu werden. Er bedient sich dabei verschiedener Strategien der Verweiblichung und stereotyper Elemente von männlicher Homosexualität bzw. dem sexuellen

Nicht-Interesse an der weiblichen Hauptfigur Teela. In den Dialogen des Hörspiels wird Prinz Adam als feige, verweichlicht und pazifistisch herausgestellt. Seine Andersartigkeit wird insbesondere darüber hergestellt, dass er nicht daran interessiert ist, zu kämpfen. In der Sendung und als Figur trägt Adam bezeichnenderweise ein rosafarbenes T-Shirt und lilafarbene Strumpfhosen.

In fast jeder Folge wird Adam von Teela als weiblich und unmännlich degradiert. Dies wird exemplarisch in Folge 8 (Francis 1984b: 5,35) deutlich, als Teela auf der Suche nach Verstärkung für ein Projekt von Mat-At-Arms den im Park Insekten beobachtenden Adam antrifft und ihm entgegnet: „Du Dummkopf hast nur Blumen und Bienen im Sinn. Ach, es ist hoffnungslos mit dir [...]. Ich suche einen Mann. Du bist leider keiner und wirst auch nie einer sein." An anderer Stelle, in Folge 13 (Francis 1986a: 9,16), unterhalten sich Teela und Adam über ein vom Waffenmeister entwickeltes Roboterpferd. Als Adam entgegnet, es sei „hübsch", reagiert Teela zornig auf sein technologisches Desinteresse: „Was bist du für ein Mann? [...] Ich werde wahnsinnig. Adam, du bist ein Trottel. [...] He-Man ist ein Mann." Im Vergleich mit He-Man stellt Teela heraus, dass sich ein wahrer, ernstzunehmender Mann für Technik zu interessieren habe. Durch Schimpfworte wie „Trottel" und „Dummkopf" wird Adam von Teela ableistisch hinsichtlich seiner körperlich-intellektuellen Möglichkeiten als ungeschickt und einfältig abgewertet. Als (einzige) Frau richtet sie über die (Nicht-)Männlichkeit der Masters. Denn erst dadurch, dass Adam als verweiblicht repräsentiert wird, kann He-Man durch die Verwandlung derart männlich werden. Gleichzeitig wird Teela durch die Rolle der Richterin jedoch permanent abgewertet. Als weibliche Figur auf der Seite des ‚Guten' darf sie von He-Mans Doppelidentität nichts erfahren, denn dies würde seine hier durch Allwissenheit herausgestellte Omnipotenz gefährden. Durch diese unwissende Richterinnenposition wird Teela in vielen Folgen ins Lächerliche gezogen, sodass sich Man-At-Arms, He-Man und Orko über ihr (Fehl-)Urteil amüsieren. Teela wird darüber als nicht-gleichberechtigte Verbündete subordiniert und ist den Männern, obwohl sie ihnen hinsichtlich körperlicher und intellektueller Fähigkeiten nicht nachsteht, symbolisch unterlegen.

Orko, der Trollaner, wird im Hörspiel als freundlicher Fremder vorgestellt, der zwar in die königliche Familie und den Freundeskreis He-Mans integriert ist, jedoch die Welt Eternia nicht versteht und sich oft nach seinem Herkunftsplaneten zurücksehnt. Orko wird an vielen Stellen als geschlechtlich nicht klassifizierbar herausgestellt. Er fällt aus dem Raster der heterosexuellen Matrix (Butler 1991) auf dem Planeten und verursacht *gender trouble*. Orko weigert sich in einigen Dialogen, sich auf die zweigeschlechtliche Ordnung Eternias zu beziehen. So äußert er sich in Folge 19 (Francis 1986c: 2,42) auf die Frage von Teela, welches Geschlecht er denn nun besitze: „Also Fragen stellst du [...]. [Ich bin] ganz einfach ein Trollaner." Als Orko in Folge 9 (Francis 1984d: 14,21) von einer sprechenden Bodenspalte als Mann angerufen wird, lacht er und erklärt He-Man, dass man so etwas einen Trollaner nicht frage.

Trotz der Unklarheit über die Geschlechtsbezeichnung auf Trolla wird Orko im Hörspiel das Pronomen „er“ zugewiesen. Da er jedoch keiner auf Eternia sozial sinnhaften Männlichkeit entspricht, wird er immer wieder als fremd und anders herausgestellt. Das sexuelle Begehren Orkos richtet sich an Trollanerinnen, wie in Folge 1 (Francis 1984a: 10,39) deutlich wird, in der Orko von einem Mädchen auf Trolla schwärmt.

Die Figur Orko spiegelt auch Elemente einer Kastration wider. Seine Impotenz wird dadurch hergeleitet, dass er bedingt durch seine Migration außerhalb seines Wirkungskontextes ist und dadurch nicht mehr über die einst mächtige Zauberkraft verfügt. Seine piepsige, kindliche Stimme und seine naive Art geben den anderen Figuren immer wieder Anlass, sich über ihn lustig zu machen. Dadurch, dass er ständig scheitert, frustriert oder beschämt ist, weil seine Zaubersprüche nicht gelingen, wird er als machtlos dargestellt. Die Konstruktion der untergeordneten Männlichkeit als impotenter Ausländer erfolgt über die Abwertung des Migranten, der seinen Herkunftskontext (freiwillig) verlassen hat. So lautet der Kommentar des Erzählers in Folge 31 (Francis 1987: 6,21) zum Scheitern eines Zaubertricks von Orko auf einem Fest in der Stadt Eternis, infolge dessen der Trollaner von der Menschenmenge ausgelacht wird: „Orko wurde [im Vergleich zu He-Man, Anm. M.T.] mit weniger Beifall bedacht, aber daran war er eigentlich selber schuld.“ Orko nimmt dadurch am königlichen Hof die Position eines Hofnarren ein. Zwar bedeutet Orkos Weigerung, sich innerhalb der zweigeschlechtlichen Ordnung zu positionieren, aus queertheoretischer Perspektive ein subversives Element des Hörspiels, im Rahmen der Konstruktion von hegemonialer Männlichkeit impliziert er jedoch gleichzeitig eine abweichende Geschlechtsidentität, die über ihr Scheitern und ihre Beschämung die omnipotente Machtposition He-Mans stabilisiert.

Komplizenschaft

He-Mans Verbündete sind Ritter und Ingenieure, deren Hauptbeschäftigung im Kampf bzw. in der kämpferischen Vorbereitung auf die Auseinandersetzung mit Skeletor besteht. In der ständigen Auseinandersetzung profitieren sie von He-Mans Stärke und Machtposition in Kampf und Gesellschaft als Teil der ‚Guten‘ und der überlegenen Gruppe. Durch ihre menschlichen, moralischen und technologischen Eigenschaften sowie ihre soziale Stellung als Verbündete und Zugehörige der Monarchie auf Eternia werden sie als Angehörige einer zivilisierten Gesellschaft konstruiert. Die Masters sind He-Man treu ergeben und kämpfen gemeinsam mit ihm. Eine erkennbare Abwertungsstrategie ist in jedem Hörspiel das spöttische Gelächter der Masters of the Universe über die als different, schwächer oder unwissend abgewerteten Figuren.

Unterordnung der Seite des ‚Bösen'

Die Abwertung der auf der ‚bösen' Seite stehenden Figuren in der ‚Gut'-‚Böse'-Dichotomie erfolgt einerseits über rassistische und entmenschlichende Abwertungen. Während fast alle Figuren auf der Seite He-Mans eine *weiße* Hautfarbe haben, sind Skeletor und seine Verbündeten als nicht-*weiße* und teilweise nicht-menschliche Figuren ver-andert.[6] So ist der Hauptkontrahent ein Mischwesen aus Mensch und Skelett mit blau-gelber Hautfarbe. Wie sein Name bereits andeutet, verkörpert er den Tod. Ebenso wie bei den anderen ‚bösen' Figuren bestehen seine Gliedmaßen aus Klauen, die seine Monstrosität physisch unterstreichen sollen.

Die Hexe Evil-Lyn, die weibliche Gegenspielerin von Teela, wird über ihren bezeichnenden Namen hinaus durch rassifizierte Merkmale eines asiatischen Phänotypus wie eine grellgelbe Hautfarbe und übersteigerte mandelförmige Augen ver-andert. Mit der Ausnahme von Clamp Champ, der auf der Seite des ‚Guten' (in rassistischer Zuschreibung) einen Boxer verkörpert, gibt es keine schwarze Figur auf der Seite der ‚Guten'. Auf der Seite des ‚Bösen' gibt es neben Evil-Lyn die Figuren Ninjor und Jitsu, die allesamt rassistische Stereotype von asiatischen Merkmalen aufweisen.

Eine weiterer Mechanismus der Unterordnung besteht in der Zuweisung von moralischem und intelligentem Handeln auf Seite der ‚Guten' bzw. kognitiven und intellektuellen Einschränkungen auf der Seite der ‚Bösen'. So werden einige Charaktere auf der Seite des ‚Bösen' etwa über Beschreibungen wie ein „kleines Hirn", so die Charakterisierung Orkos von Trap Jaw in Folge 8 (Francis 1984b: 17,06), oder über Schimpfwörter wie „Trottel" oder „dumm" im Falle Beast Mans (vgl. exemplarisch Francis 1986b: 17,10) in den Hörspielen als minder intelligent, tollpatschig oder einfältig herausgestellt. Insbesondere Skeletor wird in seinem Streben nach Herrschaft als unvorsichtig und strategisch kurzsichtig dargestellt. Durch seine wahnsinnigen Pläne bringt er in vielen Folgen das Leben auf ganz Eternia in Gefahr, sodass He-Man ihm nicht selten helfen und vergeben muss. Seine Boshaftigkeit und Machtgier werden auch dadurch illustriert, dass er diese skrupellos für seine Machenschaften ausnutzt und nicht in der Lage ist, Freundschaften zu führen oder Empathie für seine Verbündeten zu empfinden. So hat Skeletor Menschen vergiftet oder über Gehirnwäsche manipuliert, um sie gefügig zu machen. Sein geistig verwirrter Knecht Beast Man war z.B. ein Naturwissenschaftler, den Skeletor mit Gift um Aussehen und Verstand brachte (vgl. Francis 1986b: 17,10). Die ‚böse' Figur Trap Jaw war in seinem früheren Leben ein menschlicher Mann, den Skeletor mit einem Panzer überfahren hat, ihm dabei das Gesicht zerstörte und einen Arm amputierte, sodass Trap Jaw jetzt einen Stahlkiefer und eine

6 Wie Spidor, der Spinnenmensch, oder Beast Man, ein Halbwesen aus Mensch und Biest, das mit seinem animalischem Aussehen die Bestialität der bösen Seite unterstreicht.

wechselbare Waffenprothese am Arm trägt (vgl. Francis 1984c: 18,15). In einigen Folgen quält und misshandelt Skeletor außerdem Tiere.

Fazit: Who can(not) be a hero, too?

In ihrer soziologischen Analyse sieht Connell hegemoniale Männlichkeit im Kontext einer relationalen und dynamischen Ordnung, die permanent aufrechterhalten und verteidigt werden muss, jedoch im Kontext gesellschaftlichen Wandels kontinuierlich Veränderungen unterliegt (vgl. Connell 2015: 130). Connell spricht in diesem Kontext auch von einem Kampf, bei dem die Anteilseigner des Patriarchats andere und vielfältige Formen von Männlichkeit bzw. Weiblichkeit unterdrücken, die der Position der hegemonialen Männlichkeit zu nahe kommen. Zwar findet sich in der von Mattel geschaffenen, auf Verkauf ausgelegten „Masters of the Universe"-Welt eine eindimensionale Ordnung mit starren Positionen, jedoch kann diese aus einer kulturwissenschaftlichen Perspektive auf die sich darin widerspiegelnden sozialen Herrschaftsverhältnisse und symbolischen Ordnungen analysiert werden. Schließlich war mit dem Medienverbund um die lineare Phantasiewelt Eternia eine „Billion Dollar Idea" (Sweet/Wecker 2005) entstanden, bei der sich das geschlechtsspezifisch promotete Spielzeug in den 1980er Jahren millionenfach verkaufte. Die Schaffung der verschiedenen Masters-Figuren mit ihren speziellen Eigenschaften sowie die lineare und starre Handlungsstruktur sollten den Absatz möglichst vieler Spielzeugteile fördern. Mit der Intention, ein männliches Publikum möglichst direkt und breit anzusprechen, griffen die Designer_innen in dem auf Gewalt und Kräftemessen gestützten Szenario auf Stereotype und Klischees des Different-Machens („Othering") zurück und reproduzierten diese. Wie herausgearbeitet wurde, basieren Handlung und Figurenkonstellation u.a. auf heteronormativen, vergeschlechtlichenden und rassistischen Repräsentationen der in Relation zu He-Man strukturell und symbolisch unterlegenen Figuren.

So tobt in der Männerwelt Eternia ein immerwährender Kampf um die Macht und Männlichkeit zwischen den Gruppen um ‚Gut' und ‚Böse', wobei der Ausgang stets vorhersehbar ist: Das personifizierte ‚Böse' ist abgewertet und das ‚Gute' in der Figur He-Mans siegt. Die Inszenierung und Stabilisierung der Position der hegemonialen Männlichkeit He-Mans beruht auf ebendieser Beziehung zu den anderen Männlichkeiten und Weiblichkeiten. Die Verweiblichung der Schwächeren, die Marginalisierung der ‚Bösen' und von Orko durch rassistische Zuschreibungen und die Abwertung ihres Intellektes bzw. ihrer Fähigkeiten sowie die Komplizenschaft der Verbündeten von He-Man, die sich in den Folgen oftmals in Gelächter und Gespött über die durch die geschlechtlich, sexuell, moralisch, intellektuell und rassistisch abgewerteten, scheiternden und schwächeren Figuren äußert, stellen die Mechanismen der Abwertung der abseits von He-Man positionierten Männlichkeiten heraus. Zudem lautet eine zentrale Botschaft, dass körperliche Stärke allein nicht ausreicht, um der Master of the Universe zu werden. Hier kommt die symbolische Aufwertung über Bildung ins (Hör-)Spiel, denn der hegemoniale Held muss schlau, gebildet, edel *und* stark zugleich sein. In dieser Darstellung werden die Figuren gemäß dem binären Schema zwischen ‚Gut' und ‚Böse' als zivilisiert bzw. unzivilisiert/naturhaft herausgestellt (vgl. Winter 2005).

Die Frage, wer der Held in dieser Männlichkeitsordnung sein kann, ist hinsichtlich der binären und unterkomplex aufgebauten Dramaturgie naheliegend: Die hegemoniale Männlichkeit, die auf Eternia präsentiert wird, ist *weiß*, kommt vom Planeten Eternia, ist (eindeutig) männlich, gehört der Oberschicht an, ist körperlich gesund, sportlich durchtrainiert sowie intellektuell gebildet, verfügt über technologischen Fortschritt und ist fähig zur Reflexion. Deutlich wird dies in den Gegensätzen, die in einem binären Schema stets darstellen, was He-Man nicht ist: nämlich nicht-*weiß*, weiblich, nicht (eindeutig) einem Geschlecht von weiblich/männlich zuzuordnen, kognitiv eingeschränkt, unintelligent und wahnsinnig.

Die Aushandlung von *weißer*, heterosexueller Männlichkeit und dem damit semantisch verknüpften Heldentum steht im Zentrum der „Masters of the Universe"-Episoden. Wie queertheoretische und postkoloniale Arbeiten aufgezeigt haben, kann die Konstruktion der positiven sozial sinnhaften und überlegenen Subjektposition der Norm immer nur in Abgrenzung zum ihrem „konstitutiven Außen" (Butler 1997: 23f., Hall 2004: 171f.), dem ausgeschlossenen und verworfenen Anderen, erfolgen. Anders gesagt braucht He-Man, um der wahre Held sein zu können, unterlegene und ver-anderte Männlichkeiten bzw. Weiblichkeiten.

Hörspiele

Francis, H.G. (1984a): Sternenstaub (Folge 1). Europa.
Francis, H.G. (1984b): Der unbezwingbare Drache (Folge 4). Europa.
Francis, H.G. (1984c): Der Baum der sterbenden Zeit (Folge 8). Europa.
Francis, H.G. (1984d): Die Ebene der Ewigkeit (Folge 9). Europa.
Francis, H.G. (1985): Anti-Eternia (Folge 11). Europa.
Francis, H.G. (1986a): Skeletors Sieg (Folge 13). Europa
Francis, H.G. (1986b): Nacht über Castle Grayskull (Folge 16) . Europa.
Francis, H. G. (1986c): Das Dämonenpferd (Folge 19). Europa.
Francis, H. G. (1987): Die Pyramide der Unsterblichkeit (Folge 31). Europa.

Abbildungen

Abb. 1, Beipackzettel, Fotografie: Mattel Inc. 1984, in: Francis, H. G. (1984): Sternenstaub (Folge 1). Europa.

Literatur

Boucher, Geoff (2012): He-Man returns: DC remasters a universe from the 1980s. In: Los Angeles Times vom 22.06.2012. http://herocomplex.latimes.com/comics/he-man-returns-dc-remasters-a-universe-from-the-1980s/ [Zugriff: 01.06.2015].

Butler, Judith (1991): Das Unbehagen der Geschlechter. Frankfurt/Main: Suhrkamp.

Butler, Judith (1997): Körper von Gewicht. Frankfurt/Main: Suhrkamp.

Carrigan, Tim/Connell, Raewyn/Lee, John (1996) [1985]: Ansätze zu einer neuen Soziologie der Männlichkeit. In: BauSteineMänner (Hrsg.): Kritische Männerforschung. Berlin: Argument-Verlag, S. 38–75.

Castro Varela, María Do Mar/Dhawan, Nikita (2005): Postkoloniale Theorie. Eine kritische Einführung. Bielefeld: Transcript.

Connell, Raewyn (2015): Der gemachte Mann. Konstruktion und Krise von Männlichkeiten, 4. Aufl. Opladen: Leske + Budrich.

Connell, Raewyn (2013): Gender. Lenz, I./Meuser, M. (Hrsg.) Reihe: Geschlecht und Gesellschaft, Band 53. Wiesbaden: VS Verlag.

Connell, Raewyn (2012): Der Sprung über die Kontinente hinweg – Überlegungen zur Entwicklung von Erkenntnismethoden und Ansätzen in der Männlichkeitsforschung. In: Aulenbacher, B./Riegraf, B. (Hrsg.): Erkenntnis und Methode. Geschlechterforschung in Zeiten des Umbruchs. Wiesbaden: VS Verlag, S. 81–99.

Eggers, Maureen Maisha/Kilomba, Grada/Piesche, Peggy/Arndt, Susan (Hrsg.) (2009): Mythen, Masken und Subjekte. Kritische Weißseinsforschung in Deutschland, 2. Aufl. Münster: Unrast.

Fuchs, Claudia (2001): Barbie trifft He-Man. Kinder erzählen über Spielwelten und ihre Alltagswelt. Freiburg: Fillibach.

Hall, Stuart (2007): Wer braucht „Identität"? In: Ders.: Ideologie, Identität, Repräsentation. Ausgewählte Schriften 4. Hamburg: Argument, S. 167–187.

Kaltenecker, Sigfried (2002): An ihren Taten sollt ihr sie erkennen. In: Strunk, M. (Hrsg.): Gender Game. Tübingen: Konkursbuch, S. 168–179.

Kringiel, Danny (2012): ‚Masters Of The Universe'. Barbies barbarische Brüder. In: Spiegel Online vom 7.02.2012. http://www.spiegel.de/fotostrecke/30-jahre-masters-of-the-universe-fotostrecke-107332-11.html [Zugriff: 01.06.2015].

Meuser, Michael (2010): Geschlecht und Männlichkeit. Soziologische Theorie und kulturelle Deutungsmuster, 3. Aufl. Wiesbaden: VS Verlag.

Pannor, Stefan (2011): Autor H.G. Francis gestorben: Perry Rhodans Master of the Universe. In: Spiegel Online vom 5.11.2011. http://www.spiegel.de/

kultur/literatur/autor-h-g-francis-gestorben-perry-rhodans-master-of-the-universe-a-796038.html [Zugriff: 01.06.2015].

Rittelmeyer, Christian (2007): Kindheit in Bedrängnis: zwischen Kulturindustrie und technokratischer Bildungsreform. Stuttgart: Kohlhammer.

Sweet, Roger/Wecker, David (2005): He-Man and the Rise and Fall of a Billion-Dollar Idea. Cincinnati: Emmis Books.

Wedgwood, Nikki/Connell, Raewyn (2010): Männlichkeitsforschung: Männer und Männlichkeiten im internationalen Forschungskontext. In: Becker, R./Kortendiek, R. (Hrsg.): Handbuch Frauen- und Geschlechterforschung: Theorie, Methoden, Empirie. Wiesbaden: VS Verlag, S. 116–125.

Winter, Daniel (2005): Konstruktion und Repräsentation von Geschlecht und Rasse in Masters of the Universe. http://www.ruhr-uni-bochum.de/genderstudies/kulturundgeschlecht/pdf/Winter_Beitrag.pdf [Zugriff: 01.06.2015].

III. Hörspieladaptionen nach Kinderbuchklassikern von Lindgren, Ende & Maar

Das freie Kind Pippi Langstrumpf
Eine emanzipatorische Ikone zwischen antiautoritärer Pädagogik und kolonialistischer Weltsicht

Lukas Möller

Es ist nunmehr zehn Jahre her, dass Bernhard Bueb in „Lob der Disziplin" seinen „Irrweg" der Befürwortung einer selbstbestimmten Erziehung bekannt hat (vgl. Bueb 2006: 35) und die „vorbehaltlose Anerkennung von Autorität und Disziplin" (ebd.: 11) in der Pädagogik zu rehabilitieren versuchte. In der literarischen Figur Pippi Langstrumpf sieht Bueb die Manifestation eines nur auf den ersten Blick sympathischen Strebens von Kindern und Jugendlichen nach Handlungsfreiheit und Unabhängigkeit (vgl. ebd.: 35) und eigentlich eine Gegenfigur zu jenem Bild vom Kind, das ihm vorschwebt. Der Psychologe Claus Koch (2007) hat im Sammelband „Vom Missbrauch der Disziplin. Antworten der Wissenschaft auf Bernhard Bueb" ideengeschichtliche Kontinuitäten zwischen Buebs durchaus populären Forderungen und einer Gehorsamserziehung, wie sie auch zur Zeit des Nationalsozialismus vertreten wurde, erkannt.

Koch zieht zur Verdeutlichung den 1934 erschienenen NS-Erziehungsratgeber „Die deutsche Mutter und ihr erstes Kind" (1944) von Johanna Haarer heran. Darin konstruiert die Autorin, so hat es Sigrid Chamberlain in einer Studie herausgearbeitet, das kleine Kind als Feind der Mutter (vgl. Chamberlain 2000: 95–99). Mit ihrem Zorn, ihrem Egoismus, ihrer Unersättlichkeit und ihrem Ungehorsam erzwingen die kleinen Kinder geradezu eine Erziehung, die sich durch Ordnung, Zucht, Gehorsam und Unterordnung auszeichnen sollte. So soll die Mutter das kindliche Streben nach Autonomie in den Griff bekommen. Im Jahr 1949 – und dieses Datum ist deshalb bemerkenswert, weil im gleichen Jahr die deutsche Ausgabe von „Pippi Langstrumpf" erscheint – gibt Haarer ihren Ratgeber unter dem gekürzten Titel „Die Mutter und ihr erstes Kind" (1949) erneut heraus. Zwar wird der Verkaufsschlager (600.000 Exemplare bis Kriegsende) um die offensichtliche NS-Ideologie bereinigt, der „rigide[] Tenor" bleibt allerdings unverändert. Es erscheinen bis 1987 „in mehreren jeweils nachgebesserten und überarbeiteten Auflagen – nach und nach mit gleichbleibender Autorität immer mehr Flexibilität empfehlend" – noch einmal 600.000 Exemplare (Haarer/Haarer/Ahlheim 2012:

13). Rose Ahlheim macht deutlich, was Johanna Haarer mit ihrem Buch, das um die Mitte der 1940er Jahre „bis in jede Dorfbücherei" vorhanden war (vgl. ebd.), intendierte:

> Die Autorin trug ihre Anweisungen, wie der kindliche Wille mit Festigkeit beherrscht und letztendlich in „Lust am Gehorsam" [Johanna Haarer] umzuwenden sei, mit unbeirrter Sicherheit als einzig gültig und maßgebend vor, und diese Vorschriften erhielten ihre besondere Wucht durch ihre Verflechtung mit den Mustern von Führen und Folgen, Macht und Unterwerfung, die im nationalsozialistischen Deutschland allgegenwärtig waren. (Ebd.: 7)

Doch auch noch nach 1945 fordert Haarer die Beherrschung des kindlichen Eigenwillens (vgl. Haarer 1949: 258), beschwört die „Kraftproben" zwischen Mutter und Kind, die bei zu viel Zärtlichkeit zuungunsten der Erwachsenen entschieden würden, und glaubt, dass nur „eine pflichtbewußte, charakterfeste Frau mit gesundem Menschenverstand, die Sinn hat für Ordnung, Regelmäßigkeit, Pünktlichkeit und Sauberkeit [...] ihr Kind richtig erziehen" kann (ebd.).

Im gleichen Jahr also, in dem Pippi Langstrumpf die deutschen Kinderzimmer zu erobern beginnt, fokussiert Haarer mit ihrem Verkaufsschlager in der jungen deutschen Demokratie auf Ideen und Werte, die nach zwölf Jahren nationalsozialistischer Sozialisation ohnehin noch in allzu vielen Köpfen festsitzen: Die Warnung an die junge Mutter, die Oberhand beim kindlichen Gegner zu behalten, die Mahnung, dem Kind nicht zu viel Liebe zu geben, und den Hinweis, den Einfluss bzw. die Kontrolle über das Kind nicht zu verlieren. Ohne Zweifel propagiert Haarers populäre Schrift von 1949 eine Erziehung zum Gehorsam, zur Anpassung und zur Unterwürfigkeit.

Autoritärer Charakter und „Erziehung nach Auschwitz"

Eine Erziehung nach solcher Art bringt, so haben es im Anschluss an Wilhelm Reich wichtige Akteure des Frankfurter Instituts für Sozialforschung – namentlich Erich Fromm, Max Horkheimer und Theodor W. Adorno – reflektiert, einen „autoritären Charakter" hervor (vgl. Horkheimer 1988; Adorno 1973; auch Wicke in diesem Band). In einem Beitrag in den „Frankfurter Heften" schreiben Adorno und Horkheimer 1952 über den autoritären Charakter bzw. den „totalitäre[n] Charaktertyp", dieser erweise sich „insgesamt als relativ starre, unveränderliche, immer wieder auftretende und überall gleiche Struktur". Der totalitäre Charakter zeichne sich wesentlich durch „Autoritätsgebundenheit" aus. Diese bedeute „in einer Zeit, in der die alten feudal-religiösen Autoritäten geschwächt sind, die bedingungslose Anerkennung dessen, was ist und Macht hat, und den irrationalen Nachdruck auf konventionelle Werte wie äußerlich korrektes Benehmen, Erfolg, Fleiß, Tüchtigkeit, physische Sauberkeit, Gesundheit und entsprechend auf konventionelles, unkritisches Verhalten" (Horkheimer/Adorno 1952: 288). Nach den Denkern der Kritischen Theorie manifestierten sich im autoritären Charakter „gesellschaftliche Latenzen, in denen die Kontinuität unbearbeiteter nationalsozialistischer Einstellungen virulent blieb[en]" (Kraushaar 2010: 9).

In einem Vortrag von 1959 sagt Adorno diesbezüglich:

> Der Nationalsozialismus lebt nach, und bis heute wissen wir nicht, ob bloß als Gespenst dessen, was so monströs war, daß es am eigenen Tode noch nicht starb, oder ob es gar nicht erst zum Tode kam; ob die Bereitschaft zum Unsäglichen fortwest in den Menschen wie in den Verhältnissen, die sie umklammern. (Adorno 1997b: 31)

In der Erziehung und allgemein der frühen Sozialisation sah Adorno die wesentliche Ursache für die Ausprägung eines autoritären Charakters bei Kindern und somit die weiterhin drohende Gefahr eines Abgleitens in eine autoritäre, rassistische, durch Gehorsam, Ausgrenzung und Unmenschlichkeit gekennzeichnete Gesellschaft. Die „frühe Kindheit" (Adorno 1997a: 50) ist es dann auch, so sagt es Adorno 1966, in der Gegenmaßnahmen und Gegenbilder zu einer autoritären Erziehung entwickelt werden müssen.

> Die Forderung, daß Auschwitz nicht noch einmal sei, ist die allererste an Erziehung. [...] Man muß die Mechanismen erkennen, die die Menschen so machen, daß sie solcher Taten fähig werden, muß ihnen selbst diese Mechanismen aufzeigen und zu verhindern trachten, daß sie abermals so werden, indem man ein allgemeines Bewußtsein jener Mechanismen erweckt." (Ebd.: 48)

In einer Erziehung der Härte sich selbst und anderen gegenüber, einer Erziehung der Anpassung, der mangelnden Liebe zum Mitmenschen, der Versessenheit auf die Funktionalität des Menschen und der Dinge sieht Adorno die Ursache, die zu einem kollektiven Verbrechen wie jenem in Auschwitz führt. Adornos „Aufgabenbestimmung für die Erziehung" (Gruschka 2004: 137) ist deshalb Mündigkeit. „Die einzig wahrhafte Kraft gegen das Prinzip von Auschwitz wäre Autonomie [...]; die Kraft zur Reflexion, zur Selbstbestimmung, zum Nicht-Mitmachen" (Adorno 1997a: 53).

Das autonome Kind Pippi Langstrumpf

Eine Figur mit solcherlei positiven Kräften ist ohne Zweifel Pippi Langstrumpf. Im November 1945 betritt die heute so prominente Figur der Weltliteratur erstmals die Bühne der Öffentlichkeit (vgl. Dankert 2013: 103). In Deutschland erscheint das Buch der zu Lebzeiten bereits überaus berühmten Kinderbuchautorin Astrid Lindgren (1907–2002) vier Jahre später. Die erste deutschsprachige Hörspielfassung von „Pippi Langstrumpf“ erscheint 1965 bei Phonogram. Das Hörspiel, aus dem in diesem Beitrag neben Lindgrens Roman zitiert und das im Rahmen dieser Publikation überwiegend zur Analyse herangezogen wird, bringt Oetinger 2012 auf den Markt (s. Lindgren 2012). Der Reiz dieses 2008 produzierten Hörspiels liegt unter anderem darin, dass es sich eng am Roman orientiert. Anders allerdings als der Roman beginnt die Hörspielfassung damit, dass sich die bürgerlichen Nachbarskinder Pippis, Annika und Thomas wegen eines Mangels an Spielkameraden langweilen und sie in ihrer offensichtlichen Unfähigkeit, selbst für Spannung zu sorgen, nur darauf hoffen können, etwas Unterhaltsames möge alsbald passieren (vgl. ebd.: I/2/0,02; vgl. auch Lindgren 1970: 12ff.). Tatsächlich entdecken sie umgehend auf der Terrasse der verwilderten Nachbarsvilla ein weißes Pferd mit schwarzen Punkten und gleich darauf ein sonderbar aussehendes Mädchen, das rückwärts die Straße entlangläuft. Im Hörspiel heißt es dann:

> Annika: Sie mal Tommy, das Mädchen da hinten. Die sieht ja komisch aus.
>
> Thomas: Hahaha, und schau mal, wie sie läuft. Mit einem Bein auf dem Bürgersteig und mit dem anderen im Rinnstein.
>
> Annika: Haha, ich glaube, ich hab' noch nie so ein merkwürdiges Mädchen gesehen.
>
> Thomas: Haha, ich auch nicht. Da! Jetzt geht sie wieder in die andere Richtung. [...]
>
> Thomas: Warum bist Du rückwärts gegangen?
>
> Pippi: Warum ich rückwärts gegangen bin? Leben wir etwa nicht in einem freien Land? Darf man nicht gehen, wie man möchte? (Lindgren 2012: I/2/1,04; vgl. auch Lindgren 1970: 14f.)

Das seltsame Mädchen, das die Bürgerkinder durch ihr Verhalten und Aussehen belustigt und das im ersten Satz des Hörspiels vehement auf seine individuelle Freiheit pocht, ist die neunjährige Pippi Langstrumpf – und ihre Geschichte ist hinlänglich bekannt. Sie lebt – zumindest was die Anwesenheit von Menschen in der Villa Kunterbunt betrifft – allein. Sie hat jene Haustiere, die sich wohl sehr viele Kinder wünschen und nur die wenigsten haben können: einen Affen und ein Pferd. Sie ist unglaublich stark, Erwachsene, die sie schützen – ein guter Grund für Kinder, sich an Erwachsene zu halten –, benötigt Pippi nicht. Sie ist überdies steinreich, auch hier fällt ein Argument – die Versorgung – für die Anwesenheit von Erwachsenen weg. Diese für viele Kinder sicher bedrohliche Abwesenheit Erwachsener scheint für Pippi ganz unproblematisch zu sein. Gleich zu Beginn des Romans erklärt die Erzählerin:

> Sie hatte keine Mutter und keinen Vater, und eigentlich war das sehr schön, denn so war niemand da, der ihr sagen konnte, daß sie zu Bett gehen sollte,

> gerade wenn sie mitten im schönsten Spiel war, und niemand, der sie zwingen konnte, Lebertran zu nehmen, wenn sie lieber Bonbons essen wollte. (Ebd.: 8)

Ein weiteres bemerkenswertes Merkmal Pippis ist das Lügen. Sie lügt schamlos, lustvoll und bei jeder Gelegenheit. Direkt im Anschluss an die erste Begegnung mit Annika und Thomas sagt Pippi im Zusammenhang mit Thomas' Verwunderung über das Rückwärtsgehen:

> Pippi: Ich möchte wissen, was Du gesagt hättest, wenn ich auf den Händen gegangen wäre wie die Leute in Hinterindien.
>
> Thomas: Jetzt lügst Du!
>
> Pippi: [mit trauriger Stimme] Ja, Du hast Recht, ich lüge.
>
> Annika: [empört] Lügen ist hässlich.
>
> Pippi: [noch trauriger und mit offensichtlich ironischem Unterton] Ja, Lügen ist sehr hässlich. Aber ich vergesse es hin und wieder, weißt Du. (Lindgren 2012: I/2/3,29; vgl. auch Lindgren 1970: 15)

Pippis Antwort ist wohl deshalb voller Ironie, weil Annika wie eine Erwachsene spricht. Das Vorhaben, Pippis Fantasieerzählung durch einen moralischen Appell zu beenden, konterkariert sie damit, dass sie sich über die beiden anderen Kinder lustig macht. Das Lügen ist etwas, für das Kinder in der Regel und dann meist tief moralisch sanktioniert werden. Pippi allerdings geht dieser Freude am Unwahrheit-Sagen einfach nach, weil es keine Erwachsenen gibt, die ihr etwas zu sagen haben, und weil sie sich um die Entrüstung der Erwachsenen – die sie selbst als ihrerseits heuchlerisch jederzeit entlarven kann – nicht schert. Pippis Lügen in Roman und Hörspiel erfüllen überdies eine weitere Funktion. Pippi lockt ihr Gegenüber durch ihre wilden Geschichten aus der Reserve, ermuntert zum Widerspruch und appelliert an die Fähigkeit, den eigenen Verstand zu gebrauchen.

In Pippis Charakter zeigen sich eine große „Selbstständigkeit", ein „antiautoritäre[s] Wesen" und ein „unbändige[s] Selbstvertrauen" (Ewers 1992: 127). Die Germanistin Brigitte Kohn resümiert:

> Entstanden in einer Zeit des Krieges und der Massenvernichtung, verkörperte sie, wonach sich nicht nur die Kinder sehnten: die Lust am Überfluss, an Spiel und Revolte, die Lust auf eine neue Sprache und einen neuen, unverdorbenen Gebrauch der Dinge, die Lust auf all die funkelnden Möglichkeiten des Lebens, die aufblitzt, wenn Pippi Spielwarenläden leerkauft, Polizisten auf Bäume hebt, wenn sie neue Wörter findet oder sich als Sachensucherin betätigt. (Kohn 2007: 72)

Astrid Lindgren selbst betont zwar vor allem den Unterhaltungscharakter der Pippi-Geschichten, sie sieht jedoch zugleich eine gesellschaftspolitische Relevanz ihrer Figur:

> Wenn ich jemals beabsichtigt hätte, die Figur der Pippi zu etwas anderem als der Unterhaltung meiner jungen Leser dienen zu lassen, so wäre es dieses: ihnen zu zeigen, dass man Macht haben kann, ohne sie zu missbrauchen. Denn von allen schweren Aufgaben des Lebens scheint mir das die allerschwerste zu sein. Überall wird Macht missbraucht. Jeder spielt sich als Herr auf, wo er nur kann. Das beginnt in der Kindheit und geht weiter bis zu denen, die Länder regieren. Pippi aber besitzt die Gabe, richtig damit umzugehen. (Zit. n. Schönfeldt 2007: 81)

Überdies ist Lindgren von einer pädagogischen Idee ergriffen, die in den Pippi Geschichten – und ebenso in ihren anderen Erzählungen – ständig präsent ist: „Achtung vor dem Kind! Wie sehr wünsche ich mir, dass die Erwachsenen sie dem Kind in etwas größerem Umfang entgegenbrächten [...]. Gebt den Kindern Liebe, mehr Liebe und noch mehr Liebe" (zit. n. ebd.: 79).

Die reformpädagogische „Erziehung vom Kinde aus"

Bei aller Unschärfe des Begriffs (vgl. z.B. Oelkers 2005; Skiera 2010) lässt sich sagen, dass Werte und ‚Dogmen' der Reformpädagogik Eingang in Lindgrens Pippi-Erzählungen gefunden haben. Lindgrens „Schreiben ist bestimmt vom reformpädagogischen Klima im Schweden der 1920er und 1930er Jahre" (Blume 2009: 88). Allen voran ist die Schwedin Ellen Key (1849–1926) zu nennen (vgl. ebd.: 89), über die Birgit Dankert in ihrer Lindgren-Biografie sagt, sie sei eine der „beiden großen Frauen in ihrer [Lindgrens] Jugend" (Dankert 2013: 189) gewesen – die andere war Selma Lagerlöf.

Lindgren nennt Pippi in Anlehnung an eine Aussage Keys 1944 in einem Brief einen „kleinen Übermenschen". Damit sei, so Angelika Nix, nicht die Vorstellung eines Herrenmenschen im Sinne der Nazi-Ideologie gemeint. Key verbinde damit vielmehr den Glauben an „ein natürliches Potential zur unbegrenzten Selbstentfaltung und Selbstvollendung" (Nix 2002: 99). In dem erwähnten Brief schreibt Lindgren:

> Pippi Langstrumpf ist, wie Sie sehen werden, [...] ein kleiner Übermensch in der Gestalt eines Kindes, versetzt in eine ganz alltägliche Umgebung. Dank ihrer übernatürlichen Körperkräfte und anderer Umstände ist sie völlig unabhängig von allen Erwachsenen und lebt ihr Leben genau so, wie es ihr Spaß macht. (Zit. n. ebd.: 215)

Ellen Key, der Lindgren als junge Reporterin einmal begegnet war (vgl. Dankert 2013: 233), hatte 1900 (in Deutschland 1902) ihr heute durchaus auch kritisch zu beurteilendes Buch „Das Jahrhundert des Kindes" publiziert. In diesem einflussreichen Werk legt Key eine ‚Erziehung vom Kinde aus' dar und fordert grundlegende Veränderungen in der Erziehung in Familie, Schule und Gesellschaft. Ziel ihrer theoretischen Bemühungen ist die Schaffung eines 'neuen Menschen' und einer 'neuen Gesellschaft' (vgl. Baader 2000). Umstritten ist Key – die ebenfalls eine feministische Haltung vertrat – deshalb, weil ihre pädagogischen und gesellschaftlichen Entwürfe von biologistischen und sozialdarwinistischen Gedanken durchzogen sind (vgl. z.B. Brumlik 2000).

Die Wirksamkeit Keys bis heute lässt sich an Sätzen wie dem nachfolgenden verdeutlichen, der ebenso bei für diese Botschaft empfänglichen Menschen wie Astrid Lindgren Eindruck hinterlassen haben wird. In ihrem Kapitel über „Erziehung" schreibt Key:

> Das Kind nicht in Frieden zu lassen, das ist das größte Verbrechen der gegenwärtigen Erziehung gegen das Kind. Dahingegen wird eine im äußeren sowie im inneren Sinne schöne Welt zu schaffen – in der das Kind wachsen kann; es sich darin frei bewegen zu lassen, bis es an die unerschütterliche Grenze des Rechts anderer stößt – das Ziel der zukünftigen Erziehung sein. (Key/Herrmann 1992: 78)

Der deutsche Lyriker Rainer Maria Rilke, ebenfalls Anhänger Keys und ihrer Ideen, schreibt in einer Rezension zum „Jahrhundert des Kindes":

> Freie Kinder zu schaffen, wird die vornehmste Aufgabe des Jahrhunderts sein. Ihr Sklaventum ist schwer und schrecklich; es beginnt noch ehe sie geboren sind und endet damit, daß sie schließlich Erwachsene und Eltern, das heißt wieder Unterdrücker von neuen Kindern werden. Wie die Verhältnisse heute liegen, kann man ruhig sagen, daß sowohl die guten wie die schlechten Eltern, sowohl die guten wie die schlechten Schulen, Unrecht haben dem Kinde gegenüber. Sie verkennen das Kind überhaupt, sie gehen von einer falschen Voraussetzung aus, von der Voraussetzung des Erwachsenen, der sich dem Kinde überlegen fühlt [...]. (Zit. n. ebd.: 260)

Auch der Kinder- und Jugendliteraturforscher Hans-Heino Ewers bemüht in Bezug auf „Pippi Langstrumpf" den Begriff einer 'Erziehung vom Kinde aus' und spricht in Analogie dazu von einer „Dichtung vom Kinde aus". Es gehe eben nicht um Erzählung nach dem „Realitäts-, sondern nach dem kindlichen Lustprinzip" (Ewers 1992: 127).

Eva-Maria Metcalf nennt neben Key zahlreiche weitere (Reform-)Pädagogen und eine Pädagogin als Gedankengeber Lindgrens: Jean-Jacques Rousseau, John Dewey, Maria Montessori, Janusz Korczak, Alexander S. Neill und den Philosophen Bertrand Russell. Lindgrens Bild vom Kind orientiere sich an den Begriffen einer freien und einer selbstgesteuerten Erziehung, wie sie im reformpädagogischen Diskurs ihrer Zeit vertreten wurden:

> The writings of the British philosopher Bertrand Russell and the Swedish feminist and writer, Ellen Key, who promoted free and self-guided education for children in her influential work Barnets *århundrade* (1900. The Century of the Child. 1909), influenced Lindgren's thinking about the issue. (Metcalf 2009: 138)

Die „antiautoritäre Erziehung" nach A. S. Neill

Aus Großbritannien kommen nicht nur philosophische Gedanken, wie jene Russells, in Lindgrens Ideenwelt. „Mit der englischen Kinder- und Jugendliteratur werden die neuen pädagogischen Ideale der sogenannten freien oder antiautoritären Erziehung importiert, die noch vor den Auswirkungen des Zweiten Weltkrieges die öffentliche Diskussion im neutralen Schweden bestimmen" (Nix 2009: 24). Einer der prominentesten britischen Vertreter einer reformpädagogischen ‚Erziehung vom Kinde aus', dessen Pädagogik im Deutschland der 1960er Jahre gegen seinen Willen eine „antiautoritäre Erziehung" genannt werden wird (vgl. Kamp 2006: 108), ist der Schotte Alexander S. Neill. Es ist zwar nur bekannt, dass sich Lindgren mit Neills Ideen konkret in den 1960er und 70er Jahren auseinandersetzte (vgl. Dankert 2013: 233), anders als in Deutschland diskutierte man Neills Thesen allerdings im Schweden der 1930er Jahren bereits (vgl. Blume 2009: 89f.) und in „Pippi Langstrumpf" lassen sich durchaus ideengeschichtliche Parallelen finden.

In Deutschland wird Neill durch ein aus mehreren Veröffentlichungen zusammengestelltes Buch berühmt, das 1969 unter dem Titel „Theorie und Praxis der antiautoritären Erziehung" erscheint. Die älteste darin enthaltene Publikation ist „The Problem Child" (in der deutschen Ausgabe: „Das unfreie Kind") aus dem Jahr 1926. Die schwedische Übersetzung des Begriffs „Problem Child" – „Problembarnet" – wird in Lindgrens Heimat in den 1930er Jahren zum „Modewort des Jahrzehntes" (Nix 2002: 216). Der Erfolg der 1960 in den USA zuerst erschienenen Textzusammenstellung in Deutschland war zu einem beträchtlichen Teil dem vielsagenden Titel geschuldet, der hervorragend in die gesellschaftliche Lage um das historisch und politisch aufgeladene Jahr 1968 passte (vgl. Rutschky 2001), aber natürlich ebenso den eingängigen pädagogischen Ideen, die Neill in seinem Buch kompromisslos vertritt.

A. S. Neill gründet gemeinsam mit seiner späteren ersten Ehefrau Ada Lilian Lindesay-Neustätter im Jahr 1922 die Internationale Schule Dresden-Hellerau, die später in England zur Summerhill School wird und in der Kinder selbstbestimmt und ohne erwachsene Autorität aufwachsen sollen. Die Schule Summerhill, die noch heute besteht und von Neills Tochter Zoë Neill Readhead geleitet wird, zeichnet sich dadurch aus, dass ihr oberstes Prinzip die Befähigung der Kinder zu einem glücklichen, selbstbestimmten Leben ist (vgl. Neill 1969: 21–30). Die Schule ist hauptsächlicher Gegenstand von „Theorie und Praxis der antiautoritären Erziehung". Nach Neill ist glücklich, wer ungestört und frei seinen Interessen und Bedürfnissen nachgehen kann und dabei nicht durch Dritte (vor allem Erwachsene) gegängelt wird. „Jedes Individuum hat die Freiheit, das zu tun, was es will", schreibt Neill, „solange es die Freiheit der anderen nicht beeinträchtigt" (ebd.: 158). In der Konsequenz dieser Aussage ist in Summerhill der Unterricht freiwillig. Viele Kinder besuchen ihn, so die einhelligen Berichte aus Vergangenheit und Gegenwart, müssen dies aber nicht tun (ebd.: 23f.; Appleton 2000: 104–119; Kamp 2006: 72–77). In demokratischen Schulversammlungen entscheiden Kinder und Erwachsene gemeinsam über die Geschicke der Schule und das gemeinschaftliche Leben im Internat. In Neills Theorie kommen Begriffe wie Zwang, Unterdrückung, blinder Gehorsam und erwachsene Autorität nur als Gegenkonzepte vor, die er entschieden bekämpft. Bis in die Gegenwart hinein, in der die Missachtungen (vgl. Honneth 2008: 212–217) und Missbräuche im Namen der Reformpädagogik in Internaten den Glauben an dieses Konstrukt in Deutschland ins Wanken gebracht haben (vgl. Oelkers 2011; Füller 2011, 2015), bleiben Summerhill und sein „antiautoritäres" Konzept bisher ohne bekannte Erschütterungen.

Das freie und das unfreie Kind

Neill schreibt in „Theorie und Praxis der antiautoritären Erziehung", Summerhills

> Vorzüge sind die Vorzüge gesunder, freier Kinder, deren Leben nicht von Furcht und Haß vergiftet ist. [...] Als meine Frau und ich die Schule gründeten, hatten wir einen Grundgedanken: Die Schule kindgeeignet zu machen – nicht die Kinder schulgeeignet. [...] Logischerweise ist Summerhill eine Schule, in der Kinder mit der angeborenen Fähigkeit und dem Wunsch, Gelehrte zu werden, Gelehrte werden, während jene, die nur zum Straßenkehrer geeignet sind, Straßenkehrer werden. Bisher ist jedoch aus unserer Schule noch kein Straßenkehrer hervorgegangen. Ich sage das ohne Snobismus; denn ich sehe eine Schule lieber einen glücklichen Straßenfeger hervorbringen als einen neurotischen Gelehrten. (Neill 1969: 22f.)

Ein in diesem Sinne emanzipiertes und von inneren und äußeren Zwängen verschontes Kind nennt Neill ein „freies Kind". Ein solches lebt ein „Leben nach eigenen Gesetzen". Dies beinhalte „das Recht des Kleinkindes auf freie Entfaltung, ohne äußere Autorität in seelischen und körperlichen Dingen" (ebd.: 115). Gemeint ist damit nicht Zügellosigkeit (vgl. ebd.: 116f.), aber Neill fordert eben doch, dass Erwachsene nicht über die Bedürfnisse des Kindes hinweg und autoritär über dessen Leben entscheiden dürfen.

Ein Versuch, Pippi Langstrumpf in einer solchen Weise zu bevormunden, zeigt sich, als zwei Polizisten probieren, das allein lebende Mädchen im Namen der Eltern der kleinen Stadt in ein Kinderheim zu bringen (vgl. Lindgren 1970: 33–38). Der Erzähler des Hörspiels berichtet:

> In der kleinen Stadt hatte sich bald herumgesprochen, dass in der Villa Kunterbunt ein Mädchen ohne Eltern wohnte. Und die Leute fanden, dass das einfach nicht ginge. Zumindest die Erwachsenen. Alle Kinder müssten doch jemanden haben, der sie ermahnte, der sie ins Bett steckte, wenn sie krank

> waren, jemanden, der Regeln aufstellte. Und alle Kinder müssten in die Schule gehen und Rechnen lernen. Und darum bestimmten die Mütter und Väter, dass das kleine Mädchen in der Villa Kunterbunt sofort in ein Kinderheim gebracht werden sollte. (Lindgren 2012: I/6/0,00)

Zwischen Pippi Langstrumpf und den beiden Polizisten entbrennt ein Wortwechsel, in dem deutlich wird, dass Pippi sich dem Willen der Ordnungsmacht und der Erwachsenen nicht beugen will und dass sie sehr zufrieden ist mit ihrem eigenen „Kinderheim" – der Villa Kunterbunt. Die beiden Polizisten können über so viel kindliche Naivität nur überheblich lachen. Pippi fragt empört: „Was gibt's denn da zu lachen?" Der Polizist erwidert: „Haha! Liebes Kind, das verstehst Du nicht. Du musst in ein richtiges Kinderheim und brauchst jemanden, der sich um Dich kümmert" (ebd.: I/6/2,38). Nicht nur fällt auf, dass über das freie Kind Pippi offenbar viel gelacht wird, ebenso wird sehr schnell deutlich, dass Pippi durchaus versteht, was ihr in der Obhut der Erwachsenen blühen wird. Der Versuch der Polizisten, Pippi in Gewahrsam zu nehmen, scheitert. Ungewollt werden die Ordnungshüter zu ihren Spielkameraden, denn Pippi entgeht dem Zugriff und spielt in der Folge mit den beiden Fangen. Als es ihr genug ist, packt sie die Polizisten am Gürtel und trägt sie von ihrem Grundstück. Zum Abschied beschenkt sie die verdutzten Erwachsenen mit selbstgebackenen Pfefferkuchenherzen. An dieser Stelle zeigt sich die humanistische Seite dieses freien Kindes. Pippi wirft die Polizisten nicht voller Wut hinaus, sondern sie gibt ihnen sogar ein Geschenk mit. Es ist nicht der Hass auf andere Menschen, der Pippi handgreiflich werden lässt, sondern sie will schlicht in Ruhe gelassen werden und fordert so dieses Recht ein. Die Skandinavistin Svenja Blume kommt zu dem Schluss: „Astrid Lindgrens Pippi Langstrumpf ist die wohl ideale Verkörperung dieses von Neill geforderten ‚freien Kindes'" (Blume 2009: 90).

Dem freien Kind entgegen steht das „unfreie Kind", das eigentlich von nahezu jedem Kind in Neills Gegenwart repräsentiert wird. Über dessen Wesen heißt es:

> Das geformte, abgerichtete, disziplinierte, gehemmte Kind findet man überall auf der Welt. Man braucht bloß über die Straße zu sehen. Es sitzt in einer ungemütlichen Bank in einer ungemütlichen Schule. Später wird es an noch ungemütlicheren Schreibtischen in einem Büro sitzen oder an einer Werkbank in der Fabrik. Ein solches Kind ist fügsam, gehorcht der Autorität aufs Wort, fürchtet sich vor Kritik und wünscht fast fanatisch, normal, konventionell und korrekt zu sein. (Neill 1969: 105)

Pippi Langstrumpfs Besuch in der Schule nimmt Motive dieser Haltung auf (vgl. Lindgren 1970: 40–51). Gleich zu Beginn kommt es zwischen der Lehrerin und Pippi zu einem Missverständnis. Während die Lehrerin hofft, dass Pippi viel lernt, ist diese gekommen, weil sie Weihnachtsferien bekommen möchte. In der Folge entwickelt sich die Situation erwartungsgemäß: Immer wieder unterläuft Pippi das asymmetrische Machtverhältnis zwischen der erwachsenen Lehrerin und den Kindern. Der scheinbar natürlichen Funktion der Schule – Kinder müssen lernen, was Erwachsene sich ausgedacht haben – verweigert sie sich konsequent. Pippi duzt die Lehrerin gegen deren Willen, sie verwandelt Prüfungssituationen in für die anderen Kinder amüsante Momente, ignoriert die Regeln eines Unterrichtsgesprächs und beugt sich so gar nicht der klaren Struktur einer Schulstunde. Schließlich verlässt Pippi die Schule, wissend, dass dies nicht der Ort ist, der zu ihrem Lebensglück beiträgt. Auch den anderen Kindern ruft sie zum Schluss – bezugnehmend auf eine Rechenaufgabe – ironisch zu: „So, und jetzt Tschüss, Kinder. Ihr kriegt mich erstmal 'ne Weile nicht zu sehen. Aber vergesst nicht, wie viele Äpfel Anton hatte, sonst werdet ihr unglücklich" (Lindgren 2012: I/7/11,22). Im Roman lacht sie im Anschluss an diesen Satz lauthals (vgl. Lindgren 1970: 51).

In der Schulszene des Hörspiels ist das häufige und kräftige Lachen der anderen Kinder überaus markant. Das komische Potenzial Pippis nennt Hans-Heino Ewers in Anlehnung an einen Begriff Maria Lypps eine „Komik der Befreiung", die den Erzählungen innewohne (vgl. Ewers 1992: 128f.). Pippi düpiert den stärksten Mann der Welt oder bezwingt einen wilden Stier, sie setzt sich gegen die Polizei durch oder vertreibt zwei dreiste Einbrecher – oder sie verweigert sich eben dem starren, von Erwachsenen dominierten Schulsystem. Die Erleichterung über die Souveränität Pippis, so Ewers, entlädt sich im Lachen über das Unerwartete (ebd.: 128). Zugleich ermuntert Pippi ihre Zuhörerschaft dadurch, mutig und forsch zu sein, sich nicht alles gefallen zu lassen und so zu handeln, wie man selbst es für richtig und gut hält. Nicht von ungefähr kommt es in Schweden unmittelbar nach dem Erscheinen von „Pippi Langstrumpf" zu einer öffentlichen Diskussion, ob Lindgren mit ihren Geschichten nicht eigentlich die Kinder verziehe (vgl. Blume 2009: 90). Dass sich Pippi die Welt macht, wie sie ihr gefällt, kann sicher bis heute Unbehagen auslösen.

Die bekannte Haltung des „Ich mach' mir die Welt, widewide wie sie mir gefällt" aus dem ins Deutsche übersetzten Serien-Song (Schweden 1968/ Deutschland 1971) wohnt zwar den Pippi-Geschichten insgesamt inne. Besungen wird diese kindliche Lust nach Weltaneignung allerdings so konkret nicht in jeder der vielen Sprachen, in die das Lied übersetzt wurde. Dass sich Pippi zudem ‚verrechnet', ist ebenfalls nicht in jedem Land üblich (vgl. Tünnissen-Hendricks o.J.) Dem deutschsprachigen Zuhörer oder der Zuhörerin bietet sich durch die um 1970 angefertigte Übersetzung des Liedes durch Wolfgang Franke und Helmut Harun (vgl. Lindgren et al. 2007: 6) somit eine bemerkenswerte Möglichkeit, Pippis antiautoritären Eigensinn noch besser zu verstehen. Dass der deutsche Text überdies im Zusammenhang mit dem pädagogischen Klima der Jahre um 1968 steht, kann in Anbetracht der ideengeschichtlichen Parallelen wohl angenommen werden.

Gleich zu Beginn des Liedes heißt es: „Zwei mal drei macht vier / widewidewitt und drei macht neune. / Ich mach' mir die Welt, / widewide wie sie mir gefällt." Und etwas später: „und jeder, der uns mag, / kriegt unser Einmaleins gelehrt" (Lindgren 2012: I/1/0,12; 0,51). Zwei Aspekte sind an dem Titelsong bemerkenswert. Zum einen besingt Pippi den Willen, die Welt nach ihrem eigenen Gefallen zu gestalten. Sie akzeptiert somit nicht, dass alles bereits entschieden und gedeutet ist, dass die eigenen Maßstäbe über richtig und falsch sowie gut und schlecht dem Althergebrachten, Tradierten unterlegen sind. Für Pippi ist die Welt ein wandelbarer Ort. Zum anderen wählt das freie Kind Pippi gerade die Mathematik aus, um ihren Willen zu bekräftigen, dass die Gegenstände der Welt und des Geistes umdeutbar und in ihrer Funktion verhandelbar sind. Sie akzeptiert die vermeintlich unumstößlichen mathematischen Wahrheiten nicht als die ihren, sondern erfindet ihre eigenen. Pippi Langstrumpf bietet dem Zuhörer und der Zuhörerin nämlich an, „unser Einmaleins" – ihr eigenes also – zu lernen. Sie geht keinesfalls davon aus, dass zwei mal drei tatsächlich objektiv vier ergibt. Pippi versteht die Welt als veränderbar und macht in dieser experimentellen Weltaneignung auch vor der Mathematik nicht halt.

Die Welt ist als veränderbar zu begreifen – Verbindungen zur 68er-Pädagogik

Die im Liedtext, aber ebenso in den Pippi-Geschichten vertretene Haltung, dass die Welt als veränderbar zu verstehen sei, ist im Deutschland der 1960/70er Jahre entscheidender ideologischer Bestandteil einer ‚Pädagogik der 68er-Bewegung' (vgl. Baader 2008a; Baader/Herrmann 2011). Die heterogene und internationale ‚68er-Bewegung' war nicht nur um eine Abgrenzung zu den als eng empfundenen Werten und Praktiken der im Nationalsozialismus sozialisierten Elterngeneration bemüht, sie übte überdies laute, teils schrille Kritik an den herrschenden ökonomischen, politischen und pädagogischen Systemen. Ihre Akteurinnen und Akteure fordern eine Öffnung der Gesellschaft für neue Formen des Miteinanders und des Zusammenlebens und stellen oft sehr grundsätzliche Fragen zu politischen, gesellschaftlichen, pädagogischen und moralischen Themen (vgl. Frei 2008: 77–151; Klimke/Scharloth 2008). Die Suche nach anderen gesellschaftlichen Konzepten pervertiert nicht nur in den Terrorismus der Roten Armee Fraktion, sondern führt ebenso zu einer Öffnung des politischen Klimas in Deutschland.

Aus dem pädagogischen Teil dieser politischen Sammelbewegung stammt letztendlich auch der Begriff der „antiautoritären Erziehung" im hier verwendeten Sinne, die sich unter anderem auf Denker wie Horkheimer und Adorno, aber ebenso auf Neill bezieht und deren konkrete Umsetzung unter anderem die Verhinderung „autoritärer Charaktere" zum Ziel hat (vgl. Brumlik 2008: 197–204). In einer zeitgenössischen Publikation über „Antiautoritäre Erziehung in der wissenschaftlichen Diskussion" heißt es: „Autorität ist ein fester Bestandteil unserer Gesellschaft. Sie erweist sich nicht nur in dem Hang zu dem, was Macht verbürgt, sondern auch umgekehrt in einem auffälligen Mangel an Sensibilität gegenüber Ausbeutung, Unterdrückung, Völkermord" (Beutler 1973: 12). Antiautoritäre Erziehung soll deshalb kritische, mündige und emanzipierte Individuen mit der Befähigung zum Widerstand gegen Machtmissbrauch hervorbringen. Der Erziehungswissenschaftler Hans-Jochen Gamm schreibt in einem zeitgenössischen Text über eine antiautoritäre Erziehung:

> Unter dem Gesichtspunkt, jeden Autoritätsdruck zu vermeiden, wird auch der bewußte erzieherische Eingriff fragwürdig, der bloß auf Normenübernahme zielt. Die Normen sind nämlich nie bewährt, sondern müssen der Bewährung durch die Jugendlichen erst ausgesetzt werden. Erziehung ist daher zunehmend als Angebot zur Kooperation mit der Möglichkeit zur Verweigerung zu verstehen. (Gamm 1970: 38f.)

Werte und Normen, so lässt sich ableiten, gehören in jeder Generation neu auf den Prüfstand, sie sind keine Offenbarungen oder Naturgesetze, denen es sich zu unterwerfen gilt. Das ist eine wesentliche Botschaft geglückter antiautoritärer Erziehung. In einem Flugblatt von 1969 mit dem Titel „Zum Konzept der antiautoritären Erziehung" heißt es mit Blick auf das Lernen und Leben in ‚zeitgemäßen', antiautoritären Kindergärten – die ersten Elterninitiativen mieten sich bisweilen in ehemaligen Geschäften ein, weshalb die Bezeichnung „Kinderläden" üblich wurde (vgl. Baader 2008b): „1. Die Kinder sollen lernen, ihre Interessen zu erkennen und ohne Angst vor Strafe oder Liebesentzug zu vertreten, auch und gerade den Erwachsenen gegenüber. [...] 4. Die Welt ist als veränderbar zu verstehen" (zit. n. Saß 1972: 194).

Aufgrund der Gemeinsamkeiten dieser Pädagogik mit dem Kinderbild in „Pippi Langstrumpf", fällt es nicht schwer, die Geschichten Lindgrens als ein „anti-autoritär angelegtes Kinderbuch" zu bezeichnen (Roeder 2009: 105). In Auseinandersetzung mit Malte Dahrendorf schreibt die Germanistin Sonja Müller ergänzend, dass die „fantastischen Figuren Lindgrens" als Repräsentanten „einer wirklichkeitsverändernden, gesellschaftlichen Utopie ausgedeutet" (Müller 2009: 266) werden können. Hält man sich die ideengeschichtlichen Parallelen zwischen „Pippi Langstrumpf", Ellen Key, A.S. Neill und der 68er-Pädagogik vor Augen, nimmt diese Lesart nicht Wunder.

Pippi und der „Negerkönig" – eine Debatte

Es ist jedoch nicht die Pädagogik allein, die Diskussionen um „Pippi Langstrumpf" angeregt hat. „Während in der BRD in den 1950er Jahren die Publikation der *Pippi*-Trilogie vor allem in Bezug auf pädagogische Aspekte kontroverse Diskussionen hervorrief, trat seit Ende der 1960er Jahre der Vorwurf rassistischer Tendenzen in den Vordergrund" (Jung 2009: 292), scheibt Konstanze Jung. In anderen Ländern begann diese Diskussion allerdings deutlich früher. Bereits kurz nach Erscheinen der Pippi-Geschichten „wurden manche Darstellungsweisen, vor allem solche, die sich auf die farbige Bevölkerung des Taka-Tuka-Landes beziehen, als rassistisch angesehen" (ebd.: 287). Die Übersetzungen sind deshalb von Beginn an die „nationalsprachlich unterschiedlichen Normen" angepasst worden (Surmatz 2009: 67). In West-Deutschland schien es allerdings vorerst unproblematisch, häufig von „Negern" zu sprechen und diese als beherrschungswürdige Wilde zu charakterisieren. Im deutschen Osten war dies beispielsweise anders. In der Ausgabe der DDR wurden der „Negerkönig" zum „König" und die „Negerkinder" zu „Taka-Tuka-Kindern" (vgl. Jung 2009: 292). Seit 2009 hat der Oetinger-Verlag die Erlaubnis der Erben Astrid Lindgrens, Worte wie „Neger" oder „Zigeuner" durch weniger rassische Begriffe zu ersetzen. Die sprachlichen Überarbeitungen des Verlages haben in der Folge immer wieder für öffentlichen Unmut oder Zustimmung gesorgt. Allerdings schienen die Stimmen, die Zensur monierten, lauter zu rufen als jene, die über die Streichung des N-Wortes erleichtert waren. Als schließlich 2012 die damalige Familienministerin Kristina Schröder in der Wochenzeitung „DIE ZEIT" bekannte, dass sie Kinderbücher und Märchen beim Vorlesen politisch korrekt umformuliere und davon auch der „Negerkönig" betroffen sei (vgl. Schröder 2012), entbrannte eine breite mediale Debatte. Ihren Höhenpunkt erreichte dieses feuilletonistische Gefecht mit der „ZEIT"-Ausgabe vom 17. Januar 2013, die mit Jim Knopf und anderen bekannten „Negern" der (deutschen) Kulturgeschichte titelte und das Arrangement mit „Kinder, das sind keine Neger!" überschrieb. Auch in dieser Auseinandersetzung schien die Erregung zuerst vor allem daher zu rühren, dass Begriffe aus Kinderbüchern entfernt wurden (vgl. Greiner 2013). Zu hören waren jedoch gleichermaßen Personen, die befürworteten, dass offensichtlich diskriminierende und rassistische Wörter zukünftig seltener den Weg in die Kinderzimmer finden.

Das für diesen Beitrag herangezogene Hörspiel bezeichnet Pippis Vater nicht mehr als einen „Negerkönig". Wie in den neueren Romanausgaben auch, ist Efraim Langstrumpf zum „König" in der Südsee geworden (vgl. Lindgren 2012: I/2/5,28). In den früheren Ausgaben des Romans findet sich das N-Wort allerdings überaus häufig. Am Beginn der Erzählung ist über Pippis Vater zu lesen:

> Aber Pippi war ganz sicher, daß er eines Tages zurückkommen würde. Sie glaubte überhaupt nicht, daß er ertrunken sein könnte. Sie glaubte, daß er auf eine Insel geschwemmt worden war, wo viele Neger wohnten, und daß ihr Vater König über alle Neger geworden war und alle Tage mit einer goldenen Krone auf dem Kopf umherging. „Mein Vater ist ein Negerkönig. Es gibt wahrhaftig nicht viele Kinder, die so einen feinen Vater haben!", pflegte Pippi sehr stolz zu sagen. „Und wenn mein Vater sich nur ein Schiff bauen kann, dann kommt er und holt mich, und dann werde ich eine Negerprinzessin. Hei hopp, was wird das für ein Leben!" (Lindgren 1970: 9f.)

Özlem Topçu schreibt in der „ZEIT" über die Verwendung des N-Wortes durch Astrid Lindgren:

> Doch selbst wenn eine Lindgren das Wort benutzt – es bleibt eine rassistische Bezeichnung, die manchem wehtut. So einfach ist das. Als Pippi Langstrumpf erschaffen wurde, gab es keine schwarzen Schweden; Europa galt als überlegene „Erste Welt". Nicht Lindgren war rassistisch, sondern die Welt, in der sie lebte. Sie wusste es nur nicht. Man hat so gesprochen, weil es damals normal war, normaler jedenfalls als heute, Menschen anderer Herkunft abzuwerten. (Topçu 2013)

Der Spiegel-Online-Kolumnist Georg Diez beteiligt sich ebenfalls an der Debatte. Einen Tag nach der „ZEIT"-Titelgeschichte schreibt er: Das Wort „Neger" sei ohne Zweifel rassistisch und der rege Gebrauch stamme aus einer Zeit,

> als die freundlichen Nachkriegsdeutschen von Itakern sprachen oder von Spaghettifressern oder vom Kümmeltürken; als sie sagten „bis zur Vergasung", wenn sie sagen wollten, dass sie etwas sehr intensiv machten; und als das Zitat von Bundespräsident Heinrich Lübke die Runde machte: „Sehr geehrte Damen und Herren, liebe Neger!" (Diez 2013)

Das Wort „Neger" leitet sich vom lateinischen bzw. spanischen und portugiesischen Wort für „schwarz" ab. Die gesellschaftliche, kulturelle und politische Etablierung pauschalisierender Ideen von „Rasse" fällt mit dieser Wortschöpfung zusammen. Der Begriff konstruiert Identität über die Pigmentierung. Er verallgemeinert damit aber nicht nur unzählige Hauttöne, sondern ebenso eine Vielzahl verschiedenster Ethnien. Überdies erfolgen bestimmte Zuschreibungen, die den zugehörigen Personenkreis geschichtslos, unzivilisiert, unkultiviert und fruchteinflößend erscheinen lassen. Der „Neger" symbolisiert das Andere, das „Un-Normale". Von Beginn an ist das Wort negativ konnotiert und mit Ressentiments von Triebhaftigkeit, Einfältigkeit und Fremdartigkeit aufgeladen (vgl. Arndt/Bauer 2009: 185ff.). Susan Arndt und Marlene Bauer schreiben in ihrem „kritischen Nachschlagewerk" mit dem Titel „Afrika und die deutsche Sprache": „Als Millionen Afrikaner/innen versklavt wurden, ist dieses Wort von spanischen und portugiesischen Sklavenhändlern zur pauschalen Benennung von Afrikaner/innen benutzt worden" (ebd.: 185). Auf diese Weise über Worte tradierte Stereotype bleiben nicht ohne Wirkung, ist im Vorwort des Buches „Menschenfresser – Negerküsse. Das Bild vom Fremden im deutschen Alltag“ zu lesen.

> Sie wirken sich auf das Zusammenleben mit ausländischen Mitbürgern aus, bilden mitunter den Humus für Fremdenhaß, Ausländerfeindlichkeit, Rassismus und Nationalismus. Das schamhafte Verdrängen, das Nicht-Wahrnehmen oder nicht Wahrhaben-wollen der Klischees über Fremde lösen jedoch nicht die Probleme. Und selbst die scheinbar konsequente Nicht-Verwendung von Begriffen – „Neger sagt man doch nicht!“ – vermeidet die notwendige Auseinandersetzung. (Lorbeer 1991: 6)

Skepsis angesichts der Streichung des N-Wortes hat ebenso der „Tagesspiegel“-Autor Harald Martenstein – allerdings aus anderen Gründen. Worte seien doch sehr vom Kontext ihres Gebrauchs und der angedachten Intention ihrer Verwendung abhängig. Martenstein gibt zu bedenken, dass der Kunstfreiheit Gefahr drohe, wenn sich bestimmte Gruppen durch einzelne Wörter zu Recht oder Unrecht beleidigt fühlten. Einer, so das Argument, das Martenstein stellvertretend vorbringt, fühle sich immer durch irgendetwas beleidigt (vgl. Martenstein 2013).

Mit der Streichung des Wortes „Neger“ steht der Oetinger Verlag in einer langen Tradition der sukzessiven Veränderung des ursprünglichen Textes. „Die deutsche Übersetzung“, so Astrid Surmatz, „ist vermutlich diejenige, die im Verlauf der Rezeptionsgeschichte den meisten Überarbeitungsschritten unterworfen wurde“ (Surmatz 2009: 67). Auf seiner Homepage rechtfertigt der Verlag die Umbenennung in einer mittlerweile nicht mehr zugänglichen FAQ-Antwort mit dem Hinweis, ein Wort wie „Neger“ sei missverständlich, unzeitgemäß und entspreche nicht mehr dem gegenwärtigen Menschenbild. Lindgren sei allem Fremden gegenüber aufgeschlossen gewesen (vgl. Oetinger.de o.J.). Doch auch wenn sich Thomas, Annika und Pippi während ihrer Reise nach Taka-Tuka-Land wünschen, selbst eine schwarze Haut zu haben (vgl. Lindgren 1970: 312), wenn Pippi sich bemüht, mit den Taka-Tuka-Kindern in deren Sprache zu sprechen und Hierarchien aufgrund ihres Status als „Prinzessin“ oder ihrer weißen Haut gar nicht erst aufkommen zu lassen (vgl. ebd.: 310f.), oder wenn sie sich über das ‚Land der weißen Kinder‘ lustig macht (vgl. ebd.: 313f.), bleiben Lindgrens Geschichten doch in einer Welt und Zeit angesiedelt, in der das Schwarz-Sein etwas Exotisches, Hilfsbedürftiges und Unzivilisiertes ist. Daran können auch die erfolgten Umbenennungen kaum etwas ändern. Sie entschärfen lediglich die offensichtlichsten Kränkungen. Diese Tatsache zu reflektieren, bleibt den (Vor-)Leserinnen und Zuhörern der „Pippi Langstrumpf“-Geschichten letztlich nicht erspart.

Schlussbetrachtung

Drei Aspekte können zusammenfassend aus dem zuvor Geschriebenen hervorgehoben werden: (1) Als Pippi Langstrumpf 1949 in Deutschland erscheint, ist sie alles andere als pädagogischer Mainstream. Aber sie vertritt eine Pädagogik, die einer jungen Demokratie weitaus angemessener erscheint als die einer Johanna Haarer. (2) Astrid Lindgren und mit ihr Pippi Langstrumpf stehen in der reformpädagogischen Tradition einer Pädagogik vom Kinde aus. Ideengeschichtliche Verbindungen zu Ellen Key und A. S. Neill sind offensichtlich. Die Betonung der kindlichen Autonomie, einer Orientierung an den Bedürfnissen und Interessen des Kindes und der Fähigkeit einer Kritik an der Welt, in der man lebt, sind zentrale Momente, die Pippis-Geschichten auch mit pädagogischen Ideen um 1968 verbinden. (3) Dennoch ist auch Pippi Langstrumpf ein Kind ihrer Zeit. Lindgren mag bemüht gewesen sein, Machtstrukturen zwischen der weißen Pippi und den schwarzen Taka-Tuka-Kindern aufzuweichen, die Vorstellungen und Stereotype ihrer Zeit hat sie trotzdem in ihre Erzählung eingewoben.

Die ‚Pädagogik' Pippi Langstrumpfs hat grundsätzlich eine emanzipatorische, aufklärerische Botschaft.

> Während Astrid Lindgren ihr Enfant terrible ersonnen hatte, während sie mit ihm die Freiheit des Kindes von bürgerlichem Zwang in Literatur umsetzte und ihre spielerische Utopie proklamierte, hatten Kinder auf dem Kontinent unter dem Zwang des Krieges gelebt, waren Janusz Korczak und seine Waisenkinder im Kampf für eine ganz andere Freiheit von den Nationalsozialisten ermordet worden. Und in dem Land, das den Mord an ihm und Millionen anderer Menschen zugelassen hatte, steckten die Kinder in Uniformen, bedienten Flakgeschütze, lagen zwischen den Fronten, kamen auf der Flucht um und lebten unter einem solchen politischen und pädagogischen Zwang, dass es noch Jahrzehnte dauerte, bis sie die allgemeine europäische Zeit eingeholt und wirklich einen Sinn für Astrid Lindgrens Leichtigkeit gewonnen hatten. (Schönfeldt 2007: 80)

Pippi Langstrumpf – die in einer ihrer Geschichten den wohl an Hitler angelehnten „starken Adolf", den stärksten Mann der Welt, besiegt (vgl. dazu Surmatz 2009: 69, 76f.) – kann mit ihrem Erscheinen in Deutschland 1949 sicher nicht allein das „Gespenst" des Nationalsozialismus (Adorno 1997b: 31) aus den Köpfen der Menschen vertreiben, aber sie zeigt eine (pädagogische) Denktradition und Haltung auf, die im Sinne einer „Erziehung nach Auschwitz" weniger anfällig für Unterwerfung, Gehorsam und Anpassung ist. Das gilt im Kern auch noch heute.

Hörspiel

Lindgren, Astrid (2012): Pippi Langstrumpf. Das Hörspiel mit allen Geschichten aus dem Buch „Pippi Langstrumpf". Hamburg: Oetinger Audio.

Literatur

Adorno, Theodor W. (1973): Studien zum autoritären Charakter. Frankfurt/Main: Suhrkamp.

Adorno, Theodor W. (1997a): Erziehung nach Auschwitz. In: Tiedemann, R. (Hrsg.): „Ob nach Auschwitz noch sich leben lasse". Ein philosophisches Lesebuch. Frankfurt/Main: Suhrkamp, S. 48–63.

Adorno, Theodor W. (1997b): Was bedeutet: Aufarbeitung der Vergangenheit. In: Tiedemann, R. (Hrsg.): „Ob nach Auschwitz noch sich leben lasse". Ein philosophisches Lesebuch. Frankfurt/Main: Suhrkamp, S. 31–47.

Appleton, Matthew (2000): Summerhill – Kindern ihre Kindheit zurückgeben. Demokratie und Selbstregulierung in der Erziehung. Baltmannsweiler: Schneider Hohengehren.

Arndt, Susan/Bauer, Marlene (Hrsg.) (2009): Afrika und die deutsche Sprache. Ein kritisches Nachschlagewerk. 2. Aufl. Münster: Unrast.

Baader, Meike Sophia (Hrsg.) (2000): Ellen Keys reformpädagogische Vision. „Das Jahrhundert des Kindes" und seine Wirkung. Weinheim [u.a.]: Beltz.

Baader, Meike Sophia (Hrsg.) (2008a): „Seid realistisch, verlangt das Unmögliche". Wie 1968 die Pädagogik bewegte. Weinheim [u.a.]: Beltz.

Baader, Meike Sophia (2008b): Von sozialistischen Erziehung bis zum buddhistischen Om. Kinderläden zwischen Gegen- und Elitekulturen. In: Baader, M.S. (Hrsg.): „Seid realistisch, verlangt das Unmögliche". Wie 1968 die Pädagogik bewegte. Weinheim [u.a.]: Beltz, S. 16–35.

Baader, Meike Sophia/Herrmann, Ulrich (Hrsg.) (2011): 68 – engagierte Jugend und kritische Pädagogik. Impulse und Folgen eines kulturellen Umbruchs in der Geschichte der Bundesrepublik. Weinheim [u.a.]: Juventa.

Beutler, Kurt (1973): Was heißt „antiautoritäre Erziehung"? In: Claßen, J./Ammen, A. (Hrsg.): Antiautoritäre Erziehung in der wissenschaftlichen Diskussion. Heidelberg: Quelle & Meyer, S. 7–18.

Blume, Svenja (2009): Vom „freien Kind" zur „feinen Dame". Pippi Langstrumpfs Ausflüge in die französische Kinderliteratur. In: Blume, S./Kümmerling-Meibauer, B./Nix, A. (Hrsg.): Astrid Lindgren – Werk und Wirkung. Internationale und interkulturelle Aspekte. Frankfurt/Main: Lang, S. 85–104.

Brumlik, Micha (2000): Pädagogik des Perfektionismus: Ellen Key. In: Baader, M.S. (Hrsg.): Ellen Keys reformpädagogische Vision. „Das Jahrhundert des Kindes" und seine Wirkung. Weinheim [u.a.]: Beltz, S. 42–53.

Brumlik, Micha (2008): „Autorität" und „Antiautoritarismus". In: Baader, M.S. (Hrsg.): „Seid realistisch, verlangt das Unmögliche". Wie 1968 die Pädagogik bewegte. Weinheim [u.a.]: Beltz, S. 184–211.

Bueb, Bernhard (2006): Lob der Disziplin. Eine Streitschrift. Berlin: List.

Chamberlain, Sigrid (2000): Adolf Hitler, die deutsche Mutter und ihr erstes Kind. Über zwei NS-Erziehungsbücher. 3. Aufl. Gießen: Psychosozial-Verl.

Dankert, Birgit (2013): Astrid Lindgren. Eine lebenslange Kindheit. Darmstadt: Lambert Schneider.

Diez, Georg (2013): Der Kritiker: Das hässliche „Neger" ist tot, tot, tot. Eine Kolumne. http://www.spiegel.de/kultur/gesellschaft/georg-diez-zur-neger-debatte-um-die-kleine-hexe-a-878371.html [Zugriff: 24.05.2015].

Ewers, Hans-Heino (1992): Pippi Langstrumpf als komische Figur. Anmerkungen zu einem Kinderbuchklassiker. In: Ewers, H.-H. (Hrsg.): Komik im Kinderbuch Erscheinungsformen des Komischen in der Kinder- und Jugendliteratur. Weinheim [u.a.]: Juventa, S. 127–134.

Frei, Norbert (2008): 1968. Jugendrevolte und globaler Protest. München: Dt. Taschenbuch-Verl.

Füller, Christian (2011): Sündenfall. Wie die Reformschule ihre Ideale missbrauchte. Köln: DuMont.

Füller, Christian (2015): Die Revolution missbraucht ihre Kinder. Sexuelle Gewalt in deutschen Potestbewegungen. München: Hanser.

Gamm, Hans-Jochen (1970): Kritische Schule. Eine Streitschrift für die Emanzipation von Lehrern und Schülern. München: List.

Greiner, Ulrich (2013): Die kleine Hexenjagd. http://www.zeit.de/2013/04/Kinderbuch-Sprache-Politisch-Korrekt [Zugriff: 24.05.2015].

Gruschka, Andreas (2004): Kritische Pädagogik nach Adorno. In: Gruschka, A./Oevermann, U. (Hrsg.): Die Lebendigkeit der kritischen Gesellschaftstheorie. Dokumentation der Arbeitstagung aus Anlass des 100. Geburtstages von Theodor W. Adorno, 4.–6. Juli 2003 an der Johann Wolfgang Goethe-Universität, Frankfurt am Main. Wetzlar: Büchse der Pandora, S. 135–160.

Haarer, Johanna (1944): Die deutsche Mutter und ihr erstes Kind. 553.–562. Tsd. München: Lehmann.

Haarer, Johanna (1949): Die Mutter und ihr erstes Kind. 1.–10. Tsd. Nürnberg: Lätare-Verl.

Haarer, Johanna/Haarer, Gertrud/Ahlheim, Rose (Hrsg.) (2012): Die deutsche Mutter und ihr letztes Kind. Die Autobiografien der erfolgreichsten NS-Erziehungsexpertin und ihrer jüngsten Tochter. Hannover: Offizin.

Honneth, Axel (2008): Kampf um Anerkennung. Zur moralischen Grammatik sozialer Konflikte. Frankfurt/Main: Suhrkamp.

Horkheimer, Max (1988): Autorität und Familie (1936). In: Schmidt, A. (Hrsg.): 3. Schriften 1931–1936. Frankfurt/Main: Fischer, S. 337–417.

Horkheimer, Max/Adorno, Theodor W. (1952): Vorurteil und Charakter. In: Frankfurter Hefte. Zeitschrift für Kultur und Politik 7, 4, S. 284–291.

Jung, Konstanze (2009): Pippi Langstrumpf und der Rassismusdiskurs. Überlegungen zur Wirkungsgeschichte im interkulturellen Kontext und zu ausgewählten literaturpädagogischen Konzepten. In: Blume, S./Kümmerling-Meibauer, B./Nix, A. (Hrsg.): Astrid Lindgren – Werk und Wirkung. Internationale und interkulturelle Aspekte. Frankfurt/Main: Lang, S. 287–306.

Kamp, Martin (2006): Die Pädagogik A.S. Neills. http://paed.com/reformpaedagogik/neill.pdf [Zugriff: 26.05.2015].

Key, Ellen/Herrmann, Ulrich (1992): Das Jahrhundert des Kindes. Studien. Weinheim [u.a.]: Beltz.

Klimke, Martin/Scharloth, Joachim (Hrsg.) (2008): 1968. Handbuch zur Kultur- und Mediengeschichte der Studentenbewegung. Bonn: Bundeszentrale für politische Bildung.

Koch, Claus (2007): Erziehung im Nationalsozialismus, 1968 und der erneute Ruf nach Disziplin und Unterordnung. In: Brumlik, M./Amos, S. K. (Hrsg.): Vom Missbrauch der Disziplin. Antworten der Wissenschaft auf Bernhard Bueb. 3. Aufl. Weinheim [u.a.]: Beltz, S. 100–133.

Kohn, Brigitte (2007): „Ich hoffe, Sie verständigen nicht das Jugendamt". Astrid Lindgrens anarchische Kinderfiguren wie Pippi Langstrumpf, Ronja oder Karlsson fesseln auch heutige Kinder. Sie sind Psychogramme von hoher Ainbivalenz. In: Psychologie heute 34, 9, S. 68–73.

Kraushaar, Wolfgang (2010): Adorno, die antisemitische Welle (1959/60) und ihre Folgen. In: Ahlheim, K. (Hrsg.): Adorno revisited. Erziehung nach Auschwitz und Erziehung zur Mündigkeit heute. Hannover: Offizin, S. 9–37.

Lindgren, Astrid (1970): Pippi Langstrumpf. Hamburg: Oetinger.

Lindgren, Astrid et al. (2007): Hej, Pippi Langstrumpf! Das große Astrid-Lindgren-Liederbuch. Hamburg: Oetinger.

Lorbeer, Marie (Hrsg.) (1991): Menschenfresser – Negerküsse. Das Bild vom Fremden im deutschen Alltag. Berlin: Elefanten Press.

Martenstein, Harald (2013): Achtung, Zensur. http://www.tagesspiegel.de/meinung/rassismus-in-kinderbuechern-achtung-zensur/7658452.html [Zugriff: 24.05.2015].

Metcalf, Eva-Maria (2009): Pippi's American Ancestors. Pippi Longstocking and the American Orphan Tale Tradition. In: Blume, S./Kümmerling-Meibauer, B./Nix, A. (Hrsg.): Astrid Lindgren – Werk und Wirkung. Internationale und interkulturelle Aspekte. Frankfurt/Main: Lang, S. 137–153.

Müller, Sonja (2009): Astrid Lindgren im Spiegel der deutschen Literaturpädagogik der späten 1950er und 1960er Jahre. Von Anna Krüger bis Malte Dahrendorf. In: Blume, S./Kümmerling-Meibauer, B./Nix, A. (Hrsg.): Astrid Lindgren – Werk und Wirkung. Internationale und interkulturelle Aspekte. Frankfurt/Main: Lang, S. 253–270.

Neill, Alexander Sutherland (1969): Theorie und Praxis der antiautoritären Erziehung. Das Beispiel Summerhill. 50. Aufl. Reinbek bei Hamburg: Rowohlt.

Nix, Angelika (2002): Das Kind des Jahrhunderts im Jahrhundert des Kindes. Zur Entstehung der phantastischen Erzählung in der schwedischen Kinderliteratur. Freiburg im Breisgau: Rombach.

Nix, Angelika (2009): Chaos, Spiel und Akrobatik. Astrid Lindgren im Kontext des schwedischen Modernismus. In: Blume, S./Kümmerling-Meibauer, B./Nix, A. (Hrsg.): Astrid Lindgren – Werk und Wirkung. Internationale und interkulturelle Aspekte. Frankfurt/Main: Lang, S. 17–33.

Oelkers, Jürgen (2005): Reformpädagogik. Eine kritische Dogmengeschichte. 4. Aufl. Weinheim [u.a.]: Juventa.

Oelkers, Jürgen (2011): Eros und Herrschaft. Die dunklen Seiten der Reformpädagogik. Weinheim [u.a.]: Beltz.

Oetinger.de (o.J.): FAQs. Die Begriffe „Neger“ und „Zigeuner“ im Werk Astrid Lindgrens [nicht mehr online]. http://www.oetinger.de/verlag/haeufige-fragen/neger-und-zigeuner.html [Zugriff: 30.01.2014].

Roeder, Caroline (2009): Archivalisches zur Astrid Lindgren Rezeption in der DDR. In: Blume, S./Kümmerling-Meibauer, B./Nix, A. (Hrsg.): Astrid Lindgren – Werk und Wirkung. Internationale und interkulturelle Aspekte. Frankfurt/Main: Lang, S. 105–122.

Rutschky, Katharina (2001): Alexander S. Neill: Theorie und Praxis der antiautoritären Erziehung. Das Beispiel Summerhill. In: Horn, K.-P./Ritzi, C. (Hrsg.): Klassiker und Außenseiter. Pädagogische Veröffentlichungen des 20. Jahrhunderts. Baltmannsweiler: Schneider Hohengehren, S. 171–184.

Saß, Hans-Werner (Hrsg.) (1972): Antiautoritäre Erziehung oder die Erziehung der Erzieher. Soziales Lernen in Erwachsenengruppen. Stuttgart: Metzler.

Schönfeldt, Sybil Gräfin (2007): Astrid Lindgren. Reinbek bei Hamburg: Rowohlt.

Schröder, Kristina (2012): „In dem Fall würde ich lügen“. Darf man ein Kind mehr lieben als das andere? Oder Geld für gute Noten geben? Familienministerin Kristina Schröder über Erziehung. In: DIE ZEIT, 52, S. 5.

Skiera, Ehrenhard (2010): Reformpädagogik in Geschichte und Gegenwart. Eine kritische Einführung. 2. Aufl. München: Oldenbourg.

Surmatz, Astrid (2009): Politik in Astrid Lindgrens Werken. Von Quisling zu Antinazismus und der Rassismusdiskussion. In: Blume, S./Kümmerling-Meibauer, B./Nix, A. (Hrsg.): Astrid Lindgren – Werk und Wirkung. Internationale und interkulturelle Aspekte. Frankfurt/Main: Lang, S. 67–84.

Topçu, Özlem (2013): Stellt euch nicht so an. http://www.zeit.de/2013/05/Kinderbuch-Debatte-Neger-Rassismus [Zugriff: 24.05.2015].

Tünnissen-Hendricks, Tonia (o.J.): Pippi Langstrumpf – Kunterbuntes rund um das stärkste Mädchen der Welt. http://efraimstochter.de/ [Zugriff: 24.06.2015].

Jim Knopf, der Drachenzähmer

Wie Michael Ende die NS-Erziehung im Märchen bezwang

Julia Voss

Als Michael Ende 1961 der Deutsche Jugendbuchpreis für sein Erstlingswerk „Jim Knopf und Lukas der Lokomotivführer“ verliehen wurde, hieß es in der Begründung, das Buch sei „randvoll von köstlichen Einfällen“ und „atemberaubend sind die phantastischen Abenteuer, die Jim Knopf mit Lukas und der schwimmenden Lokomotive Emma erlebt“ (zit. n. Boccarius 1995: 276). Der Autor hatte in seiner Erzählung eine Reihe von Mischwesen geboren wie den Halbdrachen Nepomuk, die fischschwänzige Meeresprinzessin Sursulapitschi oder den Scheinriesen Tur Tur, der die Gesetze der Perspektive auf den Kopf stellte. Das Lob verfolgte den Schriftsteller. Was man anfangs schätzte, kritisierte man bald. Die Geschichte von dem kleinen schwarzen Jungen Jim, der in einem Postpaket auf der Insel Lummerland eintrifft, mit dem Lokomotivführer Lukas auszieht, um eine neue Heimat zu finden, und nach einer langen Abenteuerfahrt schließlich seine königliche Abstammung entdeckt, galt schließlich als Heileweltphantasie eines „Schreiberlings für Kinder“. Weltflucht wurde ihm im Zuge der sogenannten Eskapismus-Debatte vorgeworfen, „Fluchtliteratur“ war die Bezeichnung, die an seinen Werken haften blieb. Als der Hörspielautor und Theaterkritiker Melchior Schedler (1973: 47) die Bühnenfassung von Jim Knopf ironisch ein „kindertümliches Prachtstück“ nannte und es als „Opium für Kinder“ bezeichnete, sprach er die Meinung einer Generation von sozialkritischen Kinderbuchautoren aus. Ende empfand die Vorwürfe als „richtiggehend erstickend“ und zog 1970 nach Italien, wo er die nächsten fünfzehn Jahre lebte und schrieb, darunter seine Weltbestseller „Momo“ und „Die unendliche Geschichte“.

Die beiden zuletzt genannten Bücher haben gemeinsam, dass sie sich als Allegorien auf die Gesellschaft lesen lassen können, als Kritik an Kapitalismus und Rationalismus. In den Folgejahren äußerte sich Ende immer wieder in diesem Sinne. Er diskutierte öffentlich mit Joseph Beuys oder Erhard Eppler darüber, ob Kunst die Gesellschaft verändern könne; er schrieb über seinen Vater, den surrealistischen Maler Edgar Ende, dessen Bilder von den Nationalsozialisten zur „entarteten Kunst“ erklärt worden waren. Er veröffentlichte Essays, Reden und Interviews, in denen er wiederholt über die deutsche Vergangenheit sprach (vgl. Eppler/Ende/Tächl 1982, Ende/Krichbaum 1985, Beuys/Ende 1989 sowie Ende 1994). Ist sein erstes Buch von 1960 im Vergleich dazu also eine Ausnahme oder ein unpolitisches Frühwerk, nach dem der Autor erst zu seinem gesellschaftlichen Engagement finden musste? Oder wurde das Buch unterschätzt und seine stilbildenden Merkmale übersehen?

Endes Kindheit bis 1945

Vielleicht hat man nicht genau genug zugehört, als Michael Ende sagte, dass er nie für Kinder geschrieben habe. In seinem Essay „Über das Ewig-Kindliche“ betonte er, der kinderlos blieb, dass er während der Arbeit niemals an Kinder denke, sich niemals überlege, wie er sich ausdrücken müsse, damit Kinder ihn verstünden, niemals einen Stoff auswähle oder verwerfe, weil er für Kinder geeignet oder nicht geeignet sei. Die Unterscheidung zwischen Literatur für Erwachsene und Literatur für Kinder hielt Ende für künstlich; literaturhistorisch verortete er sie am Beginn des 19. Jahrhunderts. Vorher habe es Märchen gegeben, die sich keineswegs nur an Kinder gerichtet hätten, die Welt sei für Erwachsene und Kinder gleichermaßen bewohnbar gewesen, die Unterschiede hätten im Grade des Wissens und der Weisheit bestanden. Über sich selbst sagte er:

> Das Kind, das ich einmal war, lebt noch heute in mir, es gibt keinen Abgrund des Erwachsenwerdens, der mich von ihm trennt, im Grunde fühle ich mich als der gleiche, der ich damals war. (Ende 1994: 180)

„Damals“ hieß bei Michael Ende, geboren 1929, der Nationalsozialismus. Seine Kindheit hat er nie geschönt. Im Vergleich zu anderen Autoren seiner Zeit beharrte Ende damit auf einer anderen Definition von Kindheit, ein Lebensalter, das in der Literatur gerade neues Gewicht gewonnen hatte, als „Jim Knopf und Lukas der Lokomotivführer“ erschien. Kindsein war in der deutschen Nachkriegsliteratur zu der privilegierten Perspektive stilisiert worden, aus der man Unschuld für sich beanspruchen durfte. Nur ein Jahr vor Michael Ende publizierte etwa Günter Grass seinen Roman „Die Blechtrommel“, in der das Kind Oskar Matzerath im Alter von drei Jahren beschließt, nicht mehr zu wachsen. Als Außenseiter kann Matzerath ein Sittenbild der Gesellschaft malen, in der jeder Einzelne seinen Teil dazu beiträgt, der NSDAP zu ihrer Macht zu verhelfen. Im Jahr 1968 erschien „Die Deutschstunde“ von Siegfried Lenz, ein Roman, der die Kriegszeit und den Nationalsozialismus ebenfalls aus Kindersicht schildert. Wie Oskar Matzerath führt auch Siggi Jepsen den Leser als Ich-Erzähler durch die Geschichte, die vom Vater handelt, dem 1943 als Polizist die Aufgabe zufällt, das Malverbot gegen den Künstler Max Ludwig

Nansen zu überwachen. Während der Vater, einem falschen Pflichtverständnis folgend, Nansen immer strengeren Repressalien unterzieht, schlägt sich der Sohn mehr und mehr auf die Seite des Malers. Beide, Grass wie Lenz, sahen im Kind den Außenseiter und Zeugen für eine bessere Welt: Oskar Matzerath als anarchischer Regelbrecher, Siggi Jensen als unrechtsbewusster Antiheld.

Ende dagegen hielt nicht nur die Generation der Erwachsenen für ins Dritte Reich verstrickt, sondern auch die nächste Generation, die Heranwachsenden, die Kinder. Er war vier Jahre alt, als Adolf Hitler 1933 zum Reichskanzler gewählt wurde; mit sieben sah er Hitler in München die „Große Deutsche Kunstausstellung" eröffnen, mit acht stand er in der Menge, die dem in einer Limousine vorbeifahrenden Führer zujubelte, der sich auf dem Weg zur „Vier-Mächte-Konferenz" befand. Mit Zustimmung der Staatsoberhäupter von England, Frankreich und Italien besiegelte das Treffen am 29. September 1938 die Abtretung des Sudetenlandes an das Deutsche Reich, eine Maßnahme, mit der Großbritannien und Frankreich den drohenden Krieg zu verhindern hofften. Edgar Ende hatte für seinen Sohn eine Spiegelkonstruktion gebastelt, damit das Kind über die Köpfe der Menge hinweg den Politiker betrachten konnte. Wenn auch der kleine Michael Ende von diesem Auftritt unbeeindruckt blieb, konnte er sich, wie sein Biograph Peter Boccarius berichtet, den kultisch aufgeladenen Masseninszenierungen der Nationalsozialisten nicht ganz entziehen. Einen weitaus größeren Eindruck auf das kindliche Gemüt machte die Beisetzung der NS-Putschisten, die am 9. November 1923 erschossen worden waren und zwölf Jahre später 1935 unter Trommelwirbeln auf dem Münchner Königsplatz beigesetzt wurden. Ein Wald von Hakenkreuzfahnen säumte das Areal, über das man Opferschalen und Fackeln trug. Als die Totenreden gehalten und die Namen verlesen wurden, meldete sich stellvertretend für jeden Gestorbenen ein SA-Mann, indem er „Hier!" brüllte. Damals, so Michael Ende, habe er gespürt, was schwarze Magie vermag (vgl. Boccarius 1995: 80).

Die NS-Zeit veränderte das Leben der Familie Ende tiefgreifend. Im Februar 1935 erschien im „Völkischen Beobachter" der erste Verriss von Edgar Endes Gemälden, die in einer Gruppenausstellung in der Münchner Neuen Pinakothek gezeigt worden waren. Der Vater verfiel daraufhin in eine Depression. Drei Jahre später wurden Edgar Endes Bilder zur „entarteten Kunst" erklärt und aus Museumsbesitz beschlagnahmt. 1939 wurde Edgar Ende zur Wehrmacht eingezogen und als Obergefreiter beim Flakscheinwerfer-Bataillon in Köln eingesetzt. Er überlebte den Krieg und kehrte 1945, nach kurzer amerikanischer Gefangenschaft, zu seiner Familie nach München zurück.

Das Kind Michael Ende wurde mit dem Krieg groß. 1936 trat er als Pimpf in die Hitler-Jugend ein, zur Schule ging er nicht gerne, seine Leistungen fielen ab, so dass er 1939 nicht in die nächst höhere Klasse versetzt wurde. Die Sommerferien 1943 verbrachte er in Hamburg bei den Großeltern und geriet in die sogenannte „Operation Gomorrha", während derer die Hansestadt eine

Woche lang, vom 24. bis zum 30. Juli, in mehreren Angriffswellen bombardiert wurde. Michael überlebte; als er nach München zurückkehrte, evakuierte man ihn mit der Kinderlandverschickung nach Garmisch. Im darauf folgenden Sommer brannte die Münchner Wohnung der Familie Ende aus, 290 Ölgemälde und über fünfhundert Gouachen des Vaters wurden zerstört. Kurz vor Kriegsende erhielt auch Michael den Einzugsbefehl, er floh und schlug sich zu seiner Mutter durch, die inzwischen in den Münchner Stadtteil Solln gezogen war. Als Fahrradkurier erledigte er kleine Botengänge für die Freiheitsaktion Bayern, die, um weitere Opfer zu vermeiden, die kampflose Übergabe der Stadt München an die Amerikaner durchzusetzen versuchte. Die Mitglieder der Gruppe wurden am 30. April von den Machthabern des Hitlerregimes hingerichtet, demselben Tag, an dem die ersten amerikanischen Einheiten in die Stadt einzogen.

„Was KZ bedeutete", sagt Michael Ende später in „Archäologie der Dunkelheit", ein Buch, das er seinem Vater widmete, „wußten wir natürlich. Wenn heute manche Leute sagen, sie haben es nicht gewußt, was ein KZ ist, dann sage ich nur, dann wollten die es eben nicht wissen" (Ende 1985: 37). Als Kind sah Michael Ende, wie Jüdinnen aus dem Altersheim in der Kaulbachstraße, wo auch die Endes bis 1944 ihre Wohnung hatten, an den Haaren zum Lastwagen gezerrt und deportiert wurden. Aus Garmisch hörte die Familie die Geschichte von Hedy Staackmann, einer Jüdin, deren Mann Trauzeuge des Ehepaars Ende war. Von den Nationalsozialisten wurde sie in einem Käfig auf dem Garmischer Bahnhof ausgestellt, ihren Mann, ehemals Offizier im Ersten Weltkrieg, erschlug man mit einer Eisenstange, als er in Uniform Wache vor dem Käfig seiner geächteten Frau stand. Hedy Staackmann kam ins Konzentrationslager. Michael Ende gedachte ihr später in einem Gedicht:

> Die Leute lachten und kamen gerannt:
>
> In einem Käfig stand sie zur Schau.
>
> Daran hing ein Schild, und darauf stand:
>
> „Ich bin eine Judensau!"
>
> Es heißt, dass sie nichts mehr verstanden hat,
>
> denn sie war da schon geistig verstört.
>
> Ich hörte, sie kam nach Theresienstadt.
>
> Sonst habe ich nichts mehr gehört. (Zit. n. Boccarius 1985: 77f.)

Ende war schulpflichtig, als die neuen Machthaber 1933 die Kinder zum Nachwuchs erklärten, dem es oblag, die nationalsozialistische Ideologie in die Zukunft zu tragen. Für die geistige und weltanschauliche Schulung der minderjährigen Rekruten sorgten die Jugendbünde Hitlerjugend und Bund deutscher Mädchen. Bereits ab Juli 1933 koordinierte die „Reichstelle für das Jugendschrifttum" die Bemühungen um einen einheitlichen Kurs in der Kinder- und Jugendliteratur. Bücher, die nicht die Einübung in nationalsozialistisches Denken förderten, fanden sich, wenn sie nicht ganz verboten wurden, auf Listen des „schädlichen und unerwünschten Schrifttums" wieder. Der nationalsozialistische Lehrerbund, der 1933 zur alleinigen Lehrerorganisation im Deutschen Reich aufstieg, formulierte in der „Nationalsozialistischen Lehrerzeitung" die volkserzieherischen Forderungen, die das Spektrum von Schul- bis Kinderbuch absteckten. Bereits „das Bilderbuch", hieß es dort, „hat das Kind von verantwortungslosen herumtändelnden Träumen zur Stärkung seiner Anschauungskraft und zur Tatbereitschaft zu führen" (Wild 2002: 267).

Blutreinheit und Rasse waren auch das ausschließliche Thema von Elvira Bauers illustriertem Kinderbuch „Trau keinem Fuchs auf grüner Heid! Und keinem Jud bei seinem Eid!" von 1936, das in Kindergärten und Vorschulen Verbreitung fand. Die antisemitische Wochenzeitung „Der Stürmer" lobte das Buch, das sieben Auflagen durchlief, für seine rasseideologische Deutlichkeit und empfahl es auch Erwachsenen zur Lektüre (vgl. Wild 2002: 294 sowie Mann 2007: 66). Eines der letzten Bilder zeigt eine jüdische Familie im Stil von „Stürmer"-Karikaturen, die vor dem Schild „!Juden! sind hier unerwünscht" Halt machen. Dahinter liegt die Stadt derjenigen, die sich als reinrassig bezeichnen. Der strahlende Sonnenschein, die bonbonbunten Farben und kugeligen Formen können nicht darüber hinwegtäuschen, dass diese Kinderbuchillustration auf eine Wirklichkeit in deutschen Städten zurückgriff, wo an zahlreichen Ortsein- und -ausgängen Schilder mit gleichlautenden Aufschriften angebracht worden waren.

Jim Kopf gegen die Nationalsozialisten

Fünfzehn Jahre später, nachdem der Einmarsch der Alliierten dafür gesorgt hatte, dass diese Schilder wieder verschwanden, schickte Ende den schwarzen Jungen Jim Knopf, den Lokomotivführer Lukas und eine als Drachen verkleidete Lokomotive zurück zu einem solchen Ortseingang. Die beiden Helden der Geschichte lässt der Autor im zwanzigsten Kapitel auf eine riesige, rußgeschwärzte Höhlenöffnung zurollen, aus der es, wie er schreibt, „ein wenig herausrauchte wie aus einem Ofenloch". Übergroß hängt darüber ein Schild mit der Warnung: „!Achtung! Der Eintritt ist nicht reinrassigen Drachen bei Todesstrafe verboten" (Ende 1960: 158f.; 1971: II/7/0,16).[1] Inmitten eines Kinderbuchs tauchen plötzlich die Begriffe „Todesstrafe" und „reinrassig" auf,

1 Das Hörspiel „Jim Knopf und Lukas der Lokomotivführer" erscheint 1971, Erzähler und Regisseur ist Michael Ende. Da sich die Hörspieladaption sehr eng an der Vorlage orientiert, sind die Primärzitate dem Roman entnommen, der Beleg gibt jedoch außerdem, soweit möglich, die entsprechende Passage im Hörspiel an. Auf eine Änderung ist hinzu-

das Bühnenbild der Handlung ist ein in einen rauchenden Ofen einfahrender Zug. Sowohl Endes Kritikern als auch Anhängern war entgangen, wie sehr sich das Buch an eine ganz und gar ungeheuerliche Realität hielt.

Die Obsession mit Rassefragen, die im Zentrum der nationalsozialistischen Ideologie stand, bildet einen roten Faden, der sich durch den Roman zieht. Den Lokomotivführer Lukas und Jim Knopf beginnt die Frage der Rasse in dem Augenblick zu beschäftigen, als sie das erste Mal von der Drachenstadt hören. Mit Emma, die für eine Ozeanfahrt umgerüstet wurde, haben sie zuvor das Wasser überquert, sich die Zeit mit Seegurkenessen und Mensch-Ärgere-dich-nicht spielen vertrieben, bis sie schließlich an die Küste von Mandala gespült werden. In dem märchenhaft schönen Kaiserreich, das seine Besucher mit Kolibris und Schmetterlingen empfängt, erfahren Jim und Lukas von dem Schicksal der Tochter des Herrschers Pung Ging, die entführt worden ist und sich in Gefangenschaft in Kummerland befindet. Lukas ahnt, dass die Befreiung von Li Si auch das Geheimnis von Jim Knopfs Herkunft lüften könnte. Die Adresse, die Li Si in ihrer heimlich ausgesandten Flaschenpost als Ort ihrer Gefangenschaft angibt, deckt sich mit den Angaben auf dem Paket, das Jim versehentlich nach Lummerland brachte. Ein Buchstabe ist es, der Lummerland von Kummerland trennt, eine Verwechslung, die auf der unleserlichen Handschrift des Absenders beruht.

Als Lukas und Jim entscheiden, Prinzessin Li Si aus der Gefangenschaft zu befreien, unterrichtet sie der Kaiserliche Hofprofessor für Zoologie über das anzusteuernde Ziel. Er entrollt eine Übersichtskarte, abgebildet ist die Gattung der Drachen wie auf einer Schulbildtafel. „Ich bin der Kaiserliche Hofprofessor für Zoologie und weiß über alle Tiere der Welt genau Bescheid", sagt der kleine dicke Gelehrte in Mandala, „was aber die Gattung der Drachen anbetrifft, muss ich leider zugeben, dass die Wissenschaft noch sehr im Dunkeln tappt" (ebd.: 87). Was an dieser Stelle noch wie der harmlose Auftrag an zwei Forschungsreisende klingt, die mit ihrer Fahrt auch die Wissenschaft bereichern sollen, erhält den bitteren Ernst von Leben und Tod. Der Kaiserliche Zoologieprofessor zeigt, wie es bei Ende heißt, „ziemlich unglaubwürdig aussehende Kreaturen"; Jim und Lukas müssen in Kummerland jedoch feststellen, dass die Drachen selbst von der Rassenfrage besessen sind. Das Eingangsschild droht mit der Todesstrafe für „nicht reinrassige Drachen", so dass die Lokomotive Emma verkleidet werden muss. Camoufliert passieren sie die Wächter und schmuggeln sich ins Herz der Finsternis: die Schule von Frau Mahlzahn.

Die schwarze Pädagogik haust im Zentrum einer aus Steinblöcken gebauten Hochhausstadt mit Straßen, die schwarzen Schluchten gleichen, gefüllt von „Rauch- und Gasschwaden"; der Himmel ist zu einem Flecken zusammengeschrumpft. Frau Mahlzahns Schule weist ein Türschild mit einem Totenkopf

weisen: Während Michael Ende China in späteren Auflagen in das fiktive Land Mandala umbenannt hat, reisen Jim und Lukas im Hörspiel nach wie vor nach China.

als Türklopfer aus. „Das sieht ja aus wie eine Schule", flüstert Lukas Jim ins Ohr, als sie in der Drachenstadt Kummerland in das Klassenzimmer spähen, in dem Frau Mahlzahn an Bänke gekettete Kinder unterrichtet. „Rrrrrruhe!", schreit der Drache und lässt den Stock durch die Luft pfeifen, „werrrr hat da eben geflüstert?" Die Kinder schweigen mit eingezogenen Köpfen. Ende verleiht dem Drachen einen militärischen Kommandoton. An den Schulbänken sitzen die gefangenen Kinder, die keine andere Welt mehr haben als die, die ihnen der Drache gibt. „Wie viel ist drei und vier?", fragt der Drache lauernd im einundzwanzigsten Kapitel. „Sieben", antwortet Li Si, die entführte Prinzessin aus Mandala. „Und wenn *ich* dir sage, dass es achchcht ist?", faucht der Drache (ebd.: 168ff.; 1971: II/8/1,04). Die Kinder befinden sich an einem Ort ohne Zeugen, ohne ein Außen, wie in einem pawlowschen Konditionierungsexperiment, dessen Leitung ein Sadist übernommen hat, den die Ideale von Bildung so wenig interessieren wie die Frage, ob eine Behauptung richtig oder falsch ist. Zum einzigen Erziehungsinhalt ist das Interesse an der Machterhaltung geworden.

Die Parallelen zu der Schulerziehung, die Ende als Kind durchlief, liegen auf der Hand. Als die Kinderbuchautorin Erika Mann, Tochter des ins Exil gegangenen Schriftstellers Thomas Mann, 1938 mit dem Buch „Die Schule der Barbaren" den ersten Versuch unternahm, die Erziehung der Jugend im Dritten Reich darzustellen, wies sie auf die tragende Rolle der Kinder für den Nationalsozialismus hin.[2] „Zehn Millionen Kinder" in Deutschland wurden, wie sie schrieb, als ein Heer von Rekruten betrachtet, die, nachdem sie die richtige Erziehung genossen hatten, die neue Ideologie durchkämpfen und in die Zukunft führen sollten. Erika Mann trug zahlreiche Beispiele aus Schulbüchern zusammen, um die flächendeckende Ideologisierung aufzuzeigen. Im Mathematikunterricht konnte die Aufgabe nun lauten zu errechnen, wie viel Prozent „fremdrassige" Einwohner in Deutschland lebten, wenn die Gesamtbevölkerung 66 060 000 betrage und 499 482 davon „Glaubensjuden" seien. Der Physikunterricht konnte zur Stärkung des Wehrwillens genutzt werden, indem die physikalischen Gesetze anhand von Geschützen und militärischer Zielberechnung gelehrt wurden. Auch der Kunstunterricht bot die Möglichkeit, die Wehrhaftmachung der Jugend zu unterstützen und den Wehrwillen zu wecken, wozu etwa die zeichnerische Ausgestaltung des Themas „Luftschutz" diente. Die katholische Religionsstunde wurde mit dem Gruß „Heil Hitler! Gelobt sei Jesus Christus -- in Ewigkeit Amen!" eröffnet, geschlossen mit „Gelobt sei Jesus Christus in Ewigkeit Amen, -- Heil Hitler!". Die Reihenfolge war im Januar 1934 amtlich vorgeschrieben worden. Die Richtlinien für den evangelischen Religionsunterricht an Volksschulen sahen vor, den Schülern zu vermitteln, „daß unser Volk in seiner rassischen Eigenart von Gott gewollt ist und

2 Erika Manns „School of Barbarians" erschien 1938 zuerst in New York und noch im selben Jahr auf Deutsch im Amsterdamer Querido-Verlag.

daß es eine Untreue gegen Gott ist, wenn es seine rassischen Werte mißachtet und vernichtet" (Mann 2007: 101, 114 u. 116).

Gegen diese deutsche Bildungsgeschichte tritt Jim Knopf an. Auf dem Höhepunkt des Terrors in der Drachenschule brechen Jim und Lukas mit der Lokomotive Emma durch die Tür ein. „Ich bin Jim Knopf", lässt Ende den kleinen Jungen sagen, „ich komm von Lummerland, um die Prinzessin Li Si zu befreien. Und die anderen Kinder auch" (Ende 1960: 172; 1971: II/8/3,24). Wie in einem Film, der plötzlich rückwärts abgespult wird, löst sich Kummerland danach Bild für Bild auf: Die Kinder werden befreit und Frau Mahlzahn überwunden. Der Drache wird in Ketten geschlagen und zum Kaiser nach Mandala gebracht, wo er den deutschen Sagenkreis verlässt und sich als goldener Drache der Weisheit in einen chinesischen Glücksdrachen verwandelt. Auch die Drachen konnte Ende dem nationalsozialistischen Unterrichtsstoff entwenden.

Als im Jahr 1935 die neuen Unterrichtsanweisungen für deutsche Schulen erlassen wurden, hieß es, die Überlegenheit der nordischen Rasse und der Wesenskern der deutschen Seele zeige sich in dem für das Kind verständlichen Bild vom „Kampf Siegfrieds mit dem Drachen, der im Deutschunterricht ausgehend von den Sagen der älteren Edda und dem Nibelungenlied zu behandeln ist" (Martin 2004: 107). Germanentum, Nibelungen, Rasse und deutsche Geschichte wurden zu einer Legierung verschmolzen, in der jeder gebadet wurde, der eine nationalsozialistische Bildungsinstitution besuchte. In der abendländischen Mythologie war vor Michael Ende noch niemand auf die Idee gekommen, dem Ungeheuer das Leben zu schenken. Mehr noch: Die Nationalsozialisten, die sich in der Rolle des Drachentöters sahen, wurden in Jim Knopf selbst zu den Ungeheuern erklärt, deren Gesetze es zu brechen galt.

Das zweite Mal verkehren Lukas und Jim die Gesetze Kummerlands in „Jim Knopf und die Wilde 13", indem sie den Halbdrachen Nepomuk auflesen und ihn als Dritten im Bunde auf die Fahrt mitnehmen. Am Rand der Drachenstadt hatte Nepomuk kehrt gemacht, weil er keinem reinrassigen Drachen begegnen wollte. Die Drachen nehmen trotzdem bald die Verfolgung auf. Zweiundvierzig riesenhafte Drachenwächter werden in das Land der tausend Vulkane ausgeschickt, nachdem Frau Mahlzahn samt den Kindern verschwunden ist. Nachforschungen hatten die Späher zuerst auf die Spur der verkleideten Lokomotive gebracht und schließlich auf Nepomuk, der die Gefahr kommen sieht und flieht. Ihn verschlägt es in die Wüste von Herrn Tur Tur, vor dessen großer Gestalt er sich ebenso erschreckt wie der Scheinriese vor dem Ungeheuer. Als Jim und Lukas zum zweiten Mal den Scheinriesen aufsuchen, machen sie beide miteinander bekannt und finden gleichzeitig für den heimatlos gewordenen Halbdrachen eine neue Aufgabe. Er wird Wächter über das Meerleuchten. Im Inneren des Magnetbergs bedient er die Schaltvorrichtung, damit die Tiefsee in festlichem Licht erstrahlt; er schaltet das Licht wieder aus, wenn Schiffe passieren, die sonst durch die gleichzeitig in Gang gesetzte Magnetkraft an den Klippen des Berges zerschellen würden. Indem Nepomuks Ächtung beendet wird, stellt sich die Ordnung der aus den Fugen geratenen Welt wieder her: Die Freundschaft zwischen den Feuer- und den Wasserwesen wird erneuert, zusammen schmieden sie das Kristall der Ewigkeit. Damit erfüllt sich die Forderung des Meereskönigs Lormoral und Prinzessin Sursulapitschi darf ihren Bräutigam, den Schildnöck Uschaurischuum, heiraten. Frieden und Glück kehren bei den Misch- und Zwischenwesen ein, die den zweiten Band von Michael Endes Erzählung bevölkern, von Nepomuk über die fischschwänzige Sursulapitschi bis zum schildkrötengepanzerten Uschaurischuum. In der lummerländischen Welt sind es die Mischlinge, die Kummerland bei Todesstrafe bannt, denen Lukas und Jim Vertrauen können. Nepomuk weist ihnen den Weg in die Drachenstadt und Sursulapitschi zieht sie mit ihrem Gespann von Walrössern oder Seepferdchen durch das Meer. Die Gegensätze werden auf wortwörtlich elementarer Ebene vereint: Feuer und Wasser versöhnen sich, ebenso wie das Organische und das Anorganische. Emma, die fliegende und schwimmende Lokomotive, formt bei ihrer Tauchfahrt mit Sursulapitschis Seepferdchen einen modernen Kentaur, halb Tier, halb Maschine. Sie gebiert ein vaterloses Kind, die kleine Molly. Und auch die sozialen Unterschiede verschwinden, wenn Jim und Li Si am Ende ihr Haus, „halb mandalanischer Palast, halb Bahnstation" (Ende 1962: 270) beziehen. Ganz in der Logik von Märchen stellt Ende das mythische Personal und dessen Gesetze aus der nationalsozialistischen Kinderbuchliteratur unter Bann und verhängt mit seiner Erzählung einen Gegenzauber. Statt zu trennen, wird verschmolzen, die Gegensätze werden aufgehoben, anstelle der Strafe tritt die Versöhnung. Der germanische Drache wird zum chinesischen Drachen der Weisheit, der Drachentöter zum Drachenretter. Die Mischwesen steigen zu Helden auf.

Jim Knopfs englischer Namensvetter Jemmy Button

Die Wurzeln der Rassenideologie, zu der Jim Knopf eine Gegenerzählung bildete, reichten nach Ansicht Endes zurück ins 19. Jahrhundert. „Die Idee des Rassismus und der Rassendiskriminierung", sagte er in einem Radiointerview 1991, „entstand durch Weiterdenken von Darwins Theorien. Die Auslöschung lebensunwerten Lebens und Konzentrationslager" (Hirota 2000). Damit gab er die Verantwortung für das, was er an einer Stelle einmal die Katastrophe seiner eigenen Kindheit nannte, Charles Darwin.

Die englische Übersetzung von Endes erstem und inzwischen preisgekröntem Kinderbuch erschien im Jahr 1963 unter dem Titel „Jim Button and Luke the Engine Driver". Während das Buch, das längst zu einem Beststeller geworden war, im Deutschen an zahlreichen Stellen auf die Vergangenheit anspielte, hielt es auch für sein englisches Publikum einige Überraschungen bereit. Die Erzählung nimmt ihren Anfang auf einer Insel, die „so groß wie dein Wohnzimmer ist", wie es auf der ersten Seite heißt, der Rest klingt nach einem englischen Geschichtsbuch. Auf der Insel gibt es eine Eisenbahnstrecke, die von einer einzelnen Dampflok befahren wird, als ob es immer noch 1825 sei und George Stephenson gerade die Pionierstrecke der Stockton & Darlington Railway Company in Betrieb genommen hätte. Es gibt einen Kaufmannsladen, die Besitzerin heißt Frau Waas, und ihre Waren werden wöchentlich aus der ganzen Welt angeliefert wie im England der Kolonialzeit. Ein Postschiff legt regelmäßig an, es waren die Engländer, die 1841 die Royal Mail Steam Packet Company gründeten und zuerst einen Liniendienst von London nach Westindien unterhielten. Regiert wird die Insel von einem König, der schottisch karierte Pantoffeln trägt, in der Zeit, die das frühe Industriezeitalter heißt, herrschte King William IV. über England. Der Staat, dem der König in dem Kinderbuch vorsteht, hat nur drei Untertanen: Lukas, den Lokomotivführer, Frau Waas, die einen Kaufmannsladen betreibt, und Herrn Ärmel, der mit Regenschirm und Melone den prototypischen Engländer vorstellt und noch dazu nach dem Kanal heißt, der England vom Kontinent trennt, dem Ärmelkanal. Die Untertanen von König Alfons dem Viertel-vor-Zwölften sind die Mikrogesellschaft des 19. Jahrhunderts: Bürger, Kaufleute und Arbeiter.

Die englische Übersetzung, die drei Jahre nach dem deutschen Original erschien, hätte zu einem Zusammenprall führen können, einem historischen Datum, an dem Jim Button seinen Namensvetter trifft und damit zwei Erzählungen zusammenfinden, die eigentlich zusammengehören. Die eine Geschichte beginnt auf einer Insel namens Lummerland, die bis in die Details dem historischen England gleicht. Die andere Geschichte aber stammte aus dem industriellen England des 19. Jahrhunderts, als das Land wirklich von König William IV. regiert wurde, und an dessen Küsten eines Tages ein Schiff im Hafen anlegte, zurückgekehrt von einer weiten Reise und beladen mit Nachrichten von fernen Kontinenten. An Bord befand sich ein farbiger Junge, der, wie ein Findling ohne Wurzeln und Herkunft, in einer neuen Welt die Augen aufschlägt. Sein Name war Jemmy Button. Zwei Jahre musste dieses Kind auf der Insel aushalten. Dann reiste es zurück in das Land seiner Herkunft, Feuerland.

Einem Mitreisenden verdanken wir eine Charakteristik des Kindes: „Jemmy Button war der Liebling aller, aber ebenfalls leidenschaftlich; sein Gesichtsausdruck zeigte sogleich sein freundliches Gemüt. Er war fröhlich, lachte oft und war bemerkenswert mitfühlend mit allen, die Schmerzen litten" (Darwin 2006: 283). Der Mitreisende, der dies schrieb, war Charles Darwin. Das Schiff, auf dem es sich zutrug, war die HMS Beagle. Das Buch, dem diese Zeilen entnommen sind, heißt „Die Fahrt der Beagle", die erste Publikation des Naturforschers aus dem Jahr 1839, dessen Theorie eine Wissenschaftsrevolution auslösen sollte und die wir heute die Evolutionstheorie nennen. Dass der

Kinderbuchheld Jim Button den gleichen Namen trug wie das feuerländische Kind, das mit Darwin reiste, blieb jedoch selbst in England unbemerkt.

Wie die meisten Deutschen hatte auch Michael Ende Darwin nicht im Original gelesen, Jemmy Button kam nicht über den Reisebericht des englischen Forschers zu ihm, sondern über das Buch Benjamin Subercaseauxs. Der Autor, ein Mediziner und Psychologe, der in Paris studiert hatte und erst spät zur Schriftstellerei kam, war 1902 in Santiago de Chile geboren worden. Seinen Roman mit dem Titel „Jemmy Button" legte er als ein dreibändiges Kompendium an, in dem er ein vielstimmiges Porträt des feuerländischen Jungen zeichnete. Subercaseaux fügte die Reiseberichte von Charles Darwin und Kapitän Robert FitzRoy, historische Briefe, fiktive Dialogszenen und narrative Passagen zu einem düsteren Mosaik zusammen. Die Ähnlichkeiten zwischen dessen Jemmy Button und Michael Endes Jim Knopf sind nicht zu übersehen: Der Kinderbuchheld trägt nicht nur denselben Namen wie sein historisches Vorbild, sondern wird ebenfalls geraubt und auf einem Schiff entführt. Feuerland ist die Heimat der geraubten Kinder, Feuerland nennt Michael Ende die Wüste, in der der Scheinriese Tur Tur lebt. Jemmy Button wird nach England geschickt, wo er erzogen werden soll, Jim Knopf bringt ein Postschiff ins Miniaturengland. Jim Knopf und Jemmy Button werden beide dem König vorgestellt, King William und König Alfons dem Viertel-vor-Zwölften. Die Angewohnheit von Subercaseauxs Matrosen, bei jeder Gelegenheit „in hohem Bogen" auszuspucken, perfektioniert Lukas, der Loopings spucken kann, zum Kunststück (vgl. Subercaseaux 1957: 11 sowie Ende 1960: 62 und Ende 1962: 221). Als die zum Drachen der Weisheit verwandelte Frau Mahlzahn aus ihrem Schlaf in Mandala erwacht, weist sie Lukas und Jim an, sich „vom Wind und der Strömung" auf der Suche nach Jims Herkunft treiben zu lassen und nicht das Steuer zu ergreifen. Die beiden begeben sich daraufhin tatsächlich auf eine „Fahrt ohne Kompass", wie der deutsche Titel von „Jemmy Button" lautete (vgl. Subercaseaux 1957: 58 u. 134).

Jim Knopf findet in Lukas dem Lokomotivführer auf Dauer einen neuen Vater, die Dampflokomotive Emma jagt ihm keinen Schrecken ein, sondern wird zur mütterlichen Freundin. In Subercaseauxs Roman bricht Jemmy aus der Schule in Walthamstow aus und verliert sich in der Großstadt London, wo er als Exot entweder als Menschenfresser gefürchtet wird oder aber zwielichtige Angebote von reichen Männern aus der Oberschicht erhält. Jim Knopf dagegen wird auf Lummerland sowohl von Frau Waas als auch von Lukas liebevoll betreut. Sein Glück hatte davor, wie der Leser weiß, an einem seidenen Faden gehangen: Die eigentliche Bestimmung war das furchterregende Kindererziehungsheim in Kummerland, die Drachenschule von Frau Mahlzahn, der Jim Knopf nur durch eine Verwechslung entgeht. Es ist ein Lesefehler, der Jim Knopfs Schicksal auf eine glückliche Bahn lenkt, so dass, weil der Postbote die von den Piraten auf das Paket geschmierte Adresse falsch entziffert, er das, was der historische Jemmy Button durchleidet, unter positiven Vorzeichen erlebt. Die wirkliche Geschichte von Jemmy Button, dem Feuerländer, der für einen Knopf an die Engländer verkauft worden war, endete in einer Katastrophe: „Im November 1859", lautet der Schluss von Subercaseauxs Buch, „wurden acht anglikanische Missionare an Bord des Schoners Allen Gardiner erschlagen. Der Anstifter des Massakers war Jemmy Button, der inzwischen dreiundvierzig Jahre alt geworden war" (Subercaseaux 1957: 306). Das Versprechen von Kapitän FitzRoy, dass der kleine Feuerländer in seine Heimat zurückkehren würde, um Häuptling seines Stammes zu werden, war eine Lüge. Aus Jemmy Button hatten die Zivilisation und die erfahrene Erniedrigung einen Mörder gemacht.

Michael Ende aber nahm das Kind Jim Knopf und schickte es noch einmal auf große Fahrt. Lummerland, das Miniaturengland, ist die Modellwelt, von der aus er die Geschichte neu konstruiert. Jim Knopf wird nun wirklich entdecken, dass er der letzte Nachfahre aus dem Geschlecht des heiligen Dreikönigs Kaspar ist, und sich die wiedergefundene Krone „auf seine schwarzen Kraushaare" setzen. Aus Nebelschleiern erhebt sich da ein Land, dessen oberste Spitze Lummerland ist, ein Kontinent aus Bergen und Ebenen, sacht abfallenden Küstenstreifen und steilen Klippen. Es funkelt in allen Regenbogenfarben, als sei es aus Edelsteinen zusammengesetzt. Das Land wird den Namen Jimballa erhalten. Weil das Land von Jimballa keine Angst kennt, fliegen auch die Vögel herbei, prächtige und unscheinbare, so zahm und zutraulich, dass sie sorglos herbeikommen, wenn man sie ruft. „So konnte nichts Böses das Land bedrohen", heißt es bei Michael Ende (1962: 272).

Endes Exorzismus

Auf den vorangegangenen Seiten wurde die Geschichte aufgerollt, wie Michael Ende 1960 Jim Knopf antreten ließ, um die Deutschen aus ihrer Bildungsgeschichte herauszuführen. Ein Kinderbuch leitete ein Millionenpublikum rückwärts in die Vergangenheit, ein Weg, der immer tiefer zurückreichte in die Zeit des Nationalsozialismus, zu Rassegesetzen, zu Auslese und zu einer Ideologie von Stärke und Schwäche. In Namen von Jim Knopf wurden noch einmal alle Dämonen benannt und gebannt. Endes Kinderbuch wollte ein Akt der Austreibung und Umwertung sein.

Niemand kann im Rückblick sagen, wie bewusst Ende seine Geschichte konstruierte. Dennoch scheint es erstaunlich, dass er in keinem Interview, Essay oder Aufsatz jemals auf den historischen Hintergrund von Jim Knopf zu sprechen kam. Wie lässt sich das erklären? Am besten mit dem Autor selbst. Ende vertrat die Ansicht, dass Schriftsteller sich nicht selbst auslegen dürfen. In diesem Sinne antwortete er einer Schülerin, die ihn um Aufklärung bat, worum es in seinen Werken gehe, da sie ein Referat darüber halten müsse.

In dem Rückschreiben vom 5. März 1982, das Endes italienische Adresse im Briefkopf trägt, heißt es:

> Ich glaube nicht, daß es für Sie notwendig sein wird, nur eine nackte Inhaltsangabe meines Buches zu schreiben. Gewiss wird Ihnen doch der eine oder andere Gedanke beim Lesen des Buches in den Sinn gekommen sein. Schreiben Sie doch darüber, was Ihnen beim Lesen des Buches widerfahren ist. Das fände ich sowieso besser, denn nach meiner Ansicht sollte ein Schriftsteller sich in jedem Fall davor hüten, seine eigenen Arbeiten zu kommentieren. Jedenfalls glaube ich, dass ich alles, was ich zu sagen hatte, in meinem Buch geschrieben habe. (Privatarchiv Voss)

Ende hielt nichts von Schriftstellern, die ihre eigenen Geschichten erklären. Dass es andere eines Tages in seinem Fall tun würden, schien ihm allerdings wahrscheinlich. „Warum die Insel übrigens Lummerland hieß und nicht irgendwie anders", schreibt er auf einer der ersten Seiten des Romans, „wußte kein Mensch: Aber sicherlich wird das eines Tages erforscht werden" (Ende 1960: 4).[3]

Hörspiel

Ende, Michael (1971): Jim Knopf und Lukas der Lokomotivführer. Phonogram. [Die Track- und Zeitangaben im Text beziehen sich auf die Neuveröffentlichung bei Karussell.]

Literatur

Beuys, Joseph/Ende, Michael (1989): Kunst und Politik, ein Gespräch. Wangen: FIU-Verlag.
Boccarius, Peter (1995): Michael Ende. Der Anfang der Geschichte. Frankfurt/Main: Ullstein Verlag.
Darwin, Charles (2006): Die Fahrt der Beagle. Tagebuch mit Erforschungen der Naturgeschichte und Geologie der Länder, die auf der Fahrt von HMS Beagle unter dem Kommando von Kapitän Robert Fitz Roy, RN, besucht wurden. Mit e. Einl. v. Daniel Kehlmann, übers. v. Eike Schönfeld. Hamburg: Mare Verlag.
Ende, Michael (1960): Jim Knopf und Lukas der Lokomotivführer. Stuttgart: Thienemann Verlag.
Ende, Michael (1962): Jim Knopf und die Wilde 13. Stuttgart: Thienemann Verlag.

3 Dieser Aufsatz beruht auf meinem 2009 im S. Fischer Verlag erschienenen Buch „Darwins Jim Knopf".

Ende, Michael/Krichbaum, Jörg (1985): Die Archäologie der Dunkelheit. Gespräche über Kunst und das Werk des Malers Edgar Ende. Stuttgart: Weitbrecht Verlag.
Ende, Michael (1994): Michael Endes Zettelkasten. Skizzen und Notizen. Stuttgart: Weitbrecht Verlag.
Eppler, Erhard/Ende, Michael/Tächl, Hanne (1982): Phantasie, Kultur, Politik. Protokoll eines Gesprächs. Stuttgart: Weitbrecht Verlag.
Hirota, Yasuyuki (2000): Michael Endes Sicht der Ökonomie. Ein Essay auf der Basis der in Japan verfügbaren Werke Michael Endes. http://userpage.fu-berlin.de/roehrigw/ende/japan [Zugriff: 4.8.2015].
Mann, Erika (2007): Zehn Millionen Kinder. Die Erziehung der Jugend im Dritten Reich. 5. Aufl. Reinbek: Rowohlt.
Martin, Bernhard R. (2004): Die Nibelungen im Spiegelkabinett des deutschen Nationalbewusstseins. Studie zur literarischen Rezeption des Nibelungenliedes in der Jugend- und Unterhaltungsliteratur von 1819–2002. München: Iudicium Verlag.
Schedler, Melchior (1973): Schlachtet die blauen Elefanten! Bemerkungen über das Kinderstück. Weinheim/Basel: Beltz Verlag.
Subercaseaux, Benjamin (1957): Fahrt ohne Kompass. Der Irrtum eines großen Herzens. Übers. v. Ellen von Protzen. Stuttgart: Deutsche Verlags-Anstalt.
Voss, Julia (2009): Darwins Jim Knopf. Frankfurt/Main: S. Fischer Verlag.
Wild, Reiner (Hrsg.) (2002): Geschichte der deutschen Kinder- und Jugendliteratur. 2. erg. Aufl. Stuttgart: J.B. Metzler Verlag.

Beschleunigung, Entfremdung und das gute Leben in Michael Endes „Momo"
Gesellschaftswissenschaftliche Überlegungen

Sophie Schmitt

> Es gibt ein großes und doch ganz alltägliches Geheimnis: Die Zeit. Es gibt Kalender und Uhren, um sie zu messen, aber das will wenig besagen, denn jeder weiß, dass einem eine einzige Stunde wie eine Ewigkeit vorkommen kann. Mitunter kann sie aber auch wie ein Augenblick vergehen – je nachdem, was man in dieser Stunde erlebt. Denn Zeit ist Leben und das Leben wohnt im Herzen. Und genau das wusste niemand besser als die Grauen Herren. Sie hatten ihre Pläne mit der Zeit der Menschen. Das Wichtigste war ihnen, dass niemand auf ihre Tätigkeit aufmerksam wurde. Unauffällig hatten sie sich im Leben der großen Stadt und ihrer Bewohner festgesetzt. Und Schritt für Schritt drangen sie täglich weiter vor und ergriffen Besitz von den Menschen. (Ende 1999a, 3/0,00)

Das Geheimnis der Zeit, die Beschleunigung des Lebenstempos und die damit einhergehende Entfremdung der Menschen in der kapitalistischen Gesellschaft sind zentrale Themen in „Momo". Demgegenüber erstellt Michael Ende die Skizze eines guten Lebens, in welchem der Mensch zu sich selbst kommt und sich gemeinsam mit anderen die ihn umgebende Welt aneignet. Damit richtet sich die Geschichte von Momo, obgleich sie als Kindermärchen gilt, auch oder gerade an Erwachsene – es findet sozusagen eine Doppeladressierung an Kinder und Erwachsene statt (vgl. Stoyan 2004: 49ff.). Zeitlebens wollte Ende mit seinen Büchern die Trennung von Kinder- und Erwachsenenliteratur aufheben und Bilderwelten schaffen, „die gleichermaßen für Kinder und Erwachsene bewohnbar" (Otte 2006: 3) sind.

Im Folgenden wird zunächst die Gesellschaftskritik, die Ende 1973 in „Momo" vor dem historischen Hintergrund des fordistischen Kapitalismus beschreibt, aus gesellschaftswissenschaftlicher Sicht herausgearbeitet. In Anschluss an den Soziologen und Politikwissenschaftler Hartmut Rosa (2005, 2012, 2009) gehe ich davon aus, dass Ende dabei Strukturmerkmale kapitalistischer Gesellschaften nachzeichnet, die mit dem Begriff der Beschleunigung zu fassen sind und zu Entfremdungserscheinungen führen. Die Figur Momo steht dabei, wie zunächst gezeigt werden soll, für das gute Leben – eine lebendige, nicht-entfremdete Zeit, die Anverwandlung von Dingen und das

In-Beziehung-Treten von Menschen mit sich und ihrer objektiven und sozialen Umwelt. Die Grauen Herren hingegen personifizieren Beschleunigung und Entfremdung dadurch, dass sie die Menschen zur Akzeleration ihres Lebenstempos und zu Selbstoptimierung anreizen und damit letztendlich tote Zeit hervorbringen. Die Menschen beginnen unter dem Einfluss der Grauen Herren ihr Leben und ihre sozialen Beziehungen der Doktrin des Zeitsparens zu unterwerfen, wodurch nach und nach Kälte und Verdrossenheit einziehen. Dass die Geschichte von Momo auch heute nichts von ihrer Aktualität eingebüßt hat und trotz Einschränkungen mit der Perspektive eines guten Lebens – jenseits der Entfremdung – weiterhin relevant ist, soll abschließend gezeigt werden.

Das gute Leben – Responsivität und Anverwandlung

Als „Erbe der Romantik" (Stoyan 2004: 91) übernimmt Ende „vom frühromantischen Märchen das Drei-Phasen-Modell, wobei zuerst eine heile Vergangenheit dargestellt wird, dann eine bedürftige Gegenwart und zum Schluss die Heilung im Gewand des Wunderbaren" (ebd.: 93). Zu Beginn der Geschichte werden ideale Selbst- und Weltbeziehungen unter nicht-entfremdeten Bedingungen dargestellt. Schauplatz ist das alte Amphitheater vor der großen Stadt. Hier kommt es zur Begegnung von Momo, die sich erst kürzlich dort häuslich niedergelassen hat, mit den Menschen der näheren Umgebung. Die Begegnung ist geprägt von einer freundlichen Aufnahme und Akzeptanz, die ihr die Bewohnerinnen und Bewohner, trotz anfänglicher Skepsis, entgegenbringen. In ihrem Auftreten wirkt Momo zunächst befremdlich, denn sie bricht mit den Normen des bürgerlichen Lebens. Ihre Geschlechtsidentität ist uneindeutig, ihr äußeres Erscheinungsbild merkwürdig, sie lebt allein ohne Eltern bzw. Familie, sie hat keinen bürgerlichen Namen und kennt ihr Geburtsdatum nicht. Trotz Irritation über ihre den Bewohnerinnen und Bewohnern erst einmal fremd anmutende Gestalt ist aber deren Aufnahmebereitschaft groß. Sie laden sie zu sich nach Hause ein, obgleich sie selbst wenig Platz haben. Gleichzeitig akzeptieren sie, dass Momo dem häuslichen Leben das Leben im alten Amphitheater vorzieht, und verständigen sich ohne jeglichen Paternalismus auf die gemeinschaftliche Sorge für sie. Doch gleichzeitig sind auch sie auf Momo angewiesen. Momo schenkt jedem ihrer vielen Besucherinnen und Besucher bereitwillig – und ohne Erwartung einer Gegenleistung – ihre Zeit. Sie hat die Gabe, so gut zuzuhören, dass sich Alltagssorgen und Probleme wie von selbst erledigen: „Sie konnte so gut zuhören, dass dummen Leuten plötzlich sehr gescheite Gedanken kamen oder dass unglückliche zuversichtlich und froh wurden" (Ende 1999a: 2/0,18). So verbindet Momo eine große Freundschaft mit den Menschen der näheren Umgebung. Eine besondere Zuneigung entwickelt sich zwischen ihr und dem alten Beppo Straßenkehrer, dem jungen Gigi Fremdenführer und den Kindern, die sorgenfrei und ideenreich bei ihr spielen können.

Zu Beginn wird also das Ideal einer offenen Gesellschaft beschrieben, in der das zunächst fremde Mädchen Momo freundlich aufgenommen und ohne Reglementierungen integriert, gemeinschaftlich versorgt und aufgrund seiner Fähigkeiten geschätzt wird. Sie wird zu einem konstitutiven Teil dieser Gesellschaft, denn im Gespräch mit ihr ergeben sich Möglichkeiten des Innehaltens und Zu-Sich-Kommens. In diesem ersten Teil der Geschichte wird mit anderen Worten beschrieben, wie die Menschen „konstitutive Resonanzerfahrungen" (Rosa 2012: 10) machen. Die subjektive, objektive oder soziale Welt erscheint ihnen „als ein antwortendes, atmendes, tragendes, in manchen Momenten sogar wohlwollendes, entgegenkommendes oder ‚gütiges Resonanzsystem'" (ebd.). Eine solche Welt ist von einem hohen Grad an Responsivität gekennzeichnet. Sie „‚antwortet' [...] nicht nur auf unsere Bedürfnisse, sondern ihr Wesen und ihre Weisen sind auch von konstitutiver *Bedeutung für uns*" (Rosa 2012: 398). Diese Form der Weltbeziehung verändert sich durch den Einfluss der Grauen Herren auf die Bewohnerinnen und Bewohner der Stadt, womit nach und nach immer mehr instrumentelle Orientierungen Einzug halten und die „Welt als stumm, kalt und indifferent – oder sogar als feindlich – erscheint" (Rosa 2012: 8).

An dem Versuch der Grauen Herren, auch Momo zu vereinnahmen und ihren Einfluss auf die Stadtbewohnerinnen und -bewohner einzudämmen, werden diese unterschiedlichen Weltzugänge deutlich: Die Grauen Herren offerieren Momo mit Bibigirl, der vollkommenen Puppe, eine Vielzahl von Konsummöglichkeiten. Bibigirl verkörpert den (teuren) Besitz („Ich gehöre dir" [Ende 1999a: 6/0,29], „die Puppe war bestimmt sehr teuer" [ebd.: 2,21]). Außerdem ist sie ein Statussymbol, welches auf Neidgefühle der anderen zielt („alle beneiden dich um mich" [ebd.: 0,31]) sowie auf den Wunsch, immer mehr Accessoires zu erwerben („Ich möchte noch mehr Sachen haben" [ebd.: 0,37]). Momo reagiert auf die Puppe zunächst einmal freundlich und zugewandt, und sie versucht mit ihr zu kommunizieren, doch wird sie von einem ihr neuen Gefühl der Langeweile ergriffen, da die Puppe mechanisch und wiederkehrend immer dasselbe antwortet. An dieser Stelle stört sich Momo an der fehlenden Responsivität der Puppe. Man kann mit ihr nicht spielen, sie sich nicht anverwandeln oder aneignen, man macht keine Resonanzerfahrungen, denn der Puppe fehlt aus Momos Sicht etwas Entscheidendes: „Man kann sie nicht lieb haben" (Ende 1999a: 6/4,58).

Während also die Figur Momo für das gute Leben steht – eine Welt- und Selbstbeziehung, die von Responsivität und Anverwandlung charakterisiert ist –, versinnbildlichen die Grauen Herren Entfremdung von der subjektiven, sozialen und objektiven Welt. Die Grauen Herren verändern nach und nach das ‚In-der-Welt-Sein' der Menschen, indem sie die Logik der Beschleunigung implementieren.

Die Grauen Herren: Beschleunigung und Entfremdung

Die „Zeit-Sparkasse" – Rationalisierung der Lebensführung und Beschleunigung des Lebenstempos

Am Beispiel des Frisörs Fusi werden die Erstbegegnung der Bewohnerinnen und Bewohner mit den Grauen Herren sowie ihre Transformation zu hektischen, rastlosen und unzufriedenen Menschen dargestellt. An einem Tag, an dem Fusi sich die Sinnfrage bezüglich seines Lebens stellt, fährt der graue Wagen eines Grauen Herren vor. Er greift Fusis Frustration auf und bietet ihm eine Lösung dafür an, nämlich das Einsparen von Zeit. Er führt ihm mittels Kalkulation aller Tätigkeiten und der ihm zur Verfügung stehenden Lebenszeit vor Augen, dass er so nicht weiter ‚wirtschaften' könne – dies alles sei insgesamt eine ‚verantwortungslose' und ‚überflüssige Zeitverschwendung'. Herrn Fusi befallen angesichts der Kalkulation Selbstzweifel bezüglich seines bisherigen Lebens („Das ist also die Bilanz meines ganzen bisherigen Lebens" [Ende 1999a: 3/6,58]) und so bringt ihn der Graue Herr dazu, der Zeit-Sparkasse beizutreten und künftig Zeit gegen Zinsen einzusparen:

> Fusi: Ich bin ein Unglücksrabe, dass ich nicht schon längst angefangen hab, zu sparen. Jetzt erst sehe ich es völlig ein, und ich muss gestehen – ich bin verzweifelt!
>
> Grauer Herr: Dazu besteht durchaus kein Grund – es ist niemals zu spät. Wenn sie wollen, können Sie noch heute anfangen.
>
> Fusi: Und ob und ob ich will. Was muss ich tun?
>
> Grauer Herr: Aber mein Bester, Sie werden doch wissen, wie man Zeit spart. Sie müssen zum Beispiel einfach schneller arbeiten. Statt einer halben Stunde widmen Sie sich einem Kunden nur noch eine Viertelstunde. Sie geben Ihre Mutter in ein gutes und billiges Altersheim, wo für sie gesorgt wird. Schaffen Sie den unnützen Wellensittich ab und vertun Sie Ihre kostbare Zeit nicht mehr so oft mit Singen, Lesen oder gar mit Ihren sogenannten Freunden." (Ebd., 7,58)

Herr Fusi soll von nun an also versuchen, durch kürzeren Kundenkontakt schneller zu arbeiten und seine Zeit nicht mit nutzlosen Hobbies oder zeitintensiven sozialen Kontakten zu verschwenden. Damit schlägt der Graue Herr Herrn Fusi die Rationalisierung seiner Lebensführung und die Ökonomisierung der unterschiedlichen Lebenssphären vor. Alle Lebensbereiche werden einer kalkulatorischen Logik unterworfen und in *zeitintensiv = nutzlos* und *zeitsparend = nützlich* eingeteilt. Mit der Idee des Zeitsparens wird insgesamt die Beschleunigung seines Lebenstempos vorangetrieben, welche mit dem ständigen Gefühl der Zeitknappheit einhergeht und dem Wunsch, immer mehr in immer kürzerer Zeit erledigen oder erleben zu wollen (vgl. Rosa 2005: 198).

Selbst- und Fremdführung

Das Zeitsparen an der Zeit-Sparkasse ist nicht in erster Linie mit Zwang verknüpft – Herr Fusi ist keinerlei Vertragsbeziehung eingegangen und der Graue Herr betont auch, dass er zu nichts gezwungen werde. Außerdem verblasst die Erinnerung an seine Begegnung mit dem Grauen Herren. Was aber bleibt, ist die Doktrin des Zeitsparens, die Fusi als eigenen Gedanken verinnerlicht und an der er sein Leben in der Folge auch ausrichtet. Die Transformation der Bewohnerinnen und Bewohner wird dadurch versinnbildlicht, dass sie allesamt selbst grau werden oder – wie später die Kinder – „Gesichter wie kleine Zeitsparer" (Ende 1999b: 9/2,01) bekommen. Der Zeitspar-Gedanke wird somit nicht nur internalisiert, sondern auch inkorporiert und zum Teil des eigenen ‚Habitus' (Bourdieu)[1]. Die Macht der Grauen Herren zeigt sich an dieser Stelle also vor allem in Form von Selbstführungstechniken und nicht durch Zwang oder gar Gewalt. Somit sind von Michel Foucault beschriebene ‚Technologien des Selbst' angesprochen, die dazu führen, dass

> Individuen [...] mit eigenen Mitteln bestimmte Operationen mit ihren eigenen Körpern, mit ihren eigenen Seelen, mit ihrer eigenen Lebensführung [...] vollziehen, und zwar so, dass sie sich selber transformieren, sich selber modifizieren und einen bestimmten Zustand von Vollkommenheit, Glück, Reinheit, übernatürlicher Kraft erlangen. (Foucault 1984: 35f.)

An einer späteren Stelle wird aber deutlich, dass damit (staatliche) Zwangsmaßnahmen nicht obsolet werden – Selbstführung geht, wie von Foucault beschrieben, mit Fremdführung einher. Herrschaftstechniken greifen bei denen, die sich dem Zeitspar-Gedanken nicht freiwillig unterwerfen – nämlich bei Beppo Straßenkehrer und den Kindern. Beppo Straßenkehrer wird im Verlauf der Geschichte in die Psychiatrie eingewiesen, weil er fortwährend die vermutliche Entführung Momos durch die Grauen Herren anzeigt. Für die vielen vermeintlich verwahrlosten Kinder der Stadt werden mit Hilfe einiger Erwachsener Kinder-Depots geschaffen, in denen sie zu „nützlichen und leistungsfähigen Mitgliedern der Gesellschaft" (Ende 1999b: 9/1,10) erzogen werden sollen. Von nun an ist das Spielen in der Stadt strengstens verboten

1 Anders als Bourdieu (1982) beschreibt Ende aber keinen Klassenhabitus, denn sozioökonomische Klassenverhältnisse spielen bei ihm keine Rolle (s.u.).

und auch das Spiel in den Depots wird nach pädagogischen Nützlichkeitskriterien von Aufsichtspersonen vorgegeben.

Kulturelle Hegemonie und die Unmöglichkeit der Aufklärung

Exemplarisch für viele andere Menschen der großen Stadt spart Herr Fusi nach der Begegnung mit dem Grauen Herren immer mehr Zeit ein und wird allmählich immer nervöser und ruheloser. Der Zeitspar-Gedanke erreicht vor allem über die Medien ‚kulturelle Hegemonie' (Gramsci), so dass wiederum immer mehr Menschen mitmachen:

> Wie Herrn Fusi so ging es schon vielen Menschen in der großen Stadt. Und jeden Tag wurden es mehr, die damit anfingen, das zu tun, was sie Zeit-Sparen nannten. Täglich wurden im Rundfunk, im Fernsehen und in den Zeitungen die Vorteile neuer zeitsparender Einrichtungen gepriesen und auf den Anschlagsäulen klebten Plakate, auf denen stand: Zeit-Sparern gehört die Zukunft! Oder: Mach mehr aus Deinem Leben – spare Zeit! (Ende 1999a: 4/0,05).

Angesichts dieser Hegemonie des Zeitspar-Gedankens planen Momo und ihre Freunde, die Bewohnerinnen und Bewohner durch Aufklärung und politische Aktion aufzurütteln. Da ihrer Einladung zur Beratung ins Amphitheater lediglich die Kinder folgen, bereiten sie eine Kinderdemonstration vor, um die Erwachsenen über die Existenz der Grauen Herren aufzuklären und letzteren dadurch ihre Macht zu nehmen. Mit Transparenten und Liedern ziehen sie geräuschvoll durch die Straßen, bleiben dabei aber von den Erwachsenen, die in ihren hektischen Alltag eingebunden sind, gänzlich unbeachtet. Sie machen damit die Erfahrung, wie schwer es ist, der durch Medien unterstützten Macht politisch etwas entgegenzusetzen.

Ökonomisierung der sozialen Beziehungen und gesellschaftliche Ausschlüsse

Die sich immer mehr verbreitende Rationalisierung der menschlichen Lebensführung ist mit einer Ökonomisierung der sozialen Beziehungen verbunden. Die Menschen beginnen genau zu berechnen, wie viel Zeit sie welchem Menschen widmen und welche Kontakte für sie vermeintlich nutzlos sind und nur Zeit kosten. Wie Herr Fusi, der dem Rat des Grauen Herren folgt und nun versucht, mehr Kunden in kürzerer Zeit abzufertigen, und seine Mutter in ein Pflegeheim einweisen lässt, verhalten sich immer mehr Menschen der großen Stadt. Davon betroffen sind letztlich auch die Kinder, für die nun niemand mehr Zeit hat. Von ihren Eltern bekommen sie zwar „viel mehr Taschengeld als früher" (Ende 1999a: 4/2,18), aber sie vermissen die elterliche Zuwendung und gemeinsame Resonanzerlebnisse. Diese suchen und finden sie zunächst bei Momo, das alte Amphitheater bleibt vorerst Unterschlupf für ihr phantasievolles Spiel fern ab von Nützlichkeitskriterien.

Die Implementierung des Zeitspar-Gedankens und die damit verbundene Rationalisierung der Lebensführung, die Beschleunigung des Lebenstempos und die Ökonomisierung der sozialen Beziehungen haben aber nicht nur Folgen für die Kinder. Es werden zunehmend Gruppen von Menschen an den Rand gedrängt oder gar ausgeschlossen, die den Zeitspar-Gedanken selbst nicht internalisiert haben und ihr Leben nicht danach ausrichten wollen oder können. „Es wird kalt" (ebd., 1,26), bemerkt Beppo Straßenkehrer. Eine fühlbare soziale Kälte hält Einzug in die Stadt. Momo und ihre besten Freunde Gigi Fremdenführer und Beppo Straßenkehrer werden zu Außenseitern, die sogar für die Not der Menschen verantwortlich gemacht werden. Ihnen wird von den Bewohnerinnen und Bewohnern unterstellt, dass sie durch ihr Nichts-Tun anderen Menschen die ohnehin so knappe Zeit stehlen. So berichten die Kinder:

> Kind: Ich darf vielleicht bald nicht mehr kommen.
>
> Momo: Warum denn nicht?
>
> Kind: Meine Eltern haben gesagt, ihr seid bloß Faulenzer und Tagediebe. Ihr stehlt dem lieben Gott die Zeit, haben sie gesagt. Deswegen habt ihr so viel. Und weil es von Eurer Sorte viel zu viele gibt, haben andere Leute immer weniger Zeit. (Ebd.: 2,37)

Die soziale Ausgrenzung als Folge des Zeitspar-Gedankens betrifft auch die alten Männer im Lokal des Wirts Nino. Er hat sie ausgeschlossen, obwohl sie ehemals zum Stammpublikum gehört haben. Der Ausschluss macht auch vor verwandtschaftlichen Beziehungen nicht Halt, wie im Fall des Onkel Ettore. Nino beginnt Kosten-Nutzen-Rechnungen anzustellen. Der Besuch dieser „unrasierten alten Kerle" (Ende 1999a: 5/1,23) sei für ihn unwirtschaftlich, denn er verdiene „an dem einzigen Glas billigen Rotwein" (ebd.: 1,26), welches sie konsumierten, nichts und zudem hielten sie zahlungskräftiges Publikum vom Besuch des Lokals ab. Damit verbaue er sich die Möglichkeiten, etwas aus seinem Lokal zu machen, und sei festgelegt auf ein „Leben als kleiner Spelunken-Wirt" (ebd.: 2,09). Gleichzeitig fällt ihm auf, dass ihm sein Lokal, „seit die Alten weg sind, [...] irgendwie fremd vor[kommt], kalt [...], ich kann es selbst nicht mehr leiden" (ebd.: 2,34). Damit beschreibt er zugleich die Entfremdung von seiner ehemals für ihn wichtigen Stammkundschaft, seiner Tätigkeit und seinem Lokal insgesamt.

Selbstentfremdung und Depression

So wie Nino geht es vielen Menschen der großen Stadt. Zwar haben sie nun mehr Geld zum Ausgeben, doch sie werden insgesamt missmutig, müde und verbittert und verlieren aufgrund von Zeitmangel nicht nur den Kontakt zu ehemals als wichtig erachteten Menschen, insbesondere ihren Kindern. Sie entfremden sich darüber hinaus in der Folge auch immer mehr von sich selbst. Die Kinder, die nun ebenfalls mehr Geld erhalten, dafür aber weniger Zeit mit ihren Eltern verbringen, berichten: „Sie mögen uns nicht mehr. Aber sie mögen sich selbst auch nicht mehr. Sie mögen überhaupt nichts mehr“ (Ende 1999a: 4/2,22).

An der Verwandlung von Momos Freund Gigi Fremdenführer wird die Entfremdung von sich selbst sehr eindrücklich beschrieben. Er lässt sich durch seinen Erfolg als Geschichten-Erzähler „Girolamo“ und den damit einhergehenden Lebenswandel – abgeschirmt in einem großen Haus im Stadtteil der Reichen und Berühmten – recht einfach von den Grauen Herren vereinnahmen. Zwar kommen ihm eines Tages Zweifel und er beschließt vor diesem Hintergrund, allen Menschen von den Grauen Herren zu erzählen, doch nach einem Drohanruf von ihnen verwirft er diesen Plan vor lauter Angst, seinen Erfolg einzubüßen und seinen Reichtum zu verlieren – er fühlt sich dabei aber wie ein Betrüger. Als Momo ihn trifft, begegnet sie einem ihr völlig fremden, unter Zeitdruck stehenden und, wie sie feststellt, „todkrank[en]“ (1999c: 1/6,59) Mann. Er hat seine Selbstachtung und den Kontakt zu sich selbst verloren, so dass ihm, wie er sagt, auch keine „wirkliche[n] Geschichten“ (ebd.: 6,44) mehr einfallen.

Aber nicht nur bei Gigi, sondern auch bei den anderen guten Freunden Momos, die allerdings mittels Zwangsmaßnahmen dem Zeitspar-Diktat unterworfen wurden, wird diese Selbstentfremdung beschrieben. Beppo Straßenkehrer, der im Gegenzug für die Entlassung aus der Psychiatrie Lösegeld für die Freilassung Momos einsparen muss und fortwährend arbeitet, wird als gebrochener Mann beschrieben. Und auch die Kinder, die nun in Kinder-Depots untergebracht sind, zerbrechen an der ihnen aufgezwungenen Orientierung an Nützlichkeit. „Verdrossen, gelangweilt und feindselig taten die Kinder, was man von ihnen verlangte, aber sie bekamen nach und nach Gesichter wie kleine Zeitsparer“ (Ende 1999b: 9/1,55).

Diese Selbstentfremdung wird als Krankheit, als Depression beschrieben, welche, wie der allwissende Meister Hora Momo erklärt, dadurch entsteht, dass die Menschen die Grauen Herren in ihr Herz gelassen haben, wodurch ihre Lebenszeit vergiftet wird:

> Man hat eines Tages keine Lust mehr, irgendetwas zu tun. Nichts interessiert einen. Die Unlust wird schlimmer von Tag zu Tag, von Woche zu Woche. Man wird ganz gleichgültig und grau. Man kann sich nicht mehr freuen und nichts und niemand lieb haben. Wenn es einmal so weit gekommen ist, dann ist die Krankheit unheilbar. Man ist genauso geworden, wie die Grauen Herren. (Ende 1999c: 5/6,55)

Während Momo in der Geschichte für Responsivität und Anverwandlung steht und das Prinzip ‚Zeit ist Leben‘ verkörpert, symbolisieren die Grauen

Herren das Prinzip ‚Zeit ist Geld', mit dem die Menschen zur Rationalisierung ihrer Lebensführung angeleitet werden und welches zur Beschleunigung ihres Lebenstempos führt. Diesem Prinzip können sich die Menschen nicht widersetzen, es wird zum Teil ihrer eigenen Lebensführung und nach und nach führt es zur Ökonomisierung aller Lebenssphären, insbesondere ihrer sozialen Beziehungen, und zu gesellschaftlichen Ausschlüssen. Die Macht der Grauen Herren wird somit zu einem totalitären Prinzip, welches „Druck auf die Willensbildung und die Handlungen der Subjekte ausübt" (Rosa 2012: 284). Es wird nahezu unmöglich, ihr auszuweichen, denn sie durchdringt alle Lebensbereiche und ist sehr schwer „mit ‚politischen' Mitteln zu kritisieren und bekämpfen" (ebd.). In der Folge entfremden sich die Menschen der Stadt von ihren alltäglichen Tätigkeiten, ihren sozialen Bezügen und auch von sich selbst. Doch letzten Endes befreit Momo – unterstützt durch den allwissenden Meister Hora, ausgestattet mit einer einzigen Stundenblume und begleitet von der Schildkröte Kassiopeia – die Zeit der Menschen aus den Speichern der Grauen Herren. Der Märchen-Roman endet somit nach der Darstellung der „bedürftige[n] Gegenwart" mit der „Heilung im Gewand des Wunderbaren" (Stoyan 2004: 93). Meister Hora steht dabei für eine „transzendentale Macht und die Personifikation von Endes Überzeugung, ‚dass es in der Welt noch andere Kräfte und Mächte gibt, die hilfreich eingreifen'"(Otte 2006: 3f.)[2]. Die Kindergestalt Momo tritt als Retterin und Erlöserin der Menschheit auf.

Aktuelle Relevanz und Grenzen von Endes Gesellschaftskritik

> Endes *Momo* ist ein auf unsere Welt bezogener Märchenroman. Das Buch gibt eine „schockierende Zeitdiagnose" [...] mit einer scharfen, aktuellen Gesellschaftskritik, die sehr tief ansetzt. Endes Wunsch ist es, mit seinen Büchern Bilder zu schaffen, nach denen sich der Mensch in dieser Welt orientieren kann. [...] Ende plädiert in *Momo* für die Vereinigung des realen Alltagslebens der siebziger Jahre mit der Welt des Poetischen. (Stoyan 2004: 114)

Kann Endes Zeitdiagnose, die in der Atmosphäre der 1960er Jahre entstanden ist (vgl. ebd.: 91), auch heute noch Aktualität beanspruchen? Anders als Stark (2014), der die Geschichte insgesamt als Beispiel für eine Neoliberalismuskritik ansieht, gehe ich davon aus, dass sich der historische Entstehungskon-

2 Michael Ende hat in einem Gespräch mit Erhard Eppler und Hanne Tächl betont, dass die Lösung der Geschichte keineswegs allein durch einen metaphysischen Meister Hora erfolgt ist. Zwar habe dieser Momo die Chance gegeben, gegen die Grauen Herren zu kämpfen. Doch im Augenblick des Kampfes konnte er sie nicht unterstützen, da er selbst, genau so, wie die Welt insgesamt, schlief (vgl. Eppler/Ende/Tächl 1982: 37).

text trotz weiterhin bestehender Aktualität in „Momo" deutlich widerspiegelt. Spuren des fordistischen Kapitalismus des vergangen Jahrhunderts zeigen sich beispielsweise in der Beschreibung der sich im Zuge der Hegemonie der Grauen Herren etablierenden Gleichförmigkeit, die sich in der Architektur, dem Erziehungswesen, aber auch im äußeren Erscheinungsbild der Grauen Herren wiederfindet. Infolge des Einflusses der Grauen Herren, die allesamt als grau, mit kleinen Zigarren und Aktenkoffern beschrieben werden, baut man nur noch gleichförmige Häuser und Straßen. In den staatlich verwalteten Kinder-Depots spielen die Kinder Lochkartenspiele und erhalten eine Karteikartennummer. Der Gong strukturiert und zerteilt für alle gleichermaßen die Zeit. Wirksam ist hier eine bei Foucault (1976) beschriebene Disziplinarmacht, die vor allem normierend, disziplinierend und standardisierend wirkt und die sich seither im Zuge der Individualisierung und Flexibilisierung von Zeitregimes in Architektur und Erziehungswesen verändert hat. Statt Gleichförmigkeit stehen heute Differenzierung und Individualisierung aller Lebensbereiche im Vordergrund. Auch wenn diesen Transformationen heute wieder Tendenzen zur Standardisierung inne wohnen[3], so unterscheiden sich diese deutlich von der für den Fordismus typischen Standardisierung der Produktion und der verschiedenen Lebensbereiche.

Während sich also bei „Momo" einerseits historische Spuren zeigen, hat Ende andererseits mit seiner Kritik an Technologie- und Fortschrittsgläubigkeit, zweckrationalem Denken und Konsumorientierung einen Roman verfasst, der auch heute noch von hoher Aktualität ist.

Interessant und gleichzeitig diskussionswürdig ist Endes von Silvio Gesell inspirierte Darstellung des Finanzsystems in „Momo", welche an dieser Stelle aber nicht weiter verfolgt werden kann[4]. Dem bei Gesell beschriebenen alternden und rostenden Geld entspreche, so Vollmer (2013),

> das poetische Bild der geraubten Stunden-Blumen der Menschen, die in einem riesigen Bergwerk getrocknet und gelagert werden, damit die Grauen Herren sich davon bedienen, um daraus ihre grauen Zigarren zu drehen, mit denen sie die einstmals klare Luft der Stadt verpesten und ihren Bewohnern die Atemluft vergiften [...]. Die gesparte, nicht für das Leben genutzte Stundenblume ist nutzlos, wie die Bilanzen derer, die Geld horten, das sie anderen abpressen, obwohl sie selbst nicht einmal dafür arbeiten.

Der Dokumentarfilm „Momo – ein Märchen wird erwachsen" widmet sich – von dieser Analyse angeregt – der heutigen Wachstumsgesellschaft und möchte „die kleine Heldin und ihre besonderen Fähigkeiten in Erinnerung rufen und Gedanken über zukunftsfähige Geldsysteme erwecken" (Sontheimer

3 Beispielsweise im schulischen Lernen die Orientierung an Bildungsstandards oder im Bereich der Fertighausarchitektur die Etablierung der „Individualisierung als Standard" (vgl. Gill 2010).

4 Vgl. die Analyse des Ökonomen Werner Onken (o.J.): Dieser hat den Bezug zu Gesell erstmals herausgearbeitet und von Ende persönlich bestätigt bekommen.

2014: 30). Diskussionswürdig ist insbesondere die für gesellianische Ansätze typische Ausblendung der Produktionsverhältnisse.

In Endes Buch kommt darüber hinaus insbesondere die von Rosa als Strukturmerkmal kapitalistischer Gesellschaften beschriebene Beschleunigung – vor allem in der Dimension der Beschleunigung des individuellen Lebenstempos – zum Ausdruck, die sich unter den Bedingungen des postfordistischen Kapitalismus radikalisiert und weiterhin Entfremdungserfahrungen produziert. Sie wirkt als totale Macht, der aufgrund ihres medialen Einflusses auch politisch wenig entgegen gesetzt werden kann – ein Phänomen, das Crouch (2008) als Postdemokratie beschreibt. Die in „Momo" mit dem Zeitspar-Gedanken angesprochene Ökonomisierung aller Lebensbereiche und die Rationalisierung der Lebensführung, die mittels Techniken der Selbst- und Fremdführung implementiert werden, zeigen sich heute in dem von Bröckling (2007) skizzierten „unternehmerischen Selbst". Dieses gilt, ebenso wie in „Momo", als „normatives Modell individueller Lebensführung" (ebd.: 123) und setzt eine „Dynamik permanenter Selbstoptimierung" (ebd.: 17) in Gang. Wie in Endes großer Stadt gibt es auch heute empirische Hinweise, dass ein solches Modell der Lebensführung instrumentelle und ökonomistische Orientierungen mit sich bringt. Heitmeyer und Endrikat (2007) ermitteln beispielsweise in einer Teiluntersuchung der Langzeitstudie „Deutsche Zustände", dass 46,9 % der Befragten der Ansicht sind, es gäbe Dinge, „die wichtiger sind als Beziehungen zu anderen" (ebd.: 60). 77,9 % schätzen „ganz vernünftig ab, was mir ein Kontakt bringt" (ebd.), und orientieren sich somit ganz ähnlich wie der Frisör Fusi oder der Wirt Nino. Damit verbunden ist auch heute die Abwertung von als überflüssig und nutzlos angesehenen Menschen, v.a. Langzeitarbeitslosen, Obdachlosen und Behinderten, aber auch Migrantinnen und Migranten (vgl. Gross u.a. 2010; Heitmeyer/Endrikat 2008; Gross u.a. 2010; Zick/Klein 2014). Zick und Klein (2014) beobachten in der aktuellen Mitte-Studie der Friedich-Ebert-Stiftung,

> dass weniger humanistische, zivile und demokratische Werte und Normen für die Menschen relevant sind, um die Frage zu beantworten, wer in der Gesellschaft dazu gehört [...]. Vielmehr ziehen immer mehr Wertmaßstäbe der Wirtschaft beziehungsweise Wirtschaftlichkeit, Effizienz und eines überbordenden Individualismus in die Debatte über den Wert und die Gleichheit von Gruppen ein. (Ebd.: 19)

Neben der Entfremdung und Abwertung von anderen ist auch die Selbstentfremdung in Form von Erschöpfung und Depression in der gegenwärtigen Gesellschaft von großer Relevanz, worauf beispielsweise Ehrenberg (2004) oder Neckel und Wagner (2013) hinweisen.

Trotz dieser also auch heute noch aktuellen Gesellschaftskritik an Entfremdungserfahrungen im Kapitalismus und Michael Endes „tief humane[r] Intention" (Stoyan 2004: 92), den Orientierungsbedarf der Menschen aufzugreifen und neue „innere Werte [zu] schaffen, bzw. alte Werte [zu] erneuern" (ebd.: 92), verbleibt Ende, mit Boltanski und Chiapello (2006) gesprochen, auf der Ebene der „Künstlerkritik" und den darin artikulierten Bedürfnissen nach Autonomie und Authentizität. Damit kritisiert er die „fehlende[] Authentizität der Dinge, Menschen, Gefühle und in einem allgemeineren Sinne der damit verbundenen Lebensform" (ebd.: 80) und die Unterdrückung von „Freiheit, Autonomie und Kreativität" (ebd.) der Menschen im Kapitalismus. Die dem Kapitalismus ebenso inhärente ökonomische Ausbeutung, die soziale Ungleichheit sowie Klassenverhältnisse – die „Sozialkritik" bei Boltanski und Chiapello – spielen in seinem Märchen-Roman allerdings keine Rolle. Auch bietet Ende keine politischen Lösungen der „Wirklichkeitskrise" (Otte 2006: 5) an. Das Mädchen Momo ist Kinder-Heldin und Erlösergestalt der Geschichte. Von dieser wird die Menschheit, unterstützt von der transzendentalen Macht des Meister Hora, befreit. Damit liegt das Heil der Menschen in Momos Hand und nicht in ihrer eigenen und erst recht nicht in einer kollektiven politischen Gegenmacht. Die Geschichte bietet somit lediglich einen individualistischen Lösungsweg mit esoterischen Anleihen an. Damit zusammenhängend spiegelt sich in der bedürfnislosen Gestalt Momos eine Idealisierung des Sich-Begnügens im Wenigen wider. Ende richtet sich mit dem „Appell an den Leser, ein einfacheres und beschaulicheres Leben zu führen" (Otte 2006: 4), ohne die gesellschaftlichen Verhältnisse grundsätzlich in Frage zu stellen und zu verändern.

Doch trotz dieser Kritik beinhaltet der Märchen-Roman heute das normative Potential, Gesellschaften auf ihre ökonomischen, politischen und sozialen Bedingungen hin zu befragen, die Resonanzerfahrungen von Menschen einschränken bzw. verhindern, und auf die Zielperspektive eines guten Lebens für alle Menschen hinzuweisen. Das im ersten Teil der Geschichte beschriebene Ideal einer offenen Gesellschaft ist dafür ein gutes Beispiel.

Hörspiele

Ende, Michael (1999a): Momo und ihre Freunde. Universal Music.
Ende, Michael (1999b): Momo und die Grauen Herren. Universal Music.
Ende, Michael (1999c): Momo und die Stundenblumen. Universal Music.

Literatur

Boltanski, Luc/Chiapello Ève (2006): Der neue Geist des Kapitalismus. Konstanz: UVK.
Bourdieu, Pierre (1982): Die feinen Unterschiede. Kritik der gesellschaftlichen Urteilskraft. Frankfurt/Main: Suhrkamp.

Bröckling, Ulrich (2007): Das unternehmerische Selbst: Soziologie einer Subjektivierungsform. Frankfurt/Main: Suhrkamp.

Crouch, Colin (2008): Postdemokratie. Frankfurt/Main: Suhrkamp.

Ehrenberg, Alain (2004): Das erschöpfte Selbst. Depression und Gesellschaft in der Gegenwart. Frankfurt/Main: Campus Verlag.

Eppler, Erhard/Ende, Michael/Tächl, Hanne (1982): Phantasie, Kultur, Politik: Protokoll eines Gesprächs. Stuttgart: Weitbrecht Verlag.

Foucault, Michel (1984): Von der Freundschaft. Berlin: Merve Verlag.

Foucault, Michel (1976): Überwachen und Strafen. Die Geburt des Gefängnisses. Frankfurt/Main: Suhrkamp.

Gill, Julia (2010): Individualisierung als Standard. Über das Unbehagen an der Fertighausarchitektur. Bielefeld: Transcript.

Gross, Eva/Gundlach, Julia/Heitmeyer, Wilhelm (2010): Die Ökonomisierung der Gesellschaft. Ein Nährboden für Menschenfeindlichkeit in oberen Status- und Einkomensgruppen. In: Heitmeyer, W. (Hrsg.): Deutsche Zustände. Folge 9. Berlin: Suhrkamp, S. 138–157.

Gross, Eva/Mansel, Jürgen/Krause, Daniela (2010): Wenn soziale Beziehungen nachrangig werden. Gewaltbereitschaft als Folge bindungsloser Flexibilität. In: Heitmeyer, W. (Hrsg.): Deutsche Zustände. Folge 9. Berlin: Suhrkamp, S. 158–173.

Heitmeyer, Wilhelm/Endrikat, Kirsten (2008): Die Ökonomisierung des Sozialen. Folgen für ‚Überflüssige‘ und ‚Nutzlose‘, In: Heitmeyer, W. (Hrsg.): Deutsche Zustände. Folge 6. Frankfurt/Main: Suhrkamp, S. 55–72.

Hocke, Roman/Neumahr, Uwe (2007): Michael Ende. Magische Welten. München: Henschel.

Neckel, Sighard/Wagner, Greta (2013): Leistung und Erschöpfung. Burnout in der Wettbewerbsgesellschaft. Berlin: Suhrkamp.

Onken, Werner (o.J.): Die ökonomische Botschaft von Michael Endes „Momo“ (mit einem Brief von Michael Ende vom 3.9.1986). http://www.sozialoekonomie.info/Weiterfuhrende_Informationen/Momo_UnendlicheGeschichte/momo_unendlichegeschichte.HTM [Zugriff: 11.06.2015].

Otte, Birgit (2006): Eintrag „Ende, Michael“. In: Munzinger Online/KLG – Kritisches Lexikon zur deutschsprachigen Gegenwartsliteratur. http://www.munzinger.de/document/16000000126 [Zugriff: Universitätsbibliothek Marburg am 11.06.2015].

Rosa, Hartmut (2005): Beschleunigung. Die Veränderung der Zeitstruktur in der Moderne. Frankfurt/Main: Suhrkamp.

Rosa, Hartmut (2009): Kapitalismus als Dynamisierungsspirale – Soziologie als Gesellschaftskritik. In: Dörre, K./Lessenich, S./Ders.: Soziologie, Kapitalismus, Kritik. Eine Debatte. Frankfurt/Main: Suhrkamp, S. 87–125.

Rosa, Hartmut (2012): Weltbeziehungen im Zeitalter der Beschleunigung. Umrisse einer neuen Gesellschaftskritik. Berlin: Suhrkamp.

Sontheimer, Leonie (2014): Ein Märchen wird erwachsen. In: Humane Wirtschaft 06/2014, 30–31. http://40jahremomo.de/vjm-content/uploads/documents/humane_wirtschaft_2014_06.pdf [Zugriff: 11.06.2015]

Stark, Christopher (2014): „Momo“ von Michael Ende. Das Buch über den Neoliberalismus im Alltag der ‚ganz normalen Menschen‘. In: Ders.: Neoliberalyse.

Über die Ökonomisierung unseres Alltags. Wie sich die ökonomische Ideologie – einer abgeschwächten Rhetorik zum Trotz – weiter in alle Gesellschaftsbereiche frisst. Wien: Mandelbaum. S. 244–254.
Stoyan, Hajna (2004): Die phantastischen Kinderbücher von Michael Ende. Mit einer Einleitung zur Entwicklung der Gattungstheorie und einem Exkurs zur phantastischen Kinderliteratur der DDR. Frankfurt/Main: Peter Lang.
Vollmer, Antje (2013): Michael Endes Kritik des Finanzsystems in MOMO. http://www.antje-vollmer.de/momo.htm [Zugriff: 11.06.2015].
Zick, Andreas/Klein, Anna (2014): Fragile Mitte – Feindselige Zustände. Rechtsextreme Einstellungen in Deutschland 2014. Bonn: Dietz.

Zwischen RAF und Romantik

Paul Maars „Eine Woche voller Samstage"

Andreas Wicke

„Dann geh ich eben zu Fuß in die Wilhelm-Reich-Straße", sagte das Sams.
Martin lachte. „Dort hat Papa früher mal gewohnt,
als Frau Mon noch Frau Rotkohl hieß."
„Und wo wohnt ihr jetzt?"
„In der Amadeus-Hoffmann-Straße sieben, Erdgeschoss." (Maar 1996: 189f.)

Wo Herr Taschenbier wohnt und dass er umzieht, erfährt man zwar erst im vierten Teil der siebenbändigen „Sams"-Reihe von Paul Maar,[1] dennoch sind diese topographischen Angaben, vor allem aber die Namensgeber der beiden Straßen, mit Bedacht gewählt. Zwischen Wilhelm Reich und E.T.A. Hoffmann, zwischen dem Kultautor der Studentenbewegung und dem Dichter der Romantik soll Paul Maars „Eine Woche voller Samstage" im Folgenden diskutiert werden.

Der 1973 erschienene Roman erzählt – ebenso wie das ein Jahr später in der Bearbeitung von Kurt Vethake produzierte Hörspiel – die Geschichte einer Erziehung zur Mündigkeit.[2] Herr Taschenbier gehört zu jenen Menschen, die unterdrückt werden, weil sie sich unterdrücken lassen. Seine Vermieterin erzieht ihn und sein Chef beherrscht ihn. Weder artikuliert er einen eigenen Willen noch ist er in der Lage, seine Wünsche durchzusetzen. Das Sams als fantastisches Wesen, das Wünsche erfüllen kann und sich an keine Regeln hält, bricht in diese Welt der Sekundärtugenden ein und verhilft Herrn Taschenbier Schritt für Schritt zu einem individuellen Sein.

Das Verhältnis zwischen dem ängstlichen und unsicheren Herrn Taschenbier und dem frechen, respektlosen, dafür aber ziemlich komischen Sams lässt unterschiedliche Deutungen zu. Paul Maar selbst hat das Sams als Herrn Taschenbiers „zweites, bisher verdrängtes Ich" (Maar 2007: 30) bezeich-

1 2015 ist unter dem Titel „Ein Sams zu viel" ein weiterer Band erschienen, der die Geschichte allerdings nicht fortsetzt, sondern eine Episode aus der Anfangszeit nachreicht.

2 Da sich die Hörspieladaption fast wörtlich an der Vorlage orientiert, sind Zitate aus „Eine Woche voller Samstage" dem Roman (1973) entnommen, der Beleg gibt darüber hinaus jedoch die entsprechende Passage im Hörspiel (1974, Bearbeitung: Kurt Vethake) an. Zum Medienverbund um das Sams vgl. Weinkauff (2014).

net. Günter Lange konkretisiert diese Deutung und wendet Sigmund Freuds Instanzenmodell auf Herrn Taschenbier an. Er diagnostiziert, „dass das ‚Über-Ich' die absolut dominierende Instanz seines psychischen Apparats ist. [...] Das Sams nun, die Personifikation seines ‚Es', beginnt gegen diese Dominanz des ‚Über-Ich' zu rebellieren" (Lange 2007: 66). Gegen Ende des ersten Bandes überwindet Herr Taschenbier seine Autoritätshörigkeit zumindest punktuell, das Sams hat also mit seinem Erziehungsversuch erste Erfolge, die sich dann in den weiteren Teilen – bis in die zweite und dritte Generation der Familie Taschenbier – fortsetzen. Dem Sams kommt damit, so Lange, eine katalysatorische bzw. emanzipatorische Funktion zu (vgl. ebd.: 62).

Roman und Hörspiel tragen deutliche Spuren ihrer Entstehungszeit und spiegeln die Mentalitätsgeschichte einer Umbruchsituation, Manfred Jahnke liest den ersten Band „als Satire auf die kleinbürgerliche, enge bundesrepublikanische Welt" (Jahnke 1996: 43). Paul Maar spielt mit den Zielen und Idealen der 68er-Bewegung, thematisiert den Kampf gegen Hierarchien und Autoritäten, gegen das Establishment, gegen traditionelle Normen und Werte, gegen Scheinheiligkeit und Konformismus, dabei lassen sich durchaus Bezüge zu den Anfängen der RAF ausmachen. Eine der autoritären Gegenfiguren ist Studienrat Groll, dessen Name Programm ist und dem Maar in seinen Illustrationen, darauf weist Jenny Wozilka hin, „eine unverkennbare Ähnlichkeit mit Adolf Hitler gegeben hat" (Wozilka 2005: 71).

Aber Revolution ist nur eine mögliche Lösung, Maar ist andererseits auch der Poetologie der Romantik verpflichtet, hier ließe sich zunächst an eine eskapistische Tendenz, an eine Flucht in die Kunst respektive Fantasie denken, die Maar allerdings nicht zulässt. RAF und Romantik, so die These der folgenden Überlegungen, lassen sich in „Eine Woche voller Samstage" gleichermaßen wiederfinden.

„Die Furcht vor der Freiheit"

Parallelen zwischen Paul Maars Roman und den Idealen der 68er-Bewegung sind offenkundig. „Die Studentenrevolution ist [...] auch im Kinderbuch angekommen", sagt Stefan Neuhaus (2007: 113) über „Eine Woche voller Samstage" und schreibt den „Sams"-Romanen insgesamt einen „subversiv-anarchischen Charakter" (ebd.: 118) zu. Auch Kai Sina attestiert dem Sams die „vollkommene[] Respektlosigkeit gegenüber Autoritäten" und spricht von dessen „anarchische[m] Treiben" (Sina 2013: 186). Bereits Manfred Jahnke sieht in der Figur des Sams den „‚Zeitgeist' einer damals heiß diskutierten antiautoritären Erziehung" (Jahnke 1996: 37) gespiegelt. Die Auseinandersetzung mit dem Autoritätsbegriff ist ein zentrales Thema der 68er-Bewegung, so heißt es etwa in Theodor W. Adornos „Erziehung zur Mündigkeit":

> Ich habe mich [...] ein bißchen umgesehen in der pädagogischen Literatur über den Komplex der Mündigkeit. Und anstelle von Mündigkeit findet man da einen existentialontologisch verbrämten Begriff von Autorität, von Bindung, oder wie all diese Scheußlichkeiten sonst heißen, die den Begriff der Mündigkeit sabotieren und damit den Voraussetzungen einer Demokratie nicht nur implicite, sondern recht offen entgegenarbeiten. Ich bin der Ansicht, daß man diese Dinge doch einmal niedriger hängen und zeigen soll, welchem Muff nach wie vor in Deutschland selbst eine scheinbar doch so sehr im Bereich des Geistes beheimatete Frage wie die der Mündigkeit ausgesetzt ist. (Adorno 1971: 136)

Ähnlich skeptisch dürfte Paul Maars Urteil über die Kinderbücher dieser Zeit ausfallen, er kritisiert, dass sie zu Erziehungszwecken missbraucht wurden und „der Pädagogik näherstanden als der Literatur und der Kunst" (Maar 2007: 147). Während die Kinderliteratur der direkten Nachkriegszeit einen Schonraum entwirft, in den die empirische Wirklichkeit nicht eindringen darf, stellen die Autorinnen und Autoren der späten 1960er und 70er Jahre gerade den kritischen Blick auf die kindliche Lebenswelt ins Zentrum. Sie nehmen die Kinder ernst und konfrontieren sie literarisch mit dem, was ihnen auch im Alltag zugemutet wird. So kommt es, dass in Romanen und Erzählungen Christine Nöstlingers, Peter Härtlings, Ursula Wölfels und anderer gerade keine glücklichen Familienbilder gezeichnet, sondern alternative Formen des Zusammenlebens, außerdem Trennungen, Suchtprobleme, Gewalt etc. verarbeitet werden. Auch das Aufbegehren gegen Autoritäten – oft gegen die patriarchalischen Familienväter – ist ein häufiges Thema in der (Kinder- und Jugend-)Literatur um 1970, Paul Maars „Eine Woche voller Samstage" ist dafür ein deutliches, allerdings auch erstaunlich zeitloses Beispiel.

Das Sams verkörpert den Widerstand gegen Autoritäten und erzieht Herrn Taschenbier im Laufe des ersten Bandes der „Sams"-Heptalogie zu einem ansatzweise emanzipierten Menschen. Zunächst wird er als uneigentliche, verwaltete und fremdbestimmte Existenz vorgeführt, an ihm werde, so Jahnke, „die Verpfuschtheit eines ungelebten Lebens vorexerziert[]" (Jahnke 1996: 37). Taschenbier verkörpert das Schreckgespenst der 68er, den angepasst-spießigen Bürger, der sich durch Fleiß, Ordnungsliebe, Sparsamkeit, Disziplin, Höflichkeit, Gehorsam etc. auszeichnet; in vielen seiner Wesenszüge kann man Herrn Taschenbier als autoritären Charakter beschreiben. Auf der ersten Abbildung des Romans wirkt er eingeschüchtert und kraftlos, er sitzt vor einem altmodischen Waschbecken, das seinen Hang zur Reinlichkeit symbolisiert, und über ihm hängt, hübsch gerahmt, die Hymne des Konservativismus: „Üb immer Treu und Redlichkeit" (vgl. Maar 1973: 9). Während in Ludwig Höltys Gedicht der alte Landmann seinen Sohn zu einer christlichen Lebensführung ermahnt, wird der Text hier auf die erste Zeile und damit auf leere Tugendhaftigkeit und Pflichterfüllung reduziert.

Schaut man in die Begriffsgeschichte des autoritären Charakters, so tauchen dort primär die Konzepte Erich Fromms, Max Horkheimers und Theodor W. Adornos auf. Entscheidend im Sinne der hier angestellten Überlegungen ist, dass diese Theorien auf Wilhelm Reich zurückgehen, der in seiner Studie über „Die Massenpsychologie des Faschismus" bereits 1933 einen Zusammenhang zwischen autoritärer Triebunterdrückung und der Neigung zu faschistischer Ideologie herausarbeitet. Der Band zählt zu den Kultbüchern der 68er-Bewegung und wird wie viele – vor allem sexualwissenschaftliche – Texte Reichs als Raubdruck an den Universitäten verbreitet.

Was zeichnet den autoritären Charakter aus? Hier lässt sich ein Merkmalbündel skizzieren, das ein Festhalten an Konventionen, Autoritätshörigkeit, Unterwürfigkeit sowie die Identifikation mit Machthabern etc. umfasst (vgl. etwa Rippl u.a. 2000: 16), Eigenschaften also, die sich durchaus bei Bruno Taschenbier wiederfinden. Während das Konzept des autoritären Charakters jedoch auch solche Formen umfasst, in denen der Betroffene selbst Aggressionen hegt und nach Menschen sucht, die er beherrschen, verurteilen und bestrafen kann, handelt es sich bei Herrn Taschenbier um eine autoritäre Unterwürfigkeit, also die „[u]nkritische Unterwerfung unter idealisierte Autoritäten der Eigengruppe" (ebd.).

Unter dem Titel „Die Furcht vor der Freiheit" veröffentlicht Erich Fromm 1941 seine Überlegungen zum autoritären Charakter und benennt in dieser Schrift ein zentrales anthropologisches Problem: Der moderne Mensch hat die Freiheit, also die Verwirklichung seiner individuellen Wünsche, noch nicht erreicht. Fromm skizziert verschiedene Formen der Flucht, die für ihn ein Wesensmerkmal des autoritären Charakters darstellt: „Der erste Fluchtmechanismus, mit dem wir uns befassen wollen, ist die Tendenz, die Unabhängigkeit des eigenen Selbst aufzugeben und es mit irgend jemand oder irgend etwas außerhalb seiner selbst zu verschmelzen, um sich auf diese Weise die Kraft zu erwerben, die dem eigenen Selbst fehlt" (Fromm 2008: 107). Diese „Flucht ins Autoritäre" dient nach Fromm dazu, „dem Betreffenden zu helfen, seinem unerträglichen Gefühl von Einsamkeit und Ohnmacht zu entrinnen" (ebd.: 113).

Für Herrn Taschenbier existieren vor allem zwei Autoritäten, seine Vermieterin Rotkohl und sein Chef Oberstein. In dem Verhältnis zu Frau Rotkohl tritt Herrn Taschenbiers ausgeprägte Untertanen-Mentalität deutlich zutage, gleich im ersten Kapitel wird er als Untergebener vorgeführt. Trotz der ausdrücklichen Bitte, sein Zimmer zu einem späteren Zeitpunkt zu reinigen, lässt sich Frau Rotkohl nicht von ihrem Plan abbringen:

> Gleich darauf kommandierte sie: „Füße hoch!", und fuhr mit dem Besen auf Herrn Taschenbiers Beine los. Gehorsam zog er die Füße an und stellte sie auf den Stuhl, auf dem er saß.
>
> „Sie Schmutzfink!", schrie Frau Rotkohl, als sie das sah. „Meinen schönen Stuhl mit Schuhen treten! Sofort gehen sie in die Küche und holen einen Lappen!" (Maar 1973: 12; 1974: I/1/1,20)

Das Verhältnis zwischen Vermieterin und Mieter wird einerseits über ein militärisches Wortfeld („kommandierte", „Gehorsam") ausgetragen, andererseits in eine autoritäre Mutter-Sohn-Beziehung umgedeutet. Verlässt Herr Taschenbier das Haus, fragt ihn Frau Rotkohl, wohin er geht, außerdem bestraft sie ihn, wenn er sich nicht an ihre Regeln hält: „Sie bekommen heute von mir kein Mittagessen! Nach diesen Frechheiten nicht!" (Maar 1973: 36; 1974: I/1/14,39; vgl. auch Neuhaus 2007: 115). Darüber hinaus wird die Privatsphäre des Mieters nicht gewahrt, Frau Rotkohl betritt Herrn Taschenbiers Zimmer, ohne dessen „Herein" abzuwarten, und seine Reaktion wird als „[e]rschrocken" (Maar 1973: 11) beschrieben. Rebellion ist für ihn nur im Konjunktiv denkbar:

> Er hätte gern geantwortet: „Ein normaler Mensch kommt auch nicht ins Zimmer, wenn niemand ‚Herein' sagt!" Aber Herr Taschenbier war ein netter und freundlicher Herr und hasste Streit. Außerdem hatte er ein bisschen Angst vor Frau Rotkohl, weil sie fast einen Kopf größer war als er. Und darüber hinaus war sie die Zimmerwirtin und konnte ihm jederzeit kündigen. Deswegen sagte Herr Taschenbier gar nichts. (Maar 1973: 11f.)

Die gesellschaftliche Stellung Taschenbiers lässt sich im Kleinbürgertum verorten, in jener Gesellschaftsschicht also, die Fromm als typisch für den autoritären Charakter bezeichnet (vgl. Fromm 2008: 122). Er bewohnt ein möbliertes Zimmer zur Untermiete und hat einen niederen Bürojob. Sein Berufsleben ist von steilen Hierarchien geprägt, sein Vorgesetzter wird bereits durch seinen Namen, Oberstein, als hart und überlegen charakterisiert. Das Machtgefüge wird in der weiteren Beschreibung parodistisch überhöht: Herr Oberstein hat einen Eichenholzschreibtisch und einen Ledersessel, Herr Taschenbier ein kleines Tischchen und einen Holzstuhl, außerdem muss Herr Taschenbier lediglich nachrechnen, was Herr Oberstein bereits ausgerechnet hat. „Herr Oberstein hatte für seine Arbeit eine Rechenmaschine, Herr Taschenbier musste alles im Kopf rechnen" (Maar 1973: 78; 1974: I/1/36,14). Hinzu kommen bewusste Demütigungen des Chefs, der seinen Angestellten beispielsweise beim Rechnen unterbricht, sodass er noch einmal von vorn beginnen muss.

Das Berufsfeld wird nicht benannt, die Machtverhältnisse in diesem Kleinbetrieb hingegen sind überdeutlich gezeichnet. Herr Taschenbier scheint seine Funktion in den Arbeitsprozessen nicht zu verstehen und interessiert sich auch nicht dafür. Er sieht keine Ergebnisse, hat keinen Spaß an der Tätigkeit, ist lediglich ein Rädchen im Getriebe und erzielt keine Produkte, mit denen er sich identifizieren könnte. Es handelt sich vielmehr um jene Spätfolgen des Kapitalismus bzw. der Industrialisierung, die Herbert Marcuse in „Der eindimensionale Mensch" als ‚verwaltetes Leben' (vgl. etwa Marcuse 1967: 68) sowie entfremdete Arbeit kritisiert. Wenn das Sams Herrn Taschenbier fragt, ob er gern ins Büro gehe oder sich nicht vielmehr wünsche, nicht arbeiten zu müssen, heißt es:

> „Natürlich wünscht man sich das immer, besonders am Montag", lachte Herr Taschenbier.
>
> „Ich frage nicht, ob *man* es wünscht, sondern ob *du* es dir wünschst", fuhr das Sams beharrlich fort. (Maar 1973: 49; 1974: I/1/21,52)

Das Sams durchschaut hier die uneigentliche Sprache Taschenbiers und kritisiert gleichzeitig jene Haltung, die Martin Heidegger in „Sein und Zeit" als Verfallenheit an das *Man* stigmatisiert (vgl. Heidegger 1993: 126ff.). Es bricht die starren Autoritätsstrukturen in Taschenbiers Leben auf, indem es die Regeln, nach denen er lebt und handelt, explizit hinterfragt. Die Erziehungserfolge, die das Sams damit erzielt, sind zunächst klein, dennoch begehrt Herr Taschenbier ein erstes Mal gegen Frau Rotkohl auf, als diese ihn auffordert, sie in sein Zimmer zu lassen. Wenn er sich dabei wiederum auf ein kollektives *Man* beruft, nutzt er die uneigentliche Formulierung diesmal, um allgemeingültige Rechte für sich zu reklamieren.

> „Wenn man ein Zimmer gemietet hat, darf man es auch abschließen", rief Herr Taschenbier mutig zurück.
>
> „Sehr gut", flüsterte das Sams. „Du hast schon etwas gelernt, Papa." (Maar 1973: 91; vgl. 1974: II/1/1,57)

Mit Herrn Oberstein und Frau Rotkohl sind die zwei zentralen Herrschaftsinstanzen in Herrn Taschenbiers Leben benannt, doch Erich Fromms Konzept des autoritären Charakters geht über diese greifbaren Hierarchien hinaus:

> Die Autorität muß nicht unbedingt eine Person oder eine Institution sein, die sagt: „Du mußt das tun" oder „Das darfst du nicht tun". Man könnte diese Form als äußere Autorität bezeichnen, aber sie kann auch als innere Autorität: als Pflicht, Gewissen oder Über-Ich auftreten. [...] Sich etwas noch nie Dagewesenes zu wünschen oder darauf hinzuarbeiten, ist Verbrechen oder Wahnsinn. (Fromm 2008: 124 u. 127)

Wenn Herr Taschenbier über seine Wünsche spricht, wird deutlich, dass innere Autoritäten auch sein Tun und Denken beherrschen. Das Sams fragt ihn, wozu er gerade besondere Lust habe:

> „Ich wüsste schon, was ich am liebsten täte", sagte Herr Taschenbier und rekelte sich. „Aber das geht nicht."
>
> „Was wäre das?", forschte das Sams.
>
> „Am liebsten würde ich einmal einen ganzen Tag im Bett verbringen und überhaupt nichts tun. Höchstens lesen."
>
> „Und warum soll das nicht gehen?", fragte das Sams. „Du hast doch heute frei."
>
> „Na ja, das macht man halt nicht", versuchte Herr Taschenbier zu erklären. (Maar 1973: 111f.; 1974: II/1/16,37)

Wiederum formuliert Herr Taschenbier seine Wünsche zunächst im Konjunktiv; versucht er dann, die Maxime seines Handelns zu erklären, flieht er wie zuvor in eine uneigentliche Sprache. Anschließend konkretisiert er die Gründe für die Unmöglichkeit seines Wunsches: Einerseits schämt er sich vor Frau Rotkohl, andererseits hätte er „wahrscheinlich den ganzen Tag ein schlechtes Gewissen" (Maar 1973: 112; 1974: II/1/17,18). Damit beruft er sich auf jene beiden Instanzen, die Erich Fromm als äußere und innere Autoritäten definiert.

Das Sams ist als hedonistischer Gegenentwurf zu Herrn Taschenbier konzipiert, es hat keine Angst, keinen Respekt, ist ein reiner Genussmensch, isst alles, worauf es Appetit hat, und bringt Herrn Taschenbier permanent in Situationen, die dieser als kompromittierend empfindet. Dem Sams ist das jedoch gleichgültig, es stellt Herrn Taschenbiers „Furcht vor der Freiheit" signifikant anarchische Kräfte entgegen.

„Burn, warehouse, burn!"

Doch die sozialgeschichtlichen Bezüge bestehen nicht nur in der kritischen Darstellung autoritärer Strukturen, an einer Stelle ist der Hinweis auf die Auftaktaktion der späteren RAF unübersehbar. Das Sams, das bei seinem ersten Auftreten nackt ist, soll eingekleidet und damit versuchsweise in die Gesellschaft integriert werden, denn in Herrn Taschenbiers Anthropologie ist Kleidung ein wesentlicher Bestandteil von Menschsein. Im ersten Kapitel argumentiert er, man werde merken, dass das Sams kein Kind respektive Mensch ist, weil es „ja nicht einmal Kleider" (Maar 1973: 24; 1974: I/1/8,36) anhabe. Doch der Versuch, passende Kleidung zu finden, erweist sich als schwierig: „Gegen den autoritär auftretenden Verkäufer setzt sich das Sams mit seinem anarchischen Humor durch, es lässt sich nicht einengen – das kann man hier buchstäblich verstehen. Die für konventionalisierte Kleidung stehenden Anzüge sprengt es ganz einfach, indem es Luft holt", kommentiert Stefan Neuhaus (2007: 121). Schließlich bringt der Verkäufer dem Sams einen Taucheranzug und betont, es handele sich um das „neueste[] Modell, brandneu!" (Maar 1973: 61; 1974: I/1/28,14). Nachdem das Sams schon andere Formulierungen wörtlich genommen hat, greift es auch diesen verbalen Funken dankbar auf:

> „Brandneu?", fragte das Sams. „Wo brennt es denn?"
>
> „Hier brennt es", antwortete der Abteilungsleiter und tippte sich mit dem Finger an die Stirn.
>
> „Es brennt, es brennt!", rief das Sams sofort. „Bei diesem Herrn hier brennt es!"

> Eine Verkäuferin aus der Nachbarabteilung hörte es und rief aufgeregt zurück: „Wo denn? Man muss doch etwas unternehmen. Löscht denn keiner? Feuer, Feuer!"
>
> „Feuer, Feuer!", schrie ein Kunde, der neben ihr gestanden hatte, und rannte zur Rolltreppe. (Maar 1973: 62; 1974: I/1/28,16)

Den Ausbruch eines Feuers in einem Kaufhaus kann man 1973 kaum literarisch inszenieren, ohne damit auf die Frankfurter Kaufhausbrandstiftungen von 1968 zu rekurrieren. Als Reaktion auf den Vietnamkrieg sowie als Zeichen gegen den Konsumterror zünden Andreas Baader, Gudrun Ensslin, Thorwald Proll und Horst Söhnlein in der Nacht des 2. April 1968 selbstgebaute Brandsätze in Kaufhäusern auf der Zeil. Bei der dpa geht an diesem Abend ein Anruf ein: „Gleich brennt's bei Schneider und im Kaufhof. Es ist ein politischer Racheakt" (zit. n. Aust 1986: 60). Die Frankfurter Kaufhausbrände sind der Beginn jener Aktivitäten, mit denen die Rote Armee Fraktion später die Bundesrepublik in Atem hält; Susanne Kailitz bezeichnet sie als „Initiationsakt des bundesdeutschen Linksterrorismus" (Kailitz 2007: 69).

Der Protest wird in „Eine Woche voller Samstage" zwar gewaltfrei und durchaus auch komisch ausgetragen, aber eine dezidiert kritische Haltung lässt sich nicht leugnen. Aus dem Kampf gegen das System wird bei Maar allerdings ein Kampf gegen das Sprachsystem, denn natürlich kann hier nicht geschossen werden. Wenn er den Kaufhausbrand in die Kinderliteratur holt, gelingt ihm damit ein doppelsinniger Akt: Für die kindlichen Leser dürfte die Komik im Zentrum stehen, die sich daraus ergibt, dass ein bewusst provoziertes Missverständnis ein riesenhaftes Chaos im Kaufhaus auslöst. Für die erwachsenen Leser wird – 1973 noch sehr viel stärker als heute – der Hinweis auf die Aktionen der späteren RAF durch den Text hindurch schimmern.

Während der Historiker Gerd Koenen die Kaufhausbrände zu den „Urszenen des deutschen Terrorismus" (Koenen 2005) rechnet, ist das Kapitel im Kaufhaus auch für Paul Maar eine Urszene seines Romans:

> In „Eine Woche voller Samstage" schrieb ich nach der Anfangsszene erst mal den „Montag", die Kaufhausszene. Der Gedanke an die fröhliche Anarchie, die nach dem angeblichen Ausbruch des Kaufhausbrands dort herrschen sollte, versprach mir so viel Schreibfreude, dass ich es einfach nicht aufschieben wollte. (Maar 2007: 31)

„Die Welt muss romantisiert werden"

Ging es bislang um die sozialgeschichtlichen und politischen Einflüsse auf Maars Roman, sollen nun die intertextuellen Bezüge zur romantischen Literatur im Zentrum stehen. Bereits im ersten Band der „Sams"-Heptalogie finden sich deutlich markierte Allusionen auf E.T.A. Hoffmanns Erzählung „Das fremde Kind“, das Grimm'sche Märchen vom „Rumpelstilzchen“, Novalis' „Heinrich von Ofterdingen“ sowie das Volkslied „Schlaf, Kindchen, schlaf“ aus Achim von Arnims und Clemens Brentanos Sammlung „Des Knaben Wunderhorn“. Zwar bleiben die einzelnen Verweise punktuell, dennoch stellen sie den Text in die Tradition einer Epoche, die der Poesie eine besondere Wirkkraft zuschreibt.

Die Figur des Sams lässt sich – ähnlich wie Peter Pan, Pippi Langstrumpf, Momo und andere – auf jenes fremde Kind beziehen, das in E.T.A. Hoffmanns gleichnamiger Erzählung erstmals auftaucht (vgl. Lange 2000). Hoffmanns Kunstmärchen lässt offen, woher dieses fremde Kind kommt, ob es ein Mädchen oder ein Junge ist, auch hat es kein fixierbares Alter und wird nicht erwachsen. Vor allem aber entführt es die Kinder, denen es im Wald begegnet, in eine fantastische Welt. Lassen sich bereits hier Parallelen zwischen dem fremden Kind und dem Sams feststellen, so werden die Anspielungen auf Texte E.T.A. Hoffmanns in den späteren Bänden sehr viel eindeutiger. Maar selbst hat die Bezüge, die in „Ein Sams für Martin Taschenbier“ am deutlichsten sind, benannt:

> Ich komme aus Bamberg, aus der E.T.A.-Hoffmann-Stadt. Das Sams, bei seinem ersten Auftreten „das fremde Kind“ genannt, ist geschlechtslos wie Hoffmanns „fremdes Kind“, von dem Felix sagt, es ist ein Junge, und die Christlieb, es ist ein Mädchen. Die beiden Damen im Schullandheim heißen Frau Felix und Frau Christlieb; den Hund Berganza, einen denkenden, sprechenden Hund, gibt es, wie bei E.T.A. Hoffmann gibt es das Doppelgängermotiv. Und der Bus – das weiß nur ein Bamberger – fährt zum Schullandheim ausgerechnet am Schillerplatz ab, da steht nämlich das E.T.A.-Hoffmann-Haus. (Maar 2007: 202f.)

Zu Beginn von „Eine Woche voller Samstage“ konstruiert Studienrat Groll darüber hinaus die Verbindung zu einem Märchen der Brüder Grimm, wenn er sagt: „Wir spielen hier doch nicht Rumpelstilzchen“ (Maar 1973: 20; 1974: I/1/5,58). Auch zwischen Sams und Rumpelstilzchen gibt es markante Korrespondenzen: Beide wollen ihren Namen nicht verraten, fungieren als übernatürliche Helfer für die Müllerstochter bzw. Herrn Taschenbier und sprechen gern in Reimen. Während Rumpelstilzchen für seine Hilfsdienste jedoch das erstgeborene Kind fordert, stellt das Sams seine Wunschpunkte großzügig zur Verfügung. Trägt der Vergleich zwischen Rumpelstilzchen und dem Sams zu einer konturscharfen Charakterisierung bei, so erzeugt das parodistische Spiel mit dem Volkslied „Schlaf, Kindlein, schlaf“ eher eine komische Wirkung, die beispielsweise daraus resultiert, dass das herabfallende „Träumelein“ (Arnim/Brentano 1987: 280) in der Version des Sams zu einem „Zentnerschwein“ (Maar 1973: 33; 1974: I/1/12,29) materialisiert wird. Auch das bereits benannte Mutter-Kind-Verhältnis zwischen Frau Rotkohl und Herrn Taschenbier wird hier wieder aufgegriffen, wenn das Sams singt: „Schlaf, Papa, schlaf! / Die Rotkohl ist ein Schaf“ (ebd.; 1974: I/1/12,22; vgl. Wicke 2013: 6f.).

Deutlich schwächer markiert sind die Spuren, die von Maars Roman zu dem Fragment „Heinrich von Ofterdingen" von Novalis führen; gleich zu Beginn träumt die Titelfigur:

> Was ihn aber mit voller Macht anzog, war eine hohe lichtblaue Blume, die zunächst an der Quelle stand, und ihn mit ihren breiten, glänzenden Blättern berührte. Rund um sie her standen unzählige Blumen von allen Farben, und der köstlichste Geruch erfüllte die Luft. Er sah nichts als die blaue Blume, und betrachtete sie lange mit unnennbarer Zärtlichkeit. (Novalis 2001: 132)

Die blaue Blume, die hier zunächst eine erotische Bedeutung hat, wird in der Rezeption zu einem zentralen Bild romantischer Sehnsucht, mithin zum Symbol der Romantik selbst. Es geht dabei nicht nur um die Sehnsucht nach der Geliebten, sondern nach dem Unerreichbaren katexochen, und die blauen Wunschpunkte des Sams lassen sich durchaus als eine humorvolle Replik auf diese blaue Blume der Romantik lesen. Stefan Neuhaus weist außerdem darauf hin, dass die Wünsche ein gängiges „Motiv aus dem Volksmärchen" (Neuhaus 2007: 116) sind.

An anderer Stelle postuliert Novalis, die Welt müsse „romantisiert werden", etwa indem man „dem Gemeinen einen hohen Sinn" oder „dem Gewöhnlichen ein geheimnisvolles Ansehn" (Novalis 2001: 384f.) verleihe, des Weiteren stellt er in einem programmatischen Gedicht der Welt der „Zahlen und Figuren" jene der „Märchen und Gedichte[]", aber auch des „[S]ingen[s]" entgegen und markiert damit das polare Verhältnis zwischen Aufklärung und Romantik. Wenn die wahre Erkenntnis schließlich durch Lieder, Märchen und Gedichte erlangt werde, dann, so folgert Novalis, „fliegt vor Einem geheimen Wort / Das ganze verkehrte Wesen fort" (Novalis 2001: 85). Nun vertritt das Sams mit seinen Reimen und seinem Singen durchaus die Welt der Lieder und Gedichte, am deutlichsten wird das in der „Dichtstunde" (Maar 1973: 100; 1974: II/1/8,48), die es in der Schule hält; in einem späteren Band will es eine „[d]oofe Regel" (Maar 1980: 56) erst akzeptieren, als sie gereimt vorliegt. Man kann durchaus folgern, dass das Sams Herrn Taschenbiers Welt poetisiert und romantisiert, etwa wenn es Schnee und Eisbären ins Wohnzimmer zaubert oder eine Knackwurst-Bring-Anlage konstruiert (vgl. Maar 1973: 138ff. u. 118; 1974: II/1/37,43 u. II/1/18,37). Sowohl bei Novalis bzw. in der Romantik als auch bei Maar bzw. in „Eine Woche voller Samstage" geht es darum, die Grenzen der Wirklichkeit zu transzendieren und den Menschen von seiner Normalität zu heilen.

Autoren, die um 1970 keine sozialkritischen und problemorientierten Kinderbücher schreiben, sondern stattdessen das Genre des Fantastischen bedienen, sind einem Eskapismus-Verdacht ausgesetzt. Michael Ende beispielsweise reagiert darauf mit seinem Umzug nach Italien (vgl. Müller 2013: 38; auch Voss in diesem Band), gleichwohl formuliert er ein ungebrochenes Bekenntnis zur Romantik: „Wenn Sie Romantik als eine Frage der gesamten

Haltung und nicht als eine Stimmungssache nehmen, bin ich Romantiker" (Ende zit. n. ebd.: 134), sagt er, und in der Tat lassen sich in seiner „Unendlichen Geschichte" deutliche Spuren zu Märchen sowie Texten von Novalis und E.T.A. Hoffmann erkennen (vgl. ebd.: 134–146). Eine solche Bejahung der Romantik findet sich bei Paul Maar nicht, vielmehr lässt sich ein spielerischer Umgang mit Motiven, Themen und Sehnsüchten der Epoche ausmachen, der jedoch niemals zu einer Identifikation führt. Wenn auch Maar sich einem Eskapismus-Vorwurf ausgesetzt sieht, so hält er dieser Insinuation eine psychologische Argumentation entgegen. In einem Interview zur Neuverfilmung von „Lippels Traum" antwortet er 2009 auf die Frage, ob sich verallgemeinern lasse, „dass Fantasie und Träume das Selbstbewusstsein stärken können":

> Ich war ein bisschen auf der 68er-Schiene. Damals hat man gesagt, fantastische Geschichten für Kinder seien schlecht, weil man sie damit von der Wirklichkeit ablenken, inaktiv machen und in eine Fantasiewelt entführen würde. Da ich aber fantastische Bücher geschrieben habe, hatte ich immer ein paar Selbstzweifel. [...] Inzwischen habe ich unter anderem durch meine Frau, die Psychologin und Familientherapeutin ist, mehr über die Kraft des Träumens und vor allen Dingen auch über das Tagträumen gelernt. Die Psychologen sind der Meinung, dass es sehr stabilisierend für die Seele, die Psyche, sein kann, wenn man sich für Momente aus der Wirklichkeit zurückzieht, sich innerlich fasst, in einer schönen Welt lebt, dadurch Kraft schöpft und wieder in die Wirklichkeit hineingeht. Also das genaue Gegenteil: nicht Flucht aus der Realität, sondern Träume und Tagträume als Kraftquelle. (Stiletto 2009)

Im Gegensatz zur romantischen Weltflucht ist es für Maar wichtig, in die Wirklichkeit zurückzukehren, den Traum oder die Welt der Märchen nicht als Ziel zu betrachten, sondern lediglich als zwischenzeitigen Rückzugsort zur Regeneration, das lässt sich an „Lippels Traum" ebenso belegen wie an „Eine Woche voller Samstage".

„Schlagt die Germanistik tot, färbt die blaue Blume rot"

Dass Herrn Taschenbiers Umzug sowie die Straßennamen im Roman nicht ohne Bedeutung sind, macht Paul Maar selbst in einem Gespräch deutlich:

> Herr Taschenbier wohnt in der etwas antiautoritären Phase des ersten Bandes in der Wilhelm-Reich-Straße und zieht dann um in die E.T.A.-Hoffmann-Straße. Das sind Anspielungen, die das Kinderpublikum nicht erreichen sollen, aber eine kleine Hommage an Figuren und meine Helden in der Literatur. (Maar 2007: 202f.)

Sowohl romantische und fantastische als auch politische sowie anarchische Elemente finden sich in „Eine Woche voller Samstage", aber auch in Maars Œuvre insgesamt, der Umzug von der Wilhelm-Reich-Straße in die Amadeus-Hoffmann-Straße gibt jedoch neben den einzelnen Koordinaten auch eine Richtung an: Die Romane entwickeln sich von der revolutionären Haltung der frühen „Sams"-Bände hin zu dem, was er im Interview als Kraftquelle des Traums bezeichnet. Es lässt sich beobachten, dass in den sieben Romanen die politische Attitüde immer weiter in den Hintergrund tritt, sodass Manfred Jahnke bereits nach Erscheinen des vierten Bandes kritisiert, das Sams habe es „nicht verdient, im Erinnerungsaustausch in der Familienidylle zu verkommen" (Jahnke 1996: 46). Allerdings könnte man mit Blick auf die späten Bände zeigen, dass die fantastische Faktur, die romantischen Bezüge sowie die psychologische Dimension immer wichtiger werden. Und was Paul Maar sicher als eine Intention seines Schreibens für Kinder unterstreichen würde, diese nämlich gleichermaßen zu mündigen Bürgern und fantasievollen Träumern zu erziehen, das funktioniert auch bei Herrn Taschenbier. Er wird nicht nur von Band zu Band mutiger, sondern mutiert im letzten Band, „Sams im Glück" (2011), zeitweise selbst zum Sams. Immer wenn ihm nämlich eine rote Haarsträhne wächst, tut er Dinge, die man im ersten Band nicht für möglich gehalten hätte. Außerdem ist der intertextuelle Verweis auf Grimms Märchen „Hans im Glück" im Titel des Romans ein deutliches Zeichen, dass das Märchen bzw. die Romantik als Bezugspunkt im Vordergrund steht. Während E.T.A. Hoffmann betont, dass man die Welt mit den Augen eines Kindes betrachten müsse, lernt Herr Taschenbier, die Welt durch die Augen des Sams neu zu entdecken.

RAF und Romantik scheinen auf den ersten Blick unendlich weit voneinander entfernt, die Romantik galt den 68er-Studenten ja gerade nicht als Vorbild. Es dürfte im Gegenteil an kaum einer Universität der Kampfspruch „Schlagt die Germanistik tot, färbt die blaue Blume rot" gefehlt haben. Dennoch machen die hier angedeuteten Bezüge keine Entscheidung erforderlich, denn sowohl um 1800 als auch um 1970 geht es um die Reaktion auf eine gesellschaftliche und politische Wirklichkeit, die als defizitär empfunden wird. Ein „Unbehagen an der Normalität" eint nach Rüdiger Safranski bereits die Romantiker; damit nehmen sie „jenes Unbehagen an der *Entzauberung der Welt durch Rationalisierung* vorweg, das Max Weber ein Jahrhundert später in seiner berühmten Münchener Rede über den ‚Beruf zur Wissenschaft' (1919) kritisch zur Sprache bringen wird" (Safranski 2007: 193). Der Entzauberung der Taschenbier-Welt setzt Maar in seinen „Sams"-Romanen eine Verzauberung durch das Sams entgegen. Die Texte können als eine Kampfansage an die absolute Herrschaft der Vernunft gelesen werden, der hier in der Figur des Sams die Allegorie des Unvernünftigen gegenübergestellt wird.

Dennoch wäre es natürlich verfehlt, jedes einzelne der hier genannten romantischen Werke als Deutungsfolie des Romans heranzuziehen oder Herrn Taschenbier zu einem romantischen Helden zu stilisieren, es geht vielmehr darum, dass die Versatzstücke der Romantik ebenso wie die Ideale der Studentenbewegung auf ein raffiniertes Spiel mit Epochen, Bezügen, Motiven und Allusion hinweisen, dabei gelingt Maar eine Synthese von psychologisierter Romantik und gewaltfreier Revolution. Das Sams hat sowohl die blauen Wunschpunkte als modernes Substitut der blauen Blume als auch die roten Haare, die es in der Pippi-Langstrumpf-Nachfolge zum Anarchisten apostrophieren.

Und die Qualität der „Sams"-Romane resultiert gerade daraus, dass es nicht die eine angemessene Lesart gibt. Weder stellt sich Paul Maar mit seinen Texten in einen konkreten sozialgeschichtlichen Kontext noch flieht er in die Ästhetik der Romantik. Und vielleicht wirkt das Sams in seiner Mischung aus fremdem Kind und 68er-Anarchie deswegen so zeitlos sympathisch, weil Märchen und Gedichte hier keine Weltflucht sind, weil der Anarchismus des Sams mit Komik gepaart ist, weil sein Kampf gewaltlos bleibt und trotzdem effizient ist. Der Schluss von Roman und Hörspiel belegt jedenfalls, dass Herr Taschenbier kein hoffnungsloser Fall ist: „Ich wünsche, dass das Sams nicht mehr am nächsten Samstag verschwinden muss. Ich wünsche, dass es immer bei mir bleibt" (Maar 1973: 159; 1974: II/1/51,26).

Hörspiel

Maar, Paul (1974): Eine Woche voller Samstage. Hörspielbearbeitung von Kurt Vethake. Deutsche Grammophon. [Die CD-, Track- und Zeitangaben im Text beziehen sich auf die Neuveröffentlichung bei Oetinger Media.]

Literatur

Adorno, Theodor W. (1971): Erziehung zur Mündigkeit. Vorträge und Gespräche mit Hellmut Becker 1959–1969. Hrsg. v. Gerd Kadelbach. Frankfurt/Main: Suhrkamp.

Arnim, Achim von/Brentano, Clemens (1987): Des Knaben Wunderhorn. Alte deutsche Lieder. Kritische Ausgabe. Bd. III. Hrsg. u. komm. v. Heinz Rölleke. Stuttgart: Reclam.

Aust, Stefan (1986): Der Baader Meinhof Komplex. Hamburg: Hoffmann und Campe.

Fromm, Erich (2008): Die Furcht vor der Freiheit. Übers. v. Liselotte und Ernst Mickel. 14. Aufl. München: dtv.

Heidegger, Martin (1993): Sein und Zeit. 17. Aufl. Tübingen: Niemeyer.

Jahnke, Manfred (1996): Wie das Sams überflüssig gemacht wird. Anmerkungen zu Büchern von Paul Maar. In: Fundevogel 120, S. 37–46.

Kailitz, Susanne (2007): Von den Worten zu den Waffen? Frankfurter Schule, Studentenbewegung, RAF und die Gewaltfrage. Wiesbaden: VS Verlag für Sozialwissenschaften.

Koenen, Gerd (2005): Vesper, Ensslin, Baader. Urszenen des deutschen Terrorismus. Frankfurt/Main: Fischer.

Lange, Günter (2007): Paul Maars Kinder- und Jugendbücher in der Grundschule und Sekundarstufe I. Baltmannsweiler: Schneider Verlag Hohengehren.

Lange, Günter (2000): Das Sams und das fremde Kind. In: Volkacher Bote 71, S. 12–17.

Maar, Paul (1973): Eine Woche voller Samstage. Hamburg: Oetinger.

Maar, Paul (1980): Am Samstag kam das Sams zurück. Hamburg: Oetinger.

Maar, Paul (1996): Ein Sams für Martin Taschenbier. Hamburg: Oetinger.

Maar, Paul (2007): Vom Lesen und Schreiben. Reden und Aufsätze zur Kinderliteratur. Hamburg: Oetinger.

Marcuse, Herbert (1967): Der eindimensionale Mensch. Studien zur Ideologie der fortgeschrittenen Industriegesellschaft. Neuwied/Berlin: Luchterhand.

Müller, Linda (2013): Einmal Phantásien und zurück. Michael Endes Unendliche Geschichte – Hintergründe, literarische Einflüsse und Realitätsbezüge. Marburg: Tectum Verlag.

Neuhaus, Stefan (2007): Vom antiautoritären Kindermärchen zum postmodernen Film? Die Verwandlungen des Sams. In: Revista de Filología Alemana 15, S. 111–125.

Novalis (2001): Werke. Hrsg. u. komm. v. Gerhard Schulz. 4. Aufl. München: C.H. Beck.

Reich, Wilhelm (2003): Die Massenpsychologie des Faschismus. Übers. v. Herbert Graf. 6. Aufl. Köln: KiWi.

Rippl, Susanne/Kindervater, Angela/Seipel, Christian (2000): Die autoritäre Persönlichkeit: Konzept, Kritik und neuere Forschungsansätze. In: Dies. (Hrsg.): Autoritarismus. Kontroversen und Ansätze der aktuellen Autoritarismusforschung. Opladen: Leske + Budrich, S. 13–30.

Safranski, Rüdiger (2007): Romantik. Eine deutsche Affäre. München: Carl Hanser Verlag.

Sina, Kai (2013): Paul Maar, Das Sams (1973). In: Bräuer, C./Wangerin, W. (Hrsg.): Unter dem roten Wunderschirm. Lesarten klassischer Kinder- und Jugendliteratur. Göttingen: Wallstein Verlag, S. 181–198.

Stiletto, Stefan (2009): „Entwickle deine Fantasie, denke dir etwas aus". Ein Interview mit Paul Maar über die Filmadaption seines Romans Lippels Traum (1984), den Reiz von Erzählungen aus Tausendundeine Nacht und die Kraft des Träumens. http://www.kinofenster.de/film-des-monats/archivmonatsausgaben/kf0910/paul_maar_0910/ [Zugriff: 16.01.2016]

Weinkauff, Gina (2014): Das Sams. Betrachtung eines prominenten kinderliterarischen Medienverbundes und seiner Rezeption in der Fachöffentlichkeit. In: Weinkauff, G./Dettmar, U./Möbius, T./Tomkowiak, I. (Hrsg.): Kinder- und Jugendliteratur in Medienkontexten. Adaption – Hybridisierung – Intermedialität – Konvergenz. Frankfurt/Main: Peter Lang, S. 127–146.

Wicke, Andreas (2013): „Scharfsinn und Spieltrieb". Intertextueller Literaturunterricht am Beispiel von Paul Maars *Eine Woche voller Samstage*. In: Literatur im Unterricht 14, 1, S. 1–14.

Wozilka, Jenny (2005): Komik und Gefühl in der Kinderkultur. Baltmannsweiler: Schneider Verlag Hohengehren.

Autorinnen und Autoren

Bendix, Daniel, Dr., Jg. 1980, wissenschaftlicher Mitarbeiter im Fachgebiet Entwicklungspolitik und postkoloniale Studien der Universität Kassel. Lehr- und Forschungsschwerpunkte: Postkoloniale Kritik, deutscher Kolonialismus, globale Ungleichheit und Entwicklungspolitik, reproduktive Gesundheits- und Bevölkerungspolitik, entwicklungspolitische Bildungsarbeit.

Emde, Oliver, Jg. 1985, wissenschaftlicher Mitarbeiter am Fachgebiet Didaktik der politischen Bildung und Doktorand im Fachbereich Gesellschaftswissenschaften an der Universität Kassel. Lehr- und Forschungsschwerpunkte: Außerschulisches Lernen, Projekte und Kooperationen in der politischen Bildung, Partizipation junger Menschen, politische Rundgangsdidaktik.

Lotto-Kusche, Sebastian, Jg. 1987, wissenschaftlicher Mitarbeiter am Seminar für Geschichte und Geschichtsdidaktik der Europa-Universität-Flensburg und Doktorand an der Philosophischen Fakultät I der Humboldt-Universität zu Berlin am Institut für Geschichtswissenschaft. Lehr- und Forschungsschwerpunkte: Minderheitengeschichte (bes. Anerkennungskampf der Sinti und Roma in der BRD), Kontroversen um den Nationalsozialismus nach 1945, Erinnerungskultur und Geschichtspolitik.

Möller, Lukas, Dr., Jg. 1982, Erziehungswissenschaftler, derzeit Lehrkraft im Vorbereitungsdienst am Wilhelmsgymnasium Kassel, zuvor tätig als Fachreferent für Pädagogik und Publizistik an der Universitätsbibliothek Kassel und als wissenschaftlicher Mitarbeiter am Fachgebiet Historische Bildungsforschung der Universität Kassel. Arbeits- und Forschungsschwerpunkte: Pädagogische Bewegungen des 20. Jahrhunderts, Biografieforschung.

Müller, Franziska, Dr., Jg. 1978, wissenschaftliche Mitarbeiterin im Fachgebiet Globalisierung und Politik der Universität Kassel. Lehr- und Forschungsschwerpunkte: Theorien Internationaler Beziehungen, postkoloniale Studien, Globale Umweltgovernance, Entwicklungs- und Energiepolitik.

Münschke, Frank, Jg. 1981, studierte Germanistik, Soziologie und Deutsche Literatur in Kassel und Berlin. Koordinator des Leseförderprojektes boys & books e.V.; Universität zu Köln.

Schmitt, Sophie, Jg. 1973, Diplom-Pädagogin und Politikwissenschaftlerin, wissenschaftliche Mitarbeiterin am Institut für Erziehungswissenschaft der Universität Marburg. Arbeits- und Forschungsschwerpunkte: Rechtsextremismus und Gruppenbezogene Menschenfeindlichkeit, gesellschaftliche Transformationen und Wandel von Subjektivität, politische Bildung, qualitativ-rekonstruktive Schüler_innen- und Jugendforschung.

Trzeciak, Miriam, Jg. 1982, wissenschaftliche_r Mitarbeiter_in im Fachgebiet Soziologie der Diversität an der Universität Kassel. Lehr- und Forschungsschwerpunkte: Migrations- und Grenzregimeforschung, Geschlechterforschung und Queer Theory, Postkoloniale Theorien.

Voss, Julia, Prof. Dr., Jg. 1974, Honorarprofessorin an der Leuphana Universität in Lüneburg und stellv. Leiterin des Feuilletons der Frankfurter Allgemeinen Zeitung. Fachgebiete: Kunstkritik, Kunstgeschichte, Geschichte der Evolutionstheorie.

Wicke, Andreas, Dr., Jg. 1970, Studium der Germanistik und Musik in Kassel und Wien. Seit 2008 Dozent für Literaturwissenschaft und -didaktik am Institut für Germanistik der Universität Kassel. Lehr- und Forschungsschwerpunkte: Literatur der Wiener Moderne, Literatur und Musik, Zeitgenössisches Theater, Intertextualität in der Kinder- und Jugendliteratur.

Wolff, Kerstin, Dr., Jg. 1967, Forschungsreferentin im Archiv der deutschen Frauenbewegung. Lehr- und Forschungsschwerpunkte: Frauen- und Geschlechtergeschichte des 19. und 20. Jahrhunderts, v.a. die Geschichte der deutschen Frauenbewegung von 1800 bis 1970.